人民币崛起

袁满◎编著

中信出版集团│北京

图书在版编目（CIP）数据

人民币崛起 / 袁满编著 . -- 北京：中信出版社，
2022.10
　ISBN 978-7-5217-4514-6

　Ⅰ. ①人… Ⅱ. ①袁… Ⅲ. ①人民币－研究 Ⅳ.
① F822

中国版本图书馆 CIP 数据核字（2022）第 117119 号

人民币崛起
编著者：　袁满
出版发行：中信出版集团股份有限公司
　　　　（北京市朝阳区惠新东街甲 4 号富盛大厦 2 座　邮编　100029）
承印者：　北京盛通印刷股份有限公司

开本：787mm×1092mm 1/16　　印张：23.5　　字数：260 千字
版次：2022 年 10 月第 1 版　　　　印次：2022 年 10 月第 1 次印刷
书号：ISBN 978-7-5217-4514-6
定价：69.00 元

版权所有·侵权必究
如有印刷、装订问题，本公司负责调换。
服务热线：400-600-8099
投稿邮箱：author@citicpub.com

目 录

序一　抗币的胜利　1
序二　人民币国际化的独特路径及其未来　7
前言　百年红色金融启示录　23

第一章　人民币缘起：破旧立新的红色货币　001

　　一、苏区货币：由分散到统一　004
　　二、长征路上：边走边发行货币　011
　　三、根据地货币：在夹缝中生存　012
　　四、解放战争时期：保卫人民财富　018
　　睿视角　难忘重走长征路，红色金融再出发　025

第二章　计划经济时代：人民币体制的曲折探索　035

　　一、确立人民币本位制　038
　　二、终结高通胀乱象　041
　　三、高度集中的银行体制　045
　　四、利率、汇率的调控角色　054
　　睿视角　创新精神是革命金融的应有之义　059

第三章 改革开放时代：经济发展的主引擎与试金石　067

一、金融转轨与"治乱循环"　069

二、体制改革与市场化重塑　081

三、国有金融机构"拆弹重组"　087

四、人民币汇改提速　092

睿视角　从人民币汇率改革见证共和国经济巨变　102

第四章 国际化闯关：人民币的新征程　113

一、搭建跨境结算与离岸市场　116

二、人民币入篮：跻身储备货币　126

三、汇率定价核心机制改革　132

四、备选国际货币体系新锚　138

睿视角　专访周小川：人民币入篮SDR，对外开放的历史性进展　150

睿视角　人民币国际化的成就、问题与前景　168

第五章 抢夺科技先声：数字人民币试水　179

一、数字化浪潮下的中国速度　183

二、运营模式与零售场景搭建　190

三、商业逻辑与机构竞逐　199

四、全球对标中的角色定位与挑战　205

| 睿视角 | 数字货币开启财富管理新格局 | 211 |
| 睿视角 | 数字货币与现实货币的距离 | 217 |

第六章　中国资本市场三十年：破茧而飞　229

一、从零起步　234

二、砥砺前行，改革向上　238

三、服务实体，推动经济　244

四、改革创新，破茧而飞　249

| 睿视角 | 中国资本市场的三座丰碑　255

第七章　人民币财富：从储蓄为王走向大资管时代　265

一、储蓄为王　268

二、客户分层：财富管理初起　272

三、蓄势大资管：爆发式增长　276

四、"资产荒"与风险积聚　281

五、资管新时代：规范下的百花齐放　284

| 睿视角 | 货币霸权的兴衰　291

结语　301

| 睿视角 | 全球治理模式演变下的人民币崛起前路　303

附录A　人民币国际化大事记　*329*

附录B　人民币财富管理大事记　*333*

附录C　十问人民币　*335*

序一　抗币的胜利

建党百年之际，《财经》杂志副主编袁满及其团队编著了这本《人民币崛起》，书中以人民币发展历程为入口，贯穿党领导下的百年经济金融发展史。从20世纪20年代的根据地金融，到前沿的数字人民币（e-CNY），从革命年代没有硝烟的隐形金融战，到改革开放时代的国际化进程，看似平常而普通的人民币背后，蕴含和赓续着中国人民的革命历程。

我是江苏南通人，那里曾是抗日战争时期苏中根据地的重要组成部分。在近40年的金融从业生涯中，我听到过不少铁血年代不为人知的货币斗争故事。虽年代久远，但历史可以资政育人，于是查阅资料，将听到的、了解到的一些故事整理出来，姑且算是对本书的一点补充吧。

这是一场发生在20世纪40年代的"货币战"，一定程度上可以说明人民币的由来。

皖南事变后，新四军重新整编。1941年3月成立了苏中区党委，不久又建立了苏中军区，形成了一片包括扬州、泰州、南通以及盐城南部的根据地。1941年12月，太平洋战争爆发后，国际反法西斯统一战线形成，在中国人民不屈不挠的反侵略斗争下，抗日战争进入了一个新的阶段。

在这样的形势面前，日本侵略者企图把单纯的军事占领演变为政治、经济等方面的渗透。在苏中地区，其与汪伪政权配合，从"军事清乡"到"政治清乡""经济清乡"，妄图一举摧毁长江下游苏中一带的新四军力量。一场特殊的"货币战"随之打响。

1942年3月，汪伪政权宣布国民政府发行的法币贬值，三个月后又正式宣布在江苏、安徽、浙江、南京、上海等汪伪控制区和日军占领区禁止法币流通，代之以汪伪政权"中央储备银行"发行的"中储券"为法定货币，并限令老百姓必须以二比一的比价进行兑换（其实，兑换时并不实际给予所谓的中储券，而是给予等额"国债"）。

汪伪政权此举有三个目的。其一，企图进一步挤压法币并取而代之，以此宣示自己政权的"正统地位"。当时，由于上海沦陷，当地金融机构被日军掠占，国民政府发行的法币不仅丧失了兑现的能力，连补充新钞、更换旧钞的渠道也受阻。

其二，助推"中储券"涌入根据地，在攫取根据地物资的同时，引发根据地通货膨胀。当时苏中根据地与沦陷区毗邻，处于贸易"出超"，且南通一带猪肉已上涨到每斤8元法币，一条肥皂售价10元法币，而在货币系统尚未被汪伪政权控制的青岛，猪肉每斤仅售3元左右，一条肥皂也仅售3元5角。汪伪政权寄希望于加剧恶性通货膨胀，促使民怨沸腾，进而危及根据地的生存。

其三，缓解汪伪政权的财政紧张状况。太平洋战争爆发后，上海外贸中心的地位一落千丈，关税收入锐减，加之英、美在华东沿海一带的企业全被日军掠占，汪伪政权已越来越难从中分利，只能靠发行"中储券"来饮鸩止渴。

而在此时，偏安一隅的国民政府一方面显得力不从心、难以应对，另一方面出于政治上的戒备，一直不愿意授权根据地政权在当地销毁破损法币并补充印制新法币。其实，当时法币本就是分地域发行的。

面对当时严峻的形势，中共苏中区党委的一份文件明确指出，"敌汪一方面禁用法币，一方面吸收法币……时增时减，以操纵我方之金融和物价"，"敌汪企图在沦陷区禁用法币，迫使法币内流，造成大后方及我根据地之恶性通货膨胀"，"以伪币套换法币，再以法币夺取我物资，使我们物资外流，抗战资源日趋贫乏"。

面对这样的压力，党领导下的苏中根据地做出了发行抗币的决策，先后由淮南银行、江淮银行、盐阜银行、淮北地方银号、浙东银行、大江银行发行6种抗币，在根据地不同区域使用。

因而，当时形成了抗币、国民政府法币和敌汪伪币三种货币并存的错综复杂局面。斗争中对策略的把握尤为关键。

苏中根据地审时度势，明确主要斗争策略为联合法币抵制伪币，逐步确立抗币本位。同时，坚持发行抗币的主要目的是"调剂社会金融，特别是协助工农群众进行生产，改善生活"，因而要"坚决反对财政发行和通货膨胀"。此外，在与伪币斗争、没收伪币的过程中，坚持实事求是、因地制宜，照顾到老百姓的困难，避免简单化处理。在我控制区内坚决禁止和取缔伪币，在敌伪占优势的地区，则对伪币主要采用"抵制限制"政策。同时采用"以伪制伪"策略，贬值征收部分伪币，以便掌握一定数量伪币，必要时可以抛售。这些政策得到了老百姓的拥护。

在抵制伪币的同时，党对法币策略的把握即便放到当下来看也充满智慧。一方面，法币由国民政府发行，对稳住国民政府的战时财政非常关键；另一方面，法币是当时老百姓心目中"正宗"的货币，支持它对抵制和打击伪币有重大作用。但同时，由于国民党政治上的倒退和财政经济上的困难，法币已经并且必定继续走上恶性通货膨胀的不归路。

面对复杂的局面，共产党在苏中根据地采取了矛盾中求统一的做法，一方面支持法币，另一方面也逐步适当限用法币。例如，规定只有票面品相好的法币才能和抗币一起流通，票面破旧的要折扣贬值使用；对限制法币的理由进行宣传，强调破旧钞的清理存在困难，而非以抗币代替法币。这些都有利于争取和保持抗日统一战线中政治上的主动。

值得一提的一个细节是，当时根据地物资匮乏，技术低下，抗币只得利用土法来防伪，即采用一种特殊的土纸印刷，并尽可能采用双色套版印刷。由于土纸的特殊性，假冒反而不易。后来虽曾出现过一些假币，但数量很少。据资料记载，"假钞在各军区从未有能蒙蔽三日以上而不被发现和破获的"。而当时敌伪利用在香港、上海抢掠到的几家发钞银行的票版，大量伪造国民政府发行的法币。两下相比，这实在是一种难以言喻的差异。

诚如在这场"货币战"之初，中共苏中区党委指出的："货币斗争是经济斗争的一部分，经济斗争又是整个抗日斗争的一部分，与军事、政治各方面之斗争有密切关联，是不能分开的。"共产党领导新四军在货币斗争中取得胜利，有力地支持和保障了苏中根据地取得抗战胜利。

随着日本侵略者宣布无条件投降，各根据地的行政公署相继发布了各种抗币不分地域等价流通的告示，再后来随着各根据地、解放区银行的整合，党领导的货币发行越来越趋于统一，直至1948年12月，终于正式发行第一套人民币。1951年政务院发布命令，宣布统一关内外币制。以此为标志，新中国建立了独立统一的货币体系。

在70多年后的今天，回顾这段历史，党在民族存亡时刻对金融问题的深刻理解有着超乎时代的价值和意义。比如，发行抗币时明确提出"坚决反对财政发行和通货膨胀"，字里行间体现财政与金融职能有所区分的金融货币理念，不仅被20世纪80年代推行的金融体制改革印证，尤其是在全球货币长时间处于量化宽松的当下更加引人深思。

如果说人民币诞生于革命战争时期，那么之后则崛起于改革开放时代。

改革开放40多年来已经为人民币焕发新机奠定了基础。从

20世纪70年代末的财政与金融分家，到80年代中国人民银行与工农中建四大国有商业银行分立，再到90年代一行三会（中国人民银行、银监会、证监会、保监会）金融监管框架的搭建，现代金融体制逐步确立。2002年，国有商业银行实行改革，在此后10年间，占中国金融业比重最大的商业银行实现了向现代治理及运营机制转轨；人民币利率市场化、汇率有管理的浮动改革层层递进；人民币资产形式极大丰富，居民财富管理从最初的存款、国债发展到股票、基金、保险……至今已是百花齐放的大资管时代。

在这个特殊的时期，回忆我党领导的金融史，既有对过往的缅怀，更有对未来的无限憧憬。正所谓"周虽旧邦，其命维新"，经济发展、金融改革永远在路上。

杨凯生
中国工商银行原行长

序二　人民币国际化的独特路径及其未来

　　人民币是一种货币，更是一部展开中的历史。人民币发端于土地革命战争时期的中央苏区，是支持推翻三座大山革命斗争的"红色货币"；人民币诞生于新中国成立前夕，是"自立于世界民族之林"的主权货币，在计划经济中担当核算工具；人民币完善于改革开放时期，真正成为信用货币，推动社会主义市场经济的发展。今天，以加入特别提款权（SDR）货币篮子为标志，人民币成为国际货币，与其他国际货币同台竞技，影响世界经济的未来。

　　回望过去百年，人民币是中国崛起的历史缩影。它见证了中国经济的全面振兴，中国一改百年前积贫积弱、被动挨打的没落状态，成为欣欣向荣的全球第二大经济体。中国以超大规模经济体加入世界经济，成为第一大贸易体的同时，开始改变国际货币格局。人民币目前已成为全球第三大贸易融资货币和全球第五大储备货币。展望未来，中国有望在2030年以前成为世界第一大经济体并保持第一大贸易体的地位。与此相适应，人民币的国际需求将更加强劲，促使人民币更广泛且深入地进入非居民的资产负债表，从而不仅引领着人民币的国际化进程，而且深刻影响全球经济金融的治理观念，相应地重塑其治理体系。

  以人民币国际化为标志，中国正在走向世界经济舞台的中央。这种局面，无论是中国还是世界都前所未见，既意味着挑战，又预示着机遇。自21世纪初中国加入世界贸易组织（WTO）以来，我就开始参与人民币跨境使用的研究与实践，至今已有18年。其间，就人民币国际化与全球上百个国家或地区，尤其是东亚地区的中央银行和货币当局有过深入的接触，并经常参加国际组织及同业组织的各种专业论坛。这些经历让我深感人民币国际化使中国开始平视世界并直面挑战，因此需要在全球视角下重新审视自己，从全新的角度理解自己。由此，人民币国际化不仅是中国经济中兴的象征，更是中华民族伟大复兴应承担的国际责任。我们看到，正是基于同样的认识和情怀，《财经》杂志副主编袁满及其团队以饱满的热情编写了这本专著。该书以人民币为红线，将中国共产党领导下的百年经济社会发展串联起来。历史是有逻辑的，是可以预测未来的，因为在向第二个百年目标征程奋进的过程中，只有了解我们从哪里来，才能明白我们将到哪里去。

人民币的国际"锚货币"潜质

国际货币竞争理论认为,大型经济体因国内生产总值(GDP)占世界的比重高,其货币具有较好的稳定性和抗波动性,因而具有国际"锚货币"的潜质。若这一大型经济体又是开放的,其进出口贸易占本国 GDP 的比重高,则会诱使其他经济体用该国货币计价和结算,使其货币"潜质"显性化并成为国际使用的货币。第二次世界大战以后美元取代英镑以及 20 世纪末欧元的诞生都说明了这一点。近年来,人民币国际化的进展再次证明了这一点。

中国是一个快速成长的经济体,目前不仅是全球第二大经济体,而且是全球第一大贸易体。2007 年其进出口贸易占 GDP 的比重高达 67%,符合国际货币竞争理论的"大型经济体"概念。事实上,改革开放之初,人民币就被周边国家和地区使用,尤其在边境贸易较发达的地区。随着中国经济的发展,"边贸"日益"大贸"化,不仅人民币成为计价货币,而且出现了专司结算之职的金融组织——"地摊银行",它成为人民币国际化的初始状态。

2008 年金融危机由美国引发,全球出现了"美元荒",全球贸易因之发生了结算和支付困难。由于中国是主要贸易对象,其货币就成为替代美元计价、结算和支付的首选,人民币由潜在需求变成现实需求。特别是随着中国加大进口力度,经常项目顺差占 GDP 的比重由 2007 年的近 10% 下降到目前的不足 1%,人民币经由经常项目流出的规模不断扩大,成为仅次于美元、欧元的第三大贸易融资货币，由此产生了人民币经资本项目回流的动力和压力。久而久之，形成了资本项目的本币开放局面。

按照国际货币基金组织（IMF）的标准，资本项目共有41个科目。到目前为止，中国大部分科目已经能够实现或基本实现可兑换，只有三个资本行为主体科目还存在着实质性管制：一是外商对华用外币投资需要逐笔审批、逐笔核销；二是中国居民不得对外以外币负债，中国居民对外投资也需要特别审批才能获得外汇，如果负债则需要经过审批并纳入外债规模管理；三是外资不可以用外币投资中国资本市场，特别是二级市场。

人民币国际化10余年的发展进程表明，以本币流动为特征的中国资本项目实现了基本开放，并因此创造了资本管制的新鲜经验，即对币种而不是行为主体进行管制。它削薄了资本管制的壁垒，减轻了资本项目开放的难度。由此可以看到所谓人民币国际化就是基于客观现实的资本项目本币"先流动后兑换"的特殊制度安排，并因此有别于其他经济体资本项目开放就是本外币全面可兑换的传统路线。

在资本项目实现本币开放的基础上，下一步的趋势是在上述三个科目中实现本外币可兑换。为此，中国从2014年开始准备，这就是由上海自由贸易区启动的特别账户安排（FTA账户）。在上海自贸区内的企业可以同时拥有两个账户，即一般账户和特别账户，其功能相同，可以分别进行人民币或外币的经常项目交易以及用人民币进行资本项目交易。但是从设计理念看，特别账户是用来进行本外币可兑换试验的，其基本逻辑是在特别账户中为三个资本行为主体管制科目逐一创造满足可兑换的条件。例如,一旦外商对华投资用人民币和用外币的条件一致化,便意味着该科目可以自由兑换,经验成熟后便可以移植到一般账户,使一般账户该科目可兑换。依次逐一进行,逐一移植,当移植全部完成,特别账户功能将自动消失,而一般账户则实现全面可兑换。

目前,特别账户已由上海扩展到广东和海南。一旦国际经济金融环境稳定,特别账户的可兑换试验就会开启。其中,海南自贸港的建设要求更使特别账户在海南的试验抓住了率先开启的机会。

打破"不可能三角"的国际化路径

以人民币国际化为标志的资本项目的本币开放,形成了本币"先流动后兑换"的特殊路线,为金融开放提供了中国经验。

按照"蒙代尔-克鲁格曼不可能三角"模型的理解,在资本自由流动的条件下,若保持货币政策的独立性,则汇率不会稳定;若保持汇率稳定,则需要放弃货币政策独立性。这意味着在该三角关系中,资本的自由流动与货币政策独立性具有内在冲突,并深刻体现为宏观经济政策如何使内部与外部同时均衡的困难。

亲身参与这一实践过程的经验使我理解,人民币国际化的上述路径是将"蒙代尔-克鲁格曼不可能三角"的角点解转化为非角点解。不在三角的顶点寻求突破,而在其三条边的移动中寻找平衡。换言之，独立的货币政策放松一点，资本项目开放一点，汇率浮动幅度大一点，并在渐进的动态路径上伺机实现平衡。

用数学语言表达："蒙代尔-克鲁格曼不可能三角"的角点解是1+1+0=2，而非角点解可能是1+1/2+1/2=2，也可能是2/3+2/3+2/3=2，以及其他众多形式。结论是：只要精准掌握平衡，使每条边的非角点瞬时集合解不大于2，渐进过程是可以维持的。这实际上是中国渐进式改革经验在资本项目开放上的重现，并由此使"蒙代尔-克鲁格曼不可能三角"的角点解扩展到非角点解，丰富了金融开放的内涵，值得学术界认真加以总结。

但需要注意的是，这种路径选择是人民币国际化过程中的阶段性选择，最终还是要走向本币可兑换，如果一味停留在用本币流动来处理金融服务业和资本项目的开放，那么就会导致人民币国际化与现行国际货币体系的矛盾。具体表现在内外两个方面。

首先表现在中国经济内部。大型经济体占全球GDP比重高、影响大，其本币以及与此相关的融资活动具有特殊的地位。由此决定在"蒙代尔-克鲁格曼不可能三角"中，货币政策的独立性是第一位的，并因此能接受也可鼓励资本项目本币的开放，构成"蒙代尔-克鲁格曼不可能三角"非角点解的可能性及现实性。但是必须指出的是，非角点解不是稳定解，这一不稳定性十分突出地表现在汇率及其形成机制上。由于人民币资本项目尚不可兑换，人民币汇率目前呈现"双轨"态势，背后是在岸人民币（CNY）汇率和离岸人民币（CNH）汇率两种汇率形成机制并行。在离岸市场，人民币是实际可兑换货币，汇率形成机制呈现为多对多,即市场交易,汇率水平因此受供求规律支配。而在在岸市场,中国人民银行是外汇唯一的最终供应者和购买者,汇率形成机制呈现为一对多,中国人民银行对汇率水平有最终的影响力。

两种不同的汇率形成机制造成同一种本币出现两种不同的汇率水平。因自由兑换而充分受到供求规律影响的 CNH 汇率对市场更加敏感,通常会引领 CNY 汇率的走势。但是,这一汇率水平的变化又受本币货币政策的影响,其汇率变化受制于人民币利率的变化。通常的情况是,当 CNH 汇率趋势性走贬并影响 CNY 汇率时,中国人民银行便控制人民币流出,促使离岸市场人民币利率升高,抑制借入人民币投机美元的冲动,从而稳定 CNH 汇率并间接地稳定 CNY 汇率。反之亦然。这种情况表明汇率形成机制的"双轨"扭曲了汇率水平,相应地迫使货币当局用扭曲利率的办法来平衡,其结果是利率、汇率平价机制都被扭曲。这种做法尽管一时有效,但毕竟使人民币流出与流入不稳定,影响人民币国际化的预期。更为重要的是,长此以往,人民币的利率事实上也双轨化了,出现了 CNY 利率和 CNH 利率两个利率水平。在有可能激励市场反复套汇套利冲动的同时,也可能使货币政策陷入首尾难顾的窘态。

面对这个现实,我们加深了对"蒙代尔-克鲁格曼不可能三角"的理解。"蒙代尔-克鲁格曼不可能三角"的角点解隐含的指向是本币的可兑换性。这一含义的显性表达是汇率和利率形成机制的市场化,从而利率和汇率会形成以市场供求为基础的平价机制。换言之,角点解虽不是唯一解,但却是稳定解,其稳定性就体现在可兑换性上。从这个意义上讲，如果人民币成为国际货币，那么就应该具有可兑换性。尽管可兑换货币并不一定是国际货币，但国际货币一定是可兑换货币。实现人民币的全面可兑换性既是人民币国际化使然，也是改革的必然。因此，目前以资本项目本币开放的非角点解动态平衡的指向是逼近角点解，为人民币全面可兑换创造条件。

其次表现在中国经济外部。囿于人民币国际化的特殊路线，人民币在岸市场与离岸市场分立，这不仅使利率、汇率平价机制不能正常传导，还使人民币的国际使用更多体现在离岸市场发展上。人民币国际化因此呈现平推的态势，尽管使用国家众多，但使用科目多是经常项目，并基本用于对华的来往，即目前人民币国际使用状态仍以双边使用为主，尚未形成第三方参与的多边使用体系。从这个意义上讲，人民币还不是立体式的、体系性的、具有包括规则在内的金融基础设施完备的国际货币，充其量是主要国际货币的补充。

形成这种状态的一个重要原因就是人民币虽可以国际使用，但还不能自由使用。国际经验表明，自由使用是国际货币的基本性质。因可自由使用，满足并激发使用需求，进而出现丰富多样的交易形式及品种，使该货币利率覆盖整个世界，该货币成为各国货币的"锚货币"，该货币的发行银行因货币政策成为"世界中央银行"。

相比之下，因人民币尚不可自由使用，出现了在岸市场与离岸市场的分立，形成两个虽有联系但并不一致的人民币利率，致使人民币利率不能覆盖世界，人民币因此还不是真正意义上的

"锚货币",中国人民银行还不是真正意义上的"世界中央银行"。处于主要国际货币补充地位的人民币,虽与现行国际货币体系冲突不大,但因缺乏国际规则性的制度安排,人民币国际化难以行稳致远,一有风吹草动,就会引发人民币国际使用的波动。因此,对世界经济体系而言,即使从稳定性角度考虑,也应促使人民币成为体系性的"锚货币",推动中国人民银行货币政策国际化。

创造人民币成为真正国际货币的条件

事实上,人民币国际化在自身发展中已逐渐显示其目标是趋向真正的国际货币。因此,在人民币逐步实现可兑换的同时,还必须面对以下挑战。

一是建立稳定的国际收支逆差形成机制,以奠定国际流动性补充义务的基础。逆差是形成国际货币的先决条件,否则对方手上没有人民币,也就谈不上国际化。

尽管不要求国际收支各个科目全面逆差,但在某些项目,如经常项目或资本项目上,则需要有稳定的逆差出现。稳定的逆差形成机制不仅使对方有可使用的本币资源,而且有稳定的交易预期,进而使本币成为对方的储备货币。所谓中央银行的国际流动性补充义务是对储备货币的补充,是建立在一国国际收支稳定的逆差形成机制之上的。

从中国目前的情况看,自2015年起,资本项目直接投资科目已出现逆差，但是还不稳定。而且在面对经常项目顺差进一步收窄的趋势下，是否还要在国际收支基本平衡下形成稳定的逆差机制，以及怎样平衡，仍不失为一个重大难题。

二是有深度的金融市场建设。如前所述，国际货币意味着承担该责任的主权货币的利率是覆盖全世界的。因此，该主权货币的中央银行应承担世界中央银行的责任。这不仅要求本国金融市场对外开放，而且要求产品丰富、体系健全、规则清晰可靠、有深度的金融市场，从而便于各国金融机构在该市场从事本币业务，进行本币交易。

只有经济体成为国际金融中心，中央银行才能在该金融市场充分施加货币政策影响，使其政策利率传导到世界。没有深度的金融市场开放，不仅利率不能覆盖世界，还招致频繁的短期资本流动，这是亚洲金融危机的重要根源之一。

从中国目前的情况看，除离岸市场与在岸市场分割、统一的本币市场尚未形成外，还存在资本市场发育程度低、金融产品期限结构尚不完善、金融衍生工具少以及国际通行交易规则和司法保护缺乏等问题。这些都妨碍了金融市场的进一步深化，是人民币国际化所面临的其他重大挑战。

面对挑战，我们可以从历史的经验中寻找答案。40多年来，中国金融发展的经验表明"何以解忧，唯有改革"。中国的改革是问题导向的改革。基于人民币国际化的现状，从问题导向入手，逻辑上有两个改革目标，进而有两条路线可供选择。

一是以人民币资本项目可兑换为目标。顺应经济发展阶段变化以及金融市场的发展要求，为资本项目中资本行为主体尚存在实质性管制的三个科目创造条件，伺机推进可兑换进程的逐次展开。一旦人民币资本项目实现可兑换，亦即形成"蒙代尔-克鲁格曼不可能三角"以角点解为代表的稳定解，将奠定人民币在国际上更自由使用的前提条件。至此，人民币国际化进程便由国际需求决定，成为一个随世界经济发展而自然发展的过程。换言之，在人民币得以在国际上广泛使用的基础上，为非居民提供更多的选择，使其在市场驱动的国际货币竞争中行稳致远。

二是以人民币更广泛地进入非居民资产负债表为目标。区别于人民币资本项目可兑换这一有限目标，聚焦于"一带一路"倡议，致力于人民币在国际上更广泛的使用。换言之，在维持现有非角点解的情况下，巩固和发展自 2015 年以后出现的中国对外直接投资大于外商对华投资的逆差态势。鉴于"一带一路"沿线是形成这一逆差的主要地区，在推进"一带一路"建设上，力图将人民币可兑换性问题"由人民币对外币可兑换转换成外币对人民币可兑换"，尽可能地使"蒙代尔-克鲁格曼不可能三角"以角点解为代表的稳定解由外币对人民币可兑换来实现。相应地，在这一努力过程中，将人民币对主要国际货币可兑换作为从属性目标，伺机实现。

需要指出的是，国际收支的本质规定性决定了其自身是追求平衡的。有流出就要有流入，有逆差就需要有回流。从发展趋势看，囿于国内外种种原因，经常项目会呈现基本平衡的态势并且需要进行维护，稳定逆差的形成只能倚重资本项目，主要是对外直接投资，相应的回流主要通过金融科目。如前所述，这就要求人民币金融市场的深化。

国际经验表明，期限结构合理、产品丰富、收益率曲线首尾相接的有深度的金融市场是畅通流出及回流循环的必要条件，而金融开放是充分条件。为此需要深化国内金融体制改革，加快人民币资本市场的发展，使中国金融结构尽快向直接融资方向靠拢，相应地扩大和深化金融市场对外开放，使各国金融机构能够方便地参与人民币资产收益率曲线的形成。而各国金融机构平等参与，同台竞争，提供品种不同、风格各异的人民币金融产品将使人民币资产收益率曲线自然覆盖全球人民币市场。其结果便是人民币定价以利率为锚，进而构成中国人民银行成为"世界央行"的基础条件。本人认为，后一条路线选择虽然难度较大，但展现了更有意义的前景，因而值得争取。

深度参与区域本币化进程

如果后一种选择值得争取，那么就要从国际货币体系的视角重新审视人民币国际化的路线安排。其中清迈倡议（CMI）是现成的平台。

区别于国内货币安排，国际货币体系的核心功能是调节成员国际收支顺逆差。顺逆差尽管是对某种货币收支的盈亏，但唯有成员公认的可以多边使用的货币才能予以平衡。因多边使用成为储备货币，所以储备货币成为国际货币。人民币国际化的最终目标应是广泛进入各国资产负债表并可自由使用，人民币从而成为主要的储备货币之一，亦即完全意义上的国际货币。

历史经验值得注意。20世纪90年代，日元也曾雄心勃勃，期望成为国际货币，其第一步是成为亚洲的国际货币。为此，日本做了相应的准备，其中既包括为形成稳定逆差机制而制订的"黑字还流计划"，也包括使日元利率覆盖亚洲乃至世界的日本金融市场深化和开放措施。但是，因经济泡沫破裂，这些准备夭折，日元国际化戛然而止。这也是被国际金融界公认的亚洲金融危机爆发的重要原因。

亚洲金融危机爆发后，人们反思亚洲货币体系的问题，发现亚洲存在着货币原罪，具体表现为三个错配。一是货币错配。亚洲国家的经济多是出口导向型经济，不仅区外贸易规模很大，而且区内相互间贸易规模也大，但是区内外贸易都依赖第三国货币，主要是美元。美元流动性一旦出现困难，国际贸易则难以进行。二是期限错配。亚洲国家是经济增长最快的国家，最缺资本，但流入的资本以短期资本为主，长期资本流入较少，这造成了期限错配。三是投资与储蓄的错配。亚洲国家储蓄率比较高，但金融基础设施落后，金融机构动员储蓄的能力弱，其结果是本地储蓄反被外资金融机构动员，集中表现为无论是个人还是机构，其储备都是美元，并最终以外资流入的形式返投亚洲。

综上，国际金融界认为，亚洲金融危机的重要根源是货币原罪。货币原罪的核心是缺少本地区货币作为本地区的国际货币。

因此，克服货币原罪的途径是开启本币化进程。为此，2000年亚洲开发银行年会系列会议提出了清迈倡议。2008年的金融危机使货币原罪问题更加暴露，2010年在中国的积极参与下，清迈倡议升级为清迈倡议多边化（CMIM）协议，并成立了总部设在新加坡的东盟与中日韩宏观经济研究办公室（AMRO）作为协调机构，其功能类似于国际货币基金组织。

目前，清迈倡议两个不断扩展的主要功能引人注目。一是亚洲外汇储备库，由初创时1 200亿美元扩展为2 400亿美元，以降低因短期外汇流动性枯竭而可能引发的金融风险，其指向是缓解货币错配。二是亚洲债券基金，以基金发行引导亚洲债券市场，其指向是缓解期限错配。

需要指出的是，人民币国际化之所以在2009年正式开启，人民币之所以在中国香港、澳门地区和东盟地区率先使用，是与亚洲地区纠正货币原罪的本币化进程密不可分的。事实上，自2020年以来，包括俄罗斯在内的周边国家的汇率与人民币同向波动，预示着人民币正成为区域"锚货币"，而以"熊猫债"为代表的跨境人民币债发行频率和规模的提高，也预示着人民币正通过债券等金融产品的大规模发行，开始广泛地进入对方的资产负债表。这些都为人民币进入清迈倡议安排开辟了新的可能性空间。如果人民币成为亚洲外汇储备库的币种之一，部分替代美元，人民币将自然进入东盟和日韩的外汇储备，成为亚洲地区多边使用的货币。如果亚洲债券市场部分人民币化，亚洲债券市场将自然落地中国，从而促进在岸和离岸人民币市场的打通，香港和上海将成为以人民币为基础的国际金融中心。

经过 20 多年的发展,清迈倡议迎来一个新的关口。2019 年在斐济召开的东盟与中日韩(10+3)财长和央行行长会议上,审议了清迈倡议多边化协议的进展,提出加速本币化进程。这为人民币区域多边使用创造了新契机。2020 年,中国签署了《区域全面经济伙伴关系协定》(RCEP)。随着该协定的达成,清迈倡议也被带入其中。2021 年,中国正式提出申请加入《全面与进步跨太平洋伙伴关系协定》(CPTPP)。因此,亚太地区可以以清迈倡议为基础,吸取日元国际化的教训,深入细化 RCEP 以及 CPTPP 相应机制的建设,使人民币尽早成为区域多边使用的国际货币,使亚太地区以新的姿态引领经济全球化。

中国是一个规模巨大的经济体,中国的人口占世界人口近 1/5,中华文明是世界历史上未曾中断的文明。因此,中华民族应当对人类有较大的贡献。如果说在新中国成立之初,这还是一个崇高的理想,那么在中国特色社会主义进入新时代的今天,这已经成为中国的现实选择。其中,人民币逐渐具备条件,可以为打造人类命运共同体做出贡献。

是为序。

曹远征

中银国际研究公司董事长、

中国宏观经济学会副会长

前言　百年红色金融启示录

2021年是中国共产党百年华诞。一百年来，从无到有，从弱到强，中国共产党引领中国人民实现了自身的解放、民族的独立和国家的富强，从而充分证明自己当之无愧是历史和人民的选择。

货币是经济生活的重要组成部分。人民币发端于抗日战争时期，虽然最初作为主要的政治斗争工具，但是其发展过程遵循了经济学规律。人民币从边区货币发展为独立货币，从独立货币发展为本位货币，再到国际化，未来实现数字化"跨"向全球。这一过程深刻地体现了马克思主义中国化的动态进程和中国共产党以理论指导实践并在实践中丰富和发展理论的能力。

人民币崛起的背后逻辑是什么？人民币的崛起体现了中国国力的蒸蒸日上，表明中国共产党领导下的中国人民找到了一条适合中国现实的可持续发展之路，以及把握经济规律、驾驭货币经济、解放和发展生产力的能力。

忆往昔峥嵘岁月，在这一百年的奋斗历程中，红色金融作为党的事业的重要组成部分，始终发挥着革命事业的助燃剂和现代化建设事业的推进器等重要作用。革命事业不仅有政治和武装斗争，同时也有经济斗争，其中包含如何正确把握货币经济规律，充分发挥红色货币在资金融通、根据地经济建设、根据地群众生活水平提高和革命事业物资供应保障等方面的关键作用。

红色金融发轫之初的历史实践表明，中国共产党人自觉地意识到自身所肩负的历史使命。各个苏区从货币发行到融资汇兑等方面的金融实践显示，年轻的共产党谙熟现代经济运行方式，而非简单局限于打土豪、分田地，从而使自己的事业一举超越了农民起义的历史局限。

在抗日战争和解放战争期间，各根据地和解放区因地制宜、百花齐放，发行了各具特色的红色货币，制定了行之有效的货币政策，千方百计搞活流通，发展生产，为中国革命的胜利打下了物质基础。中国共产党在各种不利条件下，始终把人民群众的利益放在首位，不滥发货币，不人为制造高通胀，这与国统区的金融乱象和由此导致的社会经济秩序紊乱及民不聊生形成了鲜明对比。

总之，革命战争年代的红色金融实践让世人看到了中国共产党治国理政的现实与潜能，极大地提升了党引领中国人民进行现代化建设能力的可信度，为其在众多现代化愿景、方案和路线的斗争中最终胜出发挥了关键作用。

进入社会主义建设阶段，通过货币政策的确立和中国特色金融监管体系的建立，新中国在实现和捍卫经济主权的独立及现代化建设的自主性方面取得了优异的开局，由此踏上了建设中国特色社会主义、实现现代化和国家富强与人民富足的新征程。

这是一项全新的事业，决策者需要通盘考量中国社会经济的传统与现实、结构与趋势、动能与阻力，以及中国与世界的关系等。

充满革命年代热情与朝气的中国共产党，怀着只争朝夕、敢教日月换新天的昂扬斗志，全力、全速推动社会主义现代化建设，取得了长足的进步，但也因急躁冒进和对现代经济运行规律的认知不够深入经历了一些挫折。这些挫折在金融事业上有着这样或那样的表现，比如计划经济时期货币政策缺乏灵活性、银行在某种意义上沦为出纳、财政纪律宽严失度、对外经济交往不畅而无法发挥比较优势等。

即便如此，在新中国成立后的前30年的奋斗历程中，中国人民的社会主义现代化事业依然取得了不俗的成绩，建立了门类齐全的工业体系，打造了一支初步具有文化素质的劳动力大军，从而为改革开放年代各种红利的释放奠定了坚实的基础。

进入改革开放年代，搞对价格、理顺市场与计划的关系、充分参与国际分工、发挥比较优势、提升驾驭复杂开放经济体运行的能力，成为摆在中国共产党面前新的历史考验。其中，厘清金融在现代经济中的角色，趋其利而避其害，充分发挥金融在经济发展和对外开放中"四两拨千斤"的作用，而又避免由此引发经济的大起大落，既充分加入国际竞争与合作，又有力捍卫经济主权与货币政策和金融监管独立性，更是成为这一时期经济建设事业的重中之重。

在改革开放进程中，中国决策者构建和驾驭现代金融体系的能力不断提升，取得了包括银行业改革、资本市场建设、汇率制度改革和现代金融监管体系建设等一系列胜利，进而为中国经济的现代化、市场化与国际化水平不断提升以及综合国力不断提高提供了源源不断的动力。

随着中国经济的发展进入国内国际双循环的新发展格局和新阶段，在中国共产党的领导下，中国金融事业依靠科技赋能，深化监管护航，正迎来新的发展——通过国际化、数字化和财富管理现代化，为中国经济不断提供新动能和新活力。

改革开放及始于20世纪80年代的金融转轨，为人民币国际化扫除了最初的障碍。人民币要真正成为国际货币，不仅要依托中国经济实力的提升，还要及时抓住契机。随着美国GDP占全球经济比重持续下降、美国债务占全球债务比重持续上升，原本以美元为锚的国际货币体系开始漂移，人民币被看作寻锚时代的备选国际货币之一。

与人民币国际化的追赶之路不同，在全球数字货币探究的道路上，中国人民银行发行的数字人民币已经抢跑。相对于21世纪泛滥的比特币等虚拟货币，e-CNY被认为是唯一的现金终结者，因为其不仅拥有中央银行背书的无限法偿性，在其应用探索的背后，还蕴含着深层次的货币体系变局。

改革开放以来,伴随着经济发展、收入增长及金融转轨,中国财富管理格局不断被改写,居民财富理念亦被重塑。从无到有,从单一到丰富,中国居民家庭财富变动的历史亦折射出中国经济崛起和人民币财富市场的变迁。

从20世纪八九十年代的储蓄为王,到2001年以后财富管理市场初现,再到银行理财、股票、信托、基金、保险等金融产品轮番登场、交互组合,大资管时代悄然而至。伴随财富管理市场走向多元化、全球化,新的监管挑战也不断出现。而共同富裕目标的提出,也对财富管理提出了新的挑战,带来了新的机遇。

百年只是一瞬,百年仍是少年。这是一部红色金融发展史,也是中国共产党不忘初心、与时俱进的奋斗史。从这个意义上讲,这本书不仅面向金融从业人员,还面向更广大的读者,让人们从金融视角对中国经济百年发展历程及中国共产党在其中发挥的领导作用和中流砥柱作用有更深入的了解,从而坚定信念和信心,在党的领导下为中华民族的伟大复兴事业做出更大的贡献。

本书编写团队

本书脱胎于《财经》杂志"致敬中国共产党百年华诞特刊",在原刊基础上充实完善而成。多位专业资深人士为本书撰稿或接受本书作者访谈,他们是王洪章、王巍、管涛、张明、王喆、李礼辉、刘晓春、吴晓求、郑磊、沈建光、张红力等。

《财经》杂志制作团队包括：

统筹策划人员：袁满；

撰稿人员：第一章至第三章，苏琦；第四章至第五章，张威；第六章，杨秀红、郭楠；第七章，张颖馨；附录，唐郡、陈洪杰；

编辑人员：袁满、陆玲、臧博；

流程编辑：周斌；

设计人员：黎立；

审校人员：李萌、王妮、李高超；

制作人员：颜斌、于宗文、张玲；

外联人员：王政强。

本书得到金融博物馆的大力支持，在此特别鸣谢！

第一章

人民币缘起：
破旧立新的红色货币

中国共产党领导的革命斗争不是简单意义上的农民起义，而是为了有别于国民党政权而实施一个符合中国实际的现代化方案。因此，从红色政权诞生之初，红色金融的发展就不仅仅是为了给革命融资，更不仅仅意味着打土豪、分田地、分浮财，而是包括摧毁旧金融制度和建立新金融制度两个方面的内涵。其中，红色货币的发行、流通和回笼，贷款的发放和回收，存款的存入和提取，汇兑的往来等经济活动，具备后人未曾意识到的现代色彩。红色货币经历了从革命的助燃剂到开国重器的发展历程。

　　这一时期的货币政策给金融工作带来启示：其一在于稳定物价，坚持适当的货币发行量，保障充足的物资供应，这是保障民生和社会发展的需要；其二在于明确货币政策的制定目标，根据客观实际的需求来完善货币政策与经济政策之间的内在联系。

一、苏区货币：由分散到统一

在土地革命战争初期，为了调剂根据地的金融，解决劳动人民的借贷问题，便利商品流通，发展社会经济，各个根据地在废除高利贷剥削制度的同时，着手建立劳动人民自己的金融组织，以其作为旧金融组织的替代物。当然，囿于条件，各个根据地在这方面做的工作不多，只进行了一些尝试。

1928年春，在朱德、陈毅率领南昌起义军余部在湘南活动时期，耒阳县成立了工农兵苏维埃政府。为了流通金融、便利贸易，该县财经委员会印发了一种面额为1元的劳动券（纸币）。同时，该县第十三区工农兵苏维埃政府也印发了面额为1角、2角的劳动券，在耒阳县流通。这三种劳动券（纸币）均可十足兑现，1元劳动券可随时兑成1块光洋。同年4月，在朱德、陈毅率领南昌起义军余部和湘南起义农民自卫军上井冈山后，耒阳县成为游击区，劳动券也随之停止使用。这三种劳动券是人们至今所知道的土地革命战争时期最早发行的劳动人民的纸币。

红色金融和红色货币在土地革命战争中期各个根据地得到巩固后迎来大发展。为解决红色区域的货币流通问题，各个根据地先后建立银行。因为广大工农群众视其为自己的金融组织，所以多取名为工农银行、平民（贫民）银行或农民银行。各地工农银行成立后，首先规定在红色区域只有工农银行才有货币发行权，禁止所在地的私人银行、钱庄、商会等旧金融机构发行任何货币。

从 1929 年下半年到 1931 年下半年的两年中，工农银行的工作重点是通过发行货币、处理旧币、控制现金以及开展其他方面的货币斗争等，来占领金融市场和调剂货币流通。

由于当时各个根据地处于分割的状态，它们都是各自发行货币。各个地区的条件不同，发行货币的时间和方式也不一样。多数地区是从 1930 年下半年开始发行的。因为红色区域当时实行银本位制，工农银行发行的纸币代替银圆来流通，它的价值与银圆相等，所以它又是一种可以兑换的货币。当时发行的纸币种类一般是 1 元、5 角、2 角、1 角、5 分这 5 种。

根据地发行自己的纸币，体现了红色区域在经济上的独立自主性。但是它能否占领金融市场、真正起到应起的作用，取决于它的信用。为了解决这个问题，各地工农银行采取了以下措施。

第一，以一定数量的黄金、白银作为储备基金。储备基金的来源有两个：一是群众集股，比如闽西工农银行"股金以大洋为单位，收现金不收纸币，旧银器每两折大洋六角，金器照时价推算"。二是政府或红军拨款，比如江西东固平民银行开始建立时，由当地红军二、四团拨大洋 4 000 元。闽西工农银行筹备建行时，共集得现金 20 万元。1929 年，湘鄂赣革命根据地所属鄂东农民银行成立时，从没收的地主财产中拨出一部分作为发行纸币的基金，现洋五六万元，金子 270 余两，元宝（每个重 50 两）二三十个，手镯项圈等各种零碎银子 4 万余两，铜圆 1 万余串（1 块光洋换 6 串铜圆）。1930 年 11 月创办江西工农银行时，江西省苏维埃政府决定由财政部拨现金 100 万元。

第二，宣传发行纸币的好处。工农银行发行纸币，是根据地人民政治经济生活中的一件大事。为了让工农群众了解苏维埃纸币的意义，各地苏维埃政府和工农银行采取出告示、写文章、作诗歌等形式，进行广泛深入的宣传。例如，1931年1月发布的《浏阳工农兵银行发行券币宣言》写道，这种券币是不比往昔的券币，是比现金还要好的，譬如拿了去买盐，就可以买盐，要买货，就可以买货，要兑现金，就可以兑现金，在苏维埃区域都可通行无阻。

第三，随时可以兑现。这是建立纸币信用最重要的一个措施。例如，江西东固平民银行为了取得群众对其纸币的信任，特别是为了取得外来做生意的人的信任，每逢东固镇的圩日，都准备一定数量的现金，随时让他们兑换。外地来这里做生意的人得到了纸币，在离开东固前要兑换现洋时，银行则随来随兑，有多少兑多少，应付利落，从未出过半点纰漏。1931年，闽西工农银行行长阮山在庆祝《工农银行周年纪念歌》中写道："工农自己设银行，纸票通行各地方，到处都有兑换处，随时可以换光洋。"为了具体而生动地说明工农银行兑换纸币的能力，闽西苏维埃政府曾专门举行为期7天的黄金白银展览会。会上用金条摆成一个金塔，用银圆做成一个银塔，供工农群众参观。群众看了都赞叹说，"从来没有见过这样多的金银财宝"。

自从根据地发行了自己的货币之后，以前旧币充斥市场的状况逐渐改变，工农银行的纸币随即占领了红色区域的金融市场。当时主管苏区金融工作的领导层充分把握货币发行规律，并上升到理论的高度，在全党范围内反复强调：由于根据地发行的纸币是代替银圆来流通的，因此其发行数量必须掌握一定的比例和幅度，即"纸币的发行只限于它所象征地代表的金（或银）的流通数量"，而不能想发多少就发多少。纸币的发行数量相当于商品流通中所需要的银圆数量时，币值就稳定。反之，纸币贬值。

1931年之后，有的根据地在发行纸币的过程中，由于缺乏经验，没有按照发行规律办事，曾经出现过纸币贬值的情况。

1931年"一苏大会"（中华工农兵苏维埃第一次全国代表大会）召开以前，根据地的金融是不统一的，各地苏维埃政府各自建行，各管发行。"一苏大会"之后，为了贯彻"一苏大会"通过的《中华苏维埃共和国关于经济政策的决定》，统一货币制度和统一金融组织，临时中央政府决定成立中华苏维埃共和国国家银行，任命毛泽民为行长，还颁布了《中华苏维埃共和国国家银行暂行章程》。自国家银行总行成立以后，各省相继成立分行。

国家银行总行原来隶属于中央财政部门。后来，中华苏维埃共和国临时中央政府人民委员会第四十九次会议决定，从1933年9月起，国家银行实行独立，只受中央财政部门的指导，而不隶属于中央财政部门。银行和财政部门分开是十分必要的。银行作为独立的经济组织，可以更好地发挥监督财政支出的作用——有多少钱就支多少钱，改变过去财政部门随便开个条子，银行就得付款的现象。考虑到新中国成立后银行曾长期成为财政部门的出纳，苏区时期银行与财政相对独立的观念可谓超前。

"一苏大会"以前，苏区货币的发行方式是各地银行发各自的钞票,省级工农银行、县级工农银行都发行纸币,甚至信用合作社也发行流通券。但是,当根据地扩大之后,在一个根据地内,继续流通不统一的多种类纸币,不仅不方便群众使用,也不利于金融管理。因此,统一苏区货币的发行权非常必要。所以,"一苏大会"通过的《中华苏维埃共和国关于经济政策的决定》规定,只有国家银行"有发行货币的特权"。临时中央政府和国家银行的成立为统一货币创造了条件。

货币的统一是一件非常复杂细致的工作。各个苏区的情况不同,采取的办法也不同。例如,在中央苏区,在国家银行发行统一的纸币后,原江西工农银行发行的纸币随即停止流通,并用现金收回。但是,原闽西工农银行发行的纸币由于信用较好,仍在市场上流通了一段时间,后来才逐渐收回。

国家银行成立以后,中央苏区的纸币发行工作大致可分为三个阶段。

第一个阶段是1932年7月(开始发行纸币)到1933年初。这个时期纸币的发行量控制在适当限度内,可以随时兑现。各地都设有"国家银行钞票兑换处","对持钞票要求兑换者,须尽量兑付现洋"。因而币值比较稳定,群众比较满意。1932年11月7日,《中央财政人民委员部一年来工作报告》指出:"纸币正在发行,银币也已开铸,纸币在群众中已有相当信用。"

第二个阶段是1933年春到1934年初。这个时期,由于财政收支不平衡和现金大量外流,中央苏区纸币从原来的充分兑换变成了控制兑换,后来发展到"要发动群众停止挤兑"。出现这种情况的主要原因是：国民政府向中央苏区接连发动了第四次和第五次"围剿"，同时加紧进行经济封锁，加之中央错误的政治军事路线的影响，一方面迫使苏区战费猛增，另一方面使苏区从白区"进口"必需品更加困难且费用更高。

在此情况下，尽管发行了公债，提高了税率，但财政收支仍然不能平衡。最后，中央苏区只好增加纸币的发行量来满足急剧增加的财政支出。据说，到1933年8月，中央苏区发行的纸币已达200万元。纸币发行过多，危害是很大的。"二苏大会"通过的《关于苏维埃经济建设的决议》指出："纸币的发行，如超过市场所需要的定额之外，必然会使纸币跌价，会使物价腾贵，使工农生活恶化起来，以致影响到工农的联合。"该决议同时指出，"为了免去苏维埃纸币跌价的危险，苏维埃政府必须更注意于对外贸易的发展，尽量输入现金与限制现金的输出，使苏维埃金融在经济建设的发展中极大地活泼起来，是增加市场吸收纸币的容纳量与保持纸币信用的重要方法"，并要求苏维埃政府"对于纸币的发行，应该极端地审慎"。

第三个阶段是1934年1月到同年10月红军被迫长征时期。这一时期，尽管"二苏大会"正确地总结了前段发行纸币的经验和教训，指出了稳定币值的途径，但由于中央错误的政治军事路线的影响，战争形势日益恶化，根据地不断缩小，苏区和白区的贸易渐渐中断，财政来源日益枯竭，发行的纸币已根本无法兑现，纸币的信用在群众中几乎完全丧失。当时曾流传下面这样的故事。有一次，苏维埃政府的工作人员到市场上用纸币向老乡买猪，纸币已严重贬值，但老乡又不好拒绝收钱，于是只好很客气地说道："同志，不要钱了，送给你吧！"由此可见，1934年中央苏区的纸币贬值已经到了何种程度。

国家银行及其分行发行的纸币，在开始的一段时间里是根据拥有基金的多少来决定发行量的。例如，湘赣省工农银行到1932年7月共有基金6万元，仅发行纸币一两万元。因为银行备有充足的基金，能保证随时兑换现金，所以币值比较稳定，在群众中的信用也很好。但是，有些苏区后来由于种种原因，不根据银行的基金数量，不按照市场流通的需要，单纯按照财政的需要来决定发行量，结果发行纸币过多，无法兑现，造成纸币贬值。

对于纸币发行过多所造成的危害，根据地领导层有着清醒的认识，并上升到了理论高度。

为了稳定币值，临时中央政府也采取过许多措施。例如财政上开源节流，进行必要和可能的经济建设工作；开展对白区的贸易，设法打破敌人的经济封锁，尽可能地将苏区出产的剩余物资输出，从而增加现金收入；同时，发展工业品生产，尽量减少某些物资的输入和现金外流；与银行本身任务直接有关的措施还包括建立现金出口登记制度，实行严格的现金管理，制止现金盲目外流。尽管采取了上述措施，但是由于敌人的"围剿"和封锁方针没有改变，反而日益加强，苏区生产人员日益减少，红军和其他非生产人员大量增加，尤其是第五次反"围剿"作战失利，导致根据地日益缩小，最终无法做到财政收支平衡，无法稳定纸币的币值。

二、长征路上：边走边发行货币

兵马未动，粮草先行。长征路上金融工作并没有停滞，红军在长征途中兑换和发行货币是比较经常的。陈云在以廉臣为笔名撰写的《随军西行见闻录》中记载，红一方面军于1934年11月进延寿圩（湘南大镇）、宜章城时，红军所用纸票，按日均兑现。1935年1月，红军在遵义期间，又曾以纸币购买商品并兑付现洋。王群在《长征途中的毛泽民同志》一文中说："红军长征时，部队除了沿途没收地主土豪的一些财产来供给外，还要靠随军带来的苏维埃钞票来维持。……毛泽民同志为维护和提高票子的威信……把没收来的东西，除分发给群众外，留下了一部分物资来拍卖。在拍卖时，尽先要我们发行的票子。此外，他还规定了一元苏维埃的票子，可以到我们银行换一元二角现洋，可以换两元国民党的票子。"曹菊如的文章《长征路上的红军票》说："遵义是长征途中国家银行唯一发行纸币的地方……十天里，主要是紧张地进行纸币的发行与回笼货币的活动。"

这三种说法虽然不尽相同，但有一点是可以断定的，就是红军在遵义期间确曾发行过苏维埃纸币。还可援引《新蜀报》1935年2月1日刊载的一则消息作为旁证。消息说红军"进占遵义，曾在城内天主堂成立银行，发行钞票数种"。"此次二十一军廖海涛部，作战前方，曾获得此项钞票多张。计分1元、5角、1角、2角、5分等票。票上注明，中华苏维埃共和国国家银行发行。昨由警备部函送九张，交大梁子青年会内陈列云。"

遵义是贵州省的第二大城市，也是黔北重镇，商业比较繁华。红军在遵义一带休息了10多天，之所以在这里发行纸币，是因为指战员长期以来积蓄了不少从伙食尾子（伙食费结余）中分来的苏维埃纸币，而长途行军需要购买一些生活日用品，比如鞋、袜、毛巾、纸烟等，部队集体也需要购买一些东西。为了便于商品交易，并使商人把收到的苏维埃纸币换成现洋或白区通用的货币，红军便在商业中心设立了兑换处。当时红军发行货币的保证，一是从中央苏区带来的银洋，二是拍卖没收军阀王家烈的盐和香烟得来的银洋以及白区通用的货币。红军不仅买卖公平，而且纸币完全可以兑现，商人们十分满意。

三、根据地货币：在夹缝中生存

1935年10月中央红军到达陕北，11月在瓦窑堡成立了中华苏维埃共和国国家银行西北分行，原陕甘晋苏维埃银行亦并入西北分行。因为当时财政上存在困难，西北分行发行纸币多用作财政透支，以支持红军和政府的财政需要。西北分行还办理机关往来存款，代理中央金库，发放农工商业贷款，进行现金管理，开展货币斗争。

后来为了与党的抗日民族统一战线的策略和路线相配合，西北分行逐步调整了货币发行政策。西安事变前后，出现了与友军（西北军和东北军）统一战线的区域。西北办事处规定：苏维埃机关或部队，进驻到友军区域，为保证商业自由及尊重当地市场习惯，在苏票未能在当地流通以前，一般须使用友军的白票、现洋。

1937年1月，西北分行随中共中央领导机关迁至延安后，为了进一步适应统一战线已基本形成的形势，在陕甘宁地区统一币制，统一使用法币，停止了苏票的发行，并开始了回收工作。

1937年9月，中华苏维埃共和国临时中央政府西北办事处正式更名为陕甘宁边区政府。同年10月，中华苏维埃共和国国家银行西北分行改组为陕甘宁边区银行，曹菊如任行长，总行设在延安，并先后在绥德、三边、陇东、关中设有分行。

陕甘宁边区银行在成立初期没有发行货币，陕甘宁边区市场上流通的主要是法币。1941年1月，皖南事变后，国民政府停发八路军军饷，并加强对陕甘宁边区的包围封锁，陕甘宁边区财政遇到严重困难。同年1月，陕甘宁边区政府发布禁止法币在陕甘宁边区使用的命令，由陕甘宁边区银行发行陕甘宁边区银行券（以下简称"边币"），集中陕甘宁边区的法币，向国民党统治区购进物资，严惩破坏金融的活动，扩大边币流通。

与陕甘宁边区不同的是，全国其他抗日根据地的银行在较早阶段就发行了自己的货币。这些货币投放市场后，在与敌伪货币开展不同形式的斗争中，建立起区域性独立自主的货币制度，为对敌斗争和发展抗日根据地经济做出了贡献。

1937年10月，八路军一一五师在聂荣臻的率领下，在五台山地区创建敌后抗日根据地，11月成立晋察冀军区。1938年1月，八路军在阜平召开了晋察冀边区军政民代表大会，成立了晋察冀边区临时行政委员会，通过了成立晋察冀边区银行并发行钞票的提议案。1938年3月，晋察冀边区银行在山西省五台县石咀镇宣告成立，首批发行了由自己设计、印制的1元券和5元券，此后又陆续发行了其他面额和版别的钞票。

冀南根据地是由八路军一二九师创建的。1938年8月成立冀南行政主任公署。1938年9月，公署下设冀南经济委员会，负责区内的经济建设工作。1939年10月成立冀南银行，发行冀南银行币。冀南银行币的流通范围是逐步扩大的。最初，冀南银行币只在冀南、太行两个区内流通，成为这两个区内的法定货币。1940年8月，冀南、太行、太岳行政联合办事处成立并颁发布告，明确规定冀南银行币为三个区的统一本位币。于是冀南银行币流通范围扩大到太岳区。1941年9月，冀南银行币流通区域扩大到包括鲁西专区在内的整个晋冀鲁豫边区，成为晋冀鲁豫边区的法定本位币。

八路军进入晋西北地区后，将指挥部设在兴县。兴县的抗日政权为了满足军政费用的需要，委托有威望的进步士绅刘少白（中共地下党员）筹办银行，印发货币。1937年12月，兴县农民银行正式开张，刘少白任经理。从1937年11月到1938年末，兴县农民银行印制发行了三批钞票，面额有1角、2角、1元等，共计15万元。1940年5月，以兴县农民银行为基础，中国共产党建立了西北农民银行，印制发行西北农民银行钞票。西北农民银行发行的货币，一部分充作财政开支，另一部分作为贸易资金。

1938年春，胶东的抗日武装起义成功。起义部队占领了掖县、黄县和蓬莱县，建立了三县的县政府，并成立北海区行政督察专员公署。由于当时货币流通较为混乱，在胶东共产党组织的领导下，由胶东抗日游击第三支队的主要领导人郑耀南、张加洛等发起和倡导，经多方协商，决定由军民集股25万元法币组建北海银行。1938年12月1日，北海银行在掖县城内正式开业。北海银行成立后，自己发行钞票，称为"北海银行纸币"。随着抗日根据地的扩大，北海银行也得到发展，在胶东各区县设立了支行和办事处。最后，北海银行发展成为整个山东根据地的银行。

此外，1941—1945年，华中各抗日根据地的江淮银行、淮北地方银号、淮南银行、盐阜银行、大江银行、浙东银行、淮海地方银行和豫鄂边区建设银行均发行了货币。华南琼崖东北区政府于1941年成立，发行了光洋代用券，在文昌、琼山一带流通。各抗日根据地发行的货币，既有面额1元、5元、10元的主币，也有面额1角、2角、5角的辅币。这些货币投放市场后，在与敌伪货币开展不同形式的斗争中，建立起区域性独立自主的货币制度，为对敌斗争和发展抗日根据地经济做出了贡献。

抗日根据地银行发行的货币是一种信用货币性质的纸币，开始都是通过与法币等价来投放市场的。货币发行与货币斗争是交织进行的，建立抗日根据地银行货币流通市场的过程，也就是开展货币斗争的过程。经过肃清敌伪货币，并加强对法币的斗争，抗日根据地货币流通区域逐渐扩大，在抗日民主政权管辖区内建立起统一的本币市场。

抗日根据地的货币斗争包括两个方面：一方面同敌伪货币，比如伪联银券、伪中储券等各种杂钞做斗争，坚决禁止敌伪货币在根据地内流通；另一方面与统一战线内部和国民政府发行的法币既有联合，又有斗争。

在抗日根据地货币发行初期，各边区抗日民主政权针对法币大体上采取联合或维护的政策，后期采取限制或禁用的政策。除了进行货币斗争，货币发行管理部门也逐渐掌握并熟练运用相关的经济规律，为新中国成立后的货币发行和管理积累了宝贵经验。

各抗日根据地处于沦陷区、国民党统治区夹缝中，在当时敌方势力犬牙交错的情况下，彼此既有商品物资贸易的联系，也有货币金融的流通往来，想要保持根据地货币、物价的稳定殊为不易。为此，抗日根据地银行认真执行中共中央制定的一系列经济措施。

第一，建立独立自主的边区货币制度。在抗日根据地扩大时，根据地银行动员群众迅速排挤敌伪货币，建立抗日根据地的货币市场，同时组织主要物资的调剂，以物资支持抗日根据地货币的流通，保持物价稳定；在敌人进攻、抗日根据地的区域暂时缩小时，根据地银行主要收缩边区货币流通范围，抛售退却地区积存的物资，同时本着有利于抗日根据地货币币值的稳定，有利于抗日根据地重要物资（粮食、棉花等）的生产和收购，有利于军民必需品的输入并兼顾多余土产品输出的原则，根据两种货币购买力的高低和地区之间物资输出与输入的实际情况，适时确定和灵活调整货币的比价。

第二，实行开源节流的方针，力争减少财政性的货币发行。根据地银行贯彻"发展经济，保障供给"的财经工作总方针，为生产贸易的发展提供资金支持，以生产贸易的发展支持财政收支的平衡，从而保障战争供给和稳定市场物价。

第三，通过公营部门掌握重要物资，增强稳定货币的物质力量。抗日根据地在进行货币斗争的过程中实行集中统一领导，组织财政、银行、贸易各部门力量，以公营经济为骨干，把合作经济、私人经济力量组织起来，把货币斗争、贸易斗争和扶助生产、保障供给结合起来，统一步调，密切配合，广泛发动群众，以取得货币斗争的胜利。

对于抗币的发行和管理，党内资深经济理论家薛暮桥曾经总结并推广实行了一套理论。1945年8月日本投降后，美国有个经济学家以记者名义来山东访问。他感到不可思议的是，山东的货币既无金银又无外汇作储备，竟能保持币值和物价的稳定。薛暮桥告诉他："你们有40%黄金储备，我们有50%的物资储备。我们每发行1万元货币，至少有5 000元用来购存粮食、棉花、花生等重要物资。如果物价上升，我们就出售这些物资来回笼货币，平抑物价。反之，如果物价下降，我们就增发货币，收购物资。我们用这些生活必需品来作货币的发行储备，比饥不能食、寒不能衣的金银优越得多。"

薛暮桥还总结了当时根据地特殊的"外汇"理论：胶东有许

多民间商人在哈尔滨、大连或青岛、烟台等地从事工商业并拥有巨大经济实力,他们为养家而汇入大量伪币,这促使形成了民间的"外汇"交易。根据地正视这一现实,利用土特产、食盐、花生等,利用我们控制的硬通货——黄金,努力提高抗币的威信,并利用掌握的伪币、法币到敌伪和顽固派占领区购买根据地急需的物资,既保证了抗币的合理币值,又活跃了根据地的经济生活。

四、解放战争时期:保卫人民财富

　　解放战争既是国共两党之间军事和政治的斗争,又是两个政权之间的经济战和"货币战"。解放战争的胜利不仅仅体现为解放区的逐渐扩大直至解放全中国,也体现为解放区货币的成长、壮大和统一,直至解放区货币成为全国唯一的货币。

　　抗日战争胜利后,解放区扩大了,还开辟了一些新的解放区,比如东北解放区。解放战争转入战略进攻后,解放区又有进一步的扩大,比如恢复和发展了中原解放区,扩大了华南解放区。为了肃清日伪货币、驱逐法币、保护物资、扶植生产、繁荣经济,这些地区先后创办了银行,发行了货币。

　　这些新区发行的货币和流通券对于建立本币市场、促进生产发展、保护人民财富、支援解放战争起了重大作用。这些货币和法币进行的斗争也为日后统一发行人民币奠定了基础。

比如解放区将国民党区域的法币及票据视同外汇加以管理，这是中国国内两个对立政权发行两种货币和执行两种不同货币政策的产物，是货币斗争的一种形式。"外汇"管理的目的在于掌握货币比价、减少黑市交易、调节供求、稳定物价、支持采购、扶助"出口"、保证解放区本币的独立自主，并使人民财富免受法币贬值的影响。解放区设立的"外汇"交易所是一种短期票据市场，一般设在有"进出口贸易"的城镇，由银行领导和管理。"外汇"交易所实行集中买卖、自由议价、公开成交，银行发挥调剂作用，银行在管理"外汇"的同时还经营"外汇"。

解放区货币斗争的新方针是坚决肃清法币，使解放区本币迅速占领流通市场。也就是说，城镇一经解放，立即宣布停止法币流通或法币仅能限期流通，确立解放区本币一元化地位。在边缘游击区，货币的阵地斗争方针是缩小法币市场，扩大解放区本币市场（解放区本币占优势的市场），争取彻底肃清法币，在法币占优势的市场采取措施争取解放区本币占优势。

在与国民党法币作斗争的过程中，解放区内部发行的货币如何统一也逐渐被提上日程。随着已经解放的地区经济恢复和发展，物资交流日益频繁，经济往来更加密切。各解放区流通的货币种类繁多、版别复杂、比价不一等问题阻碍了全国货币从多种统一为一种的进程。由于解放战争的节节胜利，已经解放的城市越来越多，中国共产党面临着城市经济管理的新任务。统一各解放区的货币、建立全国统一的银行，已成为当务之急。

1947年4月中共中央决定成立华北财经办事处（以下简称

"华北财办"），其重要任务之一就是筹建全国性银行。1947年9月14日，中共中央华东局工委致电华北财办，建议成立"联合银行"或"解放银行"以适应战争。1947年10月2日，华北财办根据这个建议致电中共中央，建议中央批准成立中央银行发行统一货币，银行的名称拟定为中国人民银行。中共中央复电批准了建议。至于银行名称，可以用"中国人民银行"。华北财办接到中共中央的复电后，经研究决定成立中国人民银行筹备处，进行各项相关的准备工作。

1948年上半年，根据中共中央的指示，华北金融贸易会议在石家庄召开。当时由于解放军胜利反攻，华北各解放区已经连成一片，贸易往来和物资交流日益发展，统一各解放区的货币尤其迫切。因此，会议就金融贸易工作的方针和发行新的全国统一的货币问题做了研究。会议分析了当时的政治、军事、经济形势，认为立即成立中国人民银行、发行统一货币的条件尚不成熟。在中国人民银行尚未成立的情况下，会议决定：总的原则是先统一本区之货币（东北、华北、西北、中原、华西、华南），然后由北而南，先是东北和华北，其次是西北和中原，然后是华西和华南，最后以中国人民银行之本位币之发行实现全国之大统一。

随后，各个解放区相继进行了货币关系的调整，实现了不同区域的货币按固定比价混合流通。为了减少市场货币的种类，各地在货币混合流通开始后，均采取只发一种货币，停发另一种或另几种货币的措施。例如，东北区以东北银行券为主要通货，华北区以冀南银行券为主要通货，西北区以西北农民银行券为主要通货，华东区以北海银行券为主要通货，中原区统一流通中州农民银行券；其他如长城银行券、关东银行券、晋察冀边区银行券、陕甘宁边区贸易公司商业流通券和华中银行券均停止发行。

华北金融贸易会议后不久，解放战争的形势发展得很快，东北全境解放，淮海战役取得胜利，东北野战军入关，平津解放在即。

为了适应政治、经济、军事形势的大发展，1948年11月18日，华北人民政府第三次政务会议做出决议："发行统一钞票，成立中国人民银行……任命南汉宸为中国人民银行总经理。""加速准备"，并"电商各区统一发行"。为了促进解放区工农业生产和商品流通，支援大兵团作战，支持新区城市工商业的恢复，华北人民政府于1948年11月22日发布命令，统一华北、华东、西北三区货币，决定将华北银行、北海银行、西北农民银行合并为中国人民银行，并于1948年12月1日发行人民币（第一套人民币），作为华北、华东、西北三区的本位币，统一流通，为建立全国统一的人民币市场奠定基础。具体做法是，新的人民币与各解放区的货币固定比价，同时流通。人民币1元等于冀南币或北海币100元、晋察冀边币1 000元、西农币或陕甘宁边区流通券2 000元，兑换数量无限制。此后，中国人民银行又以人民币1元兑换华中币100元、中州币3元的比价，实现了华东与中原两解放区货币的混合流通。

人民币从诞生之日起就承担着多重任务：一是统一解放区发行的各种货币；二是驱逐和取代国民政府发行的货币；三是清除

银圆、外币等民间交易工具。

随着解放战争胜利步伐的加快，人民币逐渐推向全国，成为统一性货币。1949年，中国人民银行总行两次向所属机构发出收回旧币的指令，要求各级银行通过业务收回各个解放区银行发行的货币，对应收回的旧币只进不出，全部送交银行。

人民政府对土地革命战争时期、抗日战争时期和解放战争时期的革命根据地及解放区发行的货币，采取了"固定比价、混合流通、逐步收回、负责到底"的方针，宣布按规定比价收兑解放区的货币，直到最后一张为止。至1950年4月，已收回的旧币合人民币239.5亿元，占发行总额的82.95%，收兑工作基本结束。

东北地区解放较早，工业基础较好，物价比较稳定。新中国成立前夕，为使其免受关内战争和物价的影响，中央决定暂时保留东北地区原来的货币制度。至1951年3月20日，政务院发布命令，责成中国人民银行限期以人民币收回东北银行和内蒙古人民银行所发行的地方流通券；自1951年4月1日起，东北地区和内蒙古地区一切计价、记账、契约等，均改为以人民币为法定货币本位。

新疆于1949年9月和平解放，当时中央决定暂时保留新疆的银圆票币制，且特意把银圆票兑换人民币的比率提高为1∶500，之后几经调整，至1951年9月定为1∶350。1951年10月1日，政务院发布命令，责成中国人民银行自1951年10月1日起限期以带维吾尔文的人民币，收回新疆省银行所发行的银圆票；自 1951 年 10 月 1 日起，新疆省境内一切计价、记账、契约等，均改为以人民币为法定货币本位。

西藏和平解放时，按协议规定，民主改革前可以保留藏钞。但由于 1959 年 3 月西藏反动分子叛乱，同年 8 月 10 日，西藏自治区筹备委员会发布《宣告"藏币"作废的布告》（〔59〕筹布字第 003 号），宣布"藏币"为非法货币，即日起作废，禁止使用，由各级地方政府和军事管制委员会以人民币限期收兑"藏币"。至 1959 年 10 月底，"藏币"基本收兑完毕。从此，人民币成为西藏地区流通的本位货币。

国民党在崩溃之前发行金圆券，搜刮民财，人民政府对此进行坚决抵制，实行坚决、迅速、彻底肃清的方针。每解放一地，人民政府就明令禁止"法币"和金圆券流通。1949 年 4 月，人民解放军胜利渡过长江，国民政府土崩瓦解，人民手中的金圆券已无处可以兑换。因此，上海解放时，中国共产党对金圆券采取无限制、无差别的兑换方针，迅速建立了人民币的流通市场。1949 年 7 月，国民政府又在广州、重庆等发行所谓银圆券。中国人民解放军宣告在新解放区一律禁止银圆券流通，并号召人民在解放之前就坚决拒用银圆券。这样，随着国民党政权的溃败，银圆券出笼不到三个月就垮台了。到 1949 年冬，国民政府发行的货币在解放区内已基本被肃清。

人民币的发行，为统一解放区乃至全国货币奠定了基础；人民币的成长和壮大，对新中国初期的经济恢复起到了重要作用。

从边币、抗币到人民币，是中国共产党领导下的独立的货币金融体系形成的过程。在这个过程中，党从经济斗争中摸索出了货币流通规律。这个时期的"货币斗争"以及毛泽东、毛泽民、陈云、朱理治、南汉宸、薛暮桥等党内经济工作领导人和经济学家总结出来的货币理论思想，奠定了1949年以后经济建设的根基，是红色金融历史至关重要的部分。

睿视角

难忘重走长征路，红色金融再出发

文 / 王洪章（东北亚经济研究院院长，中国建设银行原党委书记、董事长）

编辑 / 袁满

1934年10月至1936年10月，中国工农红军进行了举世闻名的二万五千里长征，历经艰难险阻，强渡天险，过雪山草地，战胜了炎热干渴、饥饿寒冷、伤病疲劳，与围追堵截的敌人浴血奋战。长征精神集中体现了中国共产党人坚强如铁的理想信念、崇高的思想境界、全心全意为人民服务的根本宗旨，是我们民族宝贵的精神财富，过去是，今天是，将来仍然是我们战胜困难、取得胜利的法宝。

讲到长征，不能不提到伴随着整个长征路途的一支特殊队伍——中央纵队第十五大队。这支队伍即中华苏维埃共和国国家银行团队，队伍中有150多人，肩担马驮着苏维埃国家银行金银珠宝、红军票、印钞机、铸币机、铸币原料等，并由100多人的警卫连负责保卫工作。中华苏维埃共和国国家银行创立于中央苏区瑞金，沿着长征路筚路蓝缕，除了完成职责之外，还要力所能及地支持长征队伍的金融供给需要，为捍卫中国革命保驾护航。长征路上，统一发行红军钱币，对维系红军财政、稳定沿途经济和货币市场、肃清市场混乱、安定军心民心以及支持革命斗争做出了积极贡献。

2002年，在党的十六大召开前夕，我在中国人民银行成都分行工作。经分行党委提议，与中国人民银行西安分行和金融时报社党委共同决定，由分行团委具体组织，开展了"迎接十六大，重走长征路"活动。在这次"重走长征路"活动中，我们乘坐交通工具，沿着红军长征路线，逐段逐点地调研、学习、座谈，旨在通过该活动引导青年员工深入基层，了解金融实情，感悟长征精神，发扬艰苦奋斗精神，增强加快西部发展、改变西部落后面貌的紧迫感和使命感，为切实履行好中央银行的职责做出新贡献。

成都分行负责云、贵、川、藏四省区的银行业工作，所辖的贵州、云南、四川以及川藏边缘地带，留下了红军长征时的黎平会议、强渡乌江、娄山关战役、遵义会议、四渡赤水、巧渡金沙江、彝海结盟、强渡大渡河、飞夺泸定桥、过雪山草地等光辉足迹。特别是在1935年1月，中央红军转战黔北，在遵义召开了具有伟大历史意义的遵义会议，在中国革命处于生死存亡的危急关头，确立了以毛泽东同志为主要代表的马克思主义正确路线在党中央的领导地位，中国革命由此转危为安，转败为胜。鉴于此，我们确定以中国革命历史转折点的发生地——遵义，作为"重走长征路"活动的起点。

2002年8月26日,"迎接十六大,重走长征路"活动启动。我们从贵州遵义出发,沿着红一方面军当年行军路线,历时19天,穿过蜿蜒曲折的成都分行辖区,行程达4 200公里,跨越了黔、滇、川3省9个市地州25个县(市),于9月13日到达四川松潘。在松潘进行队旗交接后,中国人民银行西安分行接力,经甘肃、宁夏、陕西三省区,行程3 000余公里,于9月23日到达延安,在党的七大会址——杨家岭中央大礼堂举行了结束仪式。

在成都分行辖区的9个市地州,分行和市地州支行领导同志带头参加活动,成都分行7位行领导分段参加了活动。途经的各中心支行都安排了境内主题活动,体现了重走与调查研究相结合、活动与业务相结合的特点。通过采访座谈,了解沿途各地经济、金融以及社会发展状况,研究中国人民银行和金融机构执行货币信贷政策、金融监管、信贷支农以及金融支持地方经济发展等存在的问题,提出改进措施。

队员们追寻红军足迹,瞻仰了20多个红军长征遗址,走访了几十名老红军,了解红军艰苦卓绝的革命历史,体会当年红军长征的艰辛,切身直观地接受了教育,上了一堂非常生动的理想信念课,受到一次深刻的共产主义理想、爱国主义精神和艰苦奋斗的优良传统的教育。红军不畏艰险、奋勇拼搏的长征精神将永远铭记在参加活动的全体队员心中。

长征沿途均是偏远落后地区,队员深入农村信用社,听取经营情况汇报,了解了农村信用社在改革发展、支农服务方面取得的成果和存在的问题;深刻认识到农村信用社作为农村金融主力军,在支持老少边穷地区"三农"发展中的重要作用。通过与当地党政部门的同志座谈、调查研究、访贫问苦和捐资助学,耳闻目睹了革命老区的巨大变化,加深了对沿途社会经济环境和金融发展状况的了解,对调查研究所发现的服务中的经验和问题进行总结分析,用以指导和改进我们的业务工作,增强做好金融工作、加快地方经济发展的责任担当和能力水平。

参加活动的队员平均每天要在陡峭颠簸的山路上行进几百公里。每到一处来不及休息,就开展瞻仰遗址、采访、召开座谈会、探望老红军、访贫问苦等活动,沿途收集了当地大量的经济、金融改革和发展情况资料。金融时报社专门派出负责同志和资深记者,参加"重走长征路"活动,并开辟专栏,全程跟踪报道,扩大了活动的影响力,让金融行业更多从业人员接受了长征精神的教育。

长征路上红色金融新变迁

"重走长征路"活动的起点贵州遵义是一个具有历史意义的地方,同时也是长征路上少有的苏维埃国家银行办公、发行红军票、兑付银圆等系统地履行红色金融职责的地方。

1935年1月,中央红军进入遵义,当月12日,中央决定由苏维埃国家银行在遵义正式发行红军票。红军票可购买食品、盐等日用消费品,也可以兑换大洋。仅几天时间,便在群众中迅速传播，苏维埃国家银行信用得到老百姓的认可。1月18日，由于国民党调集重兵围攻遵义，国家银行准备转移，如何处理发行到市面的红军票就成了亟待解决的重要问题——如果处理不好，会使群众利益受到侵害，并且会严重破坏红军的形象。为此，国家银行决定收回全部红军票币，当时的国家银行负责人都参与到回收红军票币的工作中。国家银行昼夜工作，用现洋兑回纸币，或用商品把留在群众手中的红军票兑换回笼。当时的兑换比例为1元红军钞兑换1.2块光洋或7斤食盐。当红军离开遵义时，市场上的红军票已全部收回。这一独特的货币回笼行为在当时绝无仅有，充分体现了中国共产党以人民为中心的宗旨，体现了红色金融"一切为人民"的金融思想。

"重走长征路"的队员对遵义的金融情况进行了调研。红军经过遵义时，当地金融非常落后，只有一家银行、四家当铺和四家钱庄。新中国成立以后，遵义的金融发展得很快，截至2001年，全市各类金融机构已发展到1 022个，金融从业人员有9 600多人，存款余额有200多亿元。遵义已经成为贵州省发展较快的城市。

曲靖地区的宣威市地处云贵两省交界，自古就有"入滇锁钥"之称。中国工农红军二、六军团在宣威与前堵后追的国民党军队鏖战数日，贺龙、任弼时、关向应、萧克、王震等军团首长亲临指挥战斗，毙敌近千人。红军入宣威时，31万人口的宣威金融几乎一片空白，仅有一家当铺；新中国成立后，宣威的金融发展迅速，仅农户贷款就达3亿元，农户贷款面达87%。

红军长征曾两次经过贵州毕节的大方县，并在大方县成立了中华苏维埃人民共和国川滇黔省革命委员会，在许多乡镇建立了基层革命政权。红军在大方县内进行大小战斗10多次，数百名红军战士长眠于此。全县参加红军的有2 000多人。大方县在中共党史、长征史、苏维埃运动史上具有一定的地位。王震同志到毕节时接见大方9位苗族代表的照片，已被中国革命历史博物馆作为珍贵史料收藏。

队员们在大方县召开"金融与大方老区心连心"座谈会，地方政府和银行就扶持农村信用社、解决农民贷款难，加大烤烟、大豆制品、无烟煤支柱产业，以及特色农业贷款等问题进行了深入讨论。银行就支农再贷款、发放资信卡、加大金融支持力度等问题给出了解决意见，使"重走长征路"成为金融支持老区经济建设的践行之路。

长征路上书写的红色金融历史，不仅贯穿于整个历史过程，也深深地融入为革命事业奋斗终身的先辈们的心里和行动中。大方县有个老红军叫王宪文。当红军到达他的家乡时，16岁以乞讨为生的他参加了红军。他参加过七星关战役、四渡赤水、飞夺泸定桥等重要战役，爬过雪山，走过草地，最后胜利到达延安。抗战期间，他加入八路军一一五师参加了著名的平型关大捷，解放战争中参加过辽沈战役、平津战役。就是这样一位英雄，为了改变家乡落后面貌，1954年回到大方老家并进入中国人民银行支行当了一名保卫干部，在银行工作期间，始终以一名共产党员的标准严格要求自己。直到我们访问他时，83岁的老人每月还坚持挂着拐杖去单位交党费。

长征路上红色金融不断诠释着一个又一个金融故事。9月2日,"重走长征路"活动的队员来到了云南禄劝县被称为"雪山上的信用社"的雪山信用社。该信用社成立于1954年,位于海拔4 424米的雪山之腰,全社仅4名职工,为方圆137平方公里的贫困山区的1.1万人提供金融服务,而且连续16年赢利。

长征中有名的"彝海结盟",是指刘伯承同志与彝族小叶丹结盟的美好故事,红军得以顺利通过了彝区。今天,彝汉结盟、相互信任的真情友爱也影响着新时期金融与经济的相互支持、相互配合的良好信用关系。"重走长征路"的队员们专门前往被中国人民银行凉山彝族自治州中心支行授予"信用镇"荣誉称号的德昌县永郎镇。永郎镇共有农户1 866户,是彝、回、汉等多民族聚居区。"信用镇"所享受的贷款优先、利率优惠、服务优质、额度放宽等政策,极大地促进了全镇信用环境的改善。凡是被评为"信用户"的农民都能从信用社得到一个"红牌牌",全镇1 866户农户中,已领取贷款证的有1 548户,其中被评为"信用户"的达1 319户,信用社连续5年未发生逾期贷款。今天永郎镇的"信用镇"建设,使我们仿佛又看到了红军战士在长征途中借用老百姓粮食打借条的"人民子弟兵"的本色,回忆起建立在信任基础上的"彝海结盟"所展现的各民族的美好友谊。

万里征程，脱贫致富再出发

在"重走长征路"活动中，队员们在接受传统教育、调研金融工作的同时，也看到了这些地区经济落后、金融相对不发达的困难情况。除了瞻仰、访问、调研之外，队员们还开展了各种形式的捐助活动。

在四川甘孜州塔公乡，队员们来到西康福利学校看望全校师生。该校是1997年由多吉扎西活佛个人筹资创办的，招收的全是孤儿，为他们提供免费教育。全校共120名学生，教职工是来自全国6个省市的25名志愿者。队员向学校捐赠了款项和电脑。在整个"重走长征路"活动中，队员们共捐助款项、物资计10余万元。

金融是经济发展的助力器，红军长征途经地区的经济发展还需要加大金融支持力度。"重走长征路"活动的一个重要任务就是为金融支持贫困落后地区找准支持重点，落实支持措施。

首先，革命老区、贫困落后地区的支农贷款需求大，而农村金融机构服务能力不够，需要加大信用社改革力度，增加资金实力；针对农户需求，要大力发展农村小额贷款，适当延长贷款期限；要大力推广信用村镇建设，为金融机构加大支持力度提供诚信环境；要增加为"三农"服务的金融机构，满足"三农"经济需要。中国人民银行要在再贷款、利率优惠、指导金融机构提升服务能力上发挥作用。

2002年中国人民银行成都分行"重走长征路"活动至今已有20年了，在与成都分行同志的交谈中我们感受到20年后的今天，红军长征沿途地区的经济已经发生天翻地覆的变化。比如在扶贫方面，2013年底，四川共有88个贫困县、11 501个贫困村、625万建档立卡贫困人口，贫困发生率为9.6%。贫困区域连片集中在经济基础薄弱、交通落后的甘、阿、凉及秦巴和乌蒙山区。那里是四川盆地周边山区，也是革命老区、少数民族地区，还是"5·12"汶川地震重灾区。就我熟悉的长征历时最久的"乌蒙磅礴走泥丸""金沙水拍云崖暖""大渡桥横铁索寒""更喜岷山千里雪"的发生地，以及川陕苏区的四川区域，在扶贫、脱贫攻坚的伟业中，金融力量传承了中华苏维埃共和国国家银行的红色基因，切实发挥了对扶贫工作的助推作用，在这片贫瘠而又充满生机的土地上打响金融扶贫攻坚战。

金融系统先后选派5 314名第一书记投身脱贫攻坚战，把支持深度贫困地区发展生产作为主攻方向，培育45个贫困县发展绿色生态种养业、经济林产业、休闲农业、乡村旅游业、农村电商等特色产业，以产业发展撬动贫困农户创业、就业增收。四川全省88个贫困县发放基准利率及以下贷款余额占全部贷款的三分之一以上，惠及70.1万户贫困家庭。与贫困县达成意向帮扶项目800余个，涉及帮扶资金200亿元。四川金融业累计捐款1.5亿元，捐建希望小学28所。按照国家要求，这88个贫困县已全部完成脱贫攻坚任务。

长征精神一代一代传诵，红色金融的基因在金融行业中不断传承，为实体经济服务，为人民服务，始终贯穿在金融改革与发展的逻辑中。

第二章

计划经济时代:
人民币体制的曲折探索

人民币制度的确立，结束了近一百年来中国货币制度混乱的历史，真正实现了货币主权的完整和货币制度的统一；告别了国民政府的恶性通货膨胀时代，开创了货币稳定、经济振兴的新时期。

在此后的金融实践摸索中，新中国成立后的前30年的金融体制特点是"一大二公三紧"，人民币难以释放货币在商品经济中应有的激活需求与驱动投资的效用。"一大二公三紧"，是指整个金融体系是大一统的，为公有制经济服务的，货币发行和流通以及信用创造是偏紧的。

从理论上说，新中国成立后的前30年的金融运行，呈现出比较全面的金融压抑特征，市场机制基本不发挥作用，主要表现是政府对金融管制较多、利率和汇率的作用有限、对信贷实行配给以及金融产品单一等。

此外，与其他发展中国家不同，新中国成立后的前30年的中国经济事实上是一种高度实物化的计划经济。因此，中国的金融业不仅具有典型的金融压抑的各种外在表象，而且显示出实物型计划经济的内在特征。在这种经济体制下，金融机构种类单一；金融产品品种较少，且常常通过各种"挂钩"安排而成为物质产品的符号；金融意义上的宏观调控角色较弱，是在"财政、信贷、物资、外汇综合平衡"的概念下发挥一定作用的。

一、确立人民币本位制

人民币发行之时，国内货币制度混乱，通货膨胀严重，刚刚摆脱国民党统治的解放区深受之前的通货膨胀之苦，民间盛行以货易货的实物交易，银圆、黄金和外币成为金融投机的主要对象。为了保证人民币顺利发行和流通，保证人民币本位制度的顺利建立，各级人民政府采取了一系列措施，迅速建立人民币本位制，以人民币取代一切其他货币，使人民币成为唯一的法定货币。

从1949年开始，各大城市先后解放。由于此前国民政府发行的货币急剧贬值，失去了人民的信任，于是银圆重新加入流通。广大农村仍在使用铜钱或进行实物交易，黄金也在城市大宗交易中计价使用，市场上普遍存在金银买卖和金银投机，严重阻碍着商品贸易的正常发展，扰乱了金融物价的稳定。

针对这种情况，一方面，各地人民政府颁布《金银管理暂行办法》，严格禁止金银私相买卖、计价行使，违者依法处理。另一方面，发起拒用银圆的群众运动，规定税收借款一律使用人民币；银行组织工作队深入农村市场，推动人民币下乡；协同财贸、公安部门开展拒银用币的宣传和缉私查禁工作，对银圆黑市开展斗争。这些政策措施割断了长期以来形成的金银与物价的联系，金银买卖和投机现象迅速得到遏制，基本杜绝了金银计价流通的现象；分散的金银集中到了国家手中，增加了国家的外汇储备，保证了生产建设对金银的需要；迫使金银退出市场领域，为人民币的统一流通创造了条件。

各地解放后，政府颁布了外汇管理办法，对外币实行坚决限制流通的方针，采取合理比价、限期兑换的措施。至1950年上半年，全国基本上杜绝了外币流通，为实行统一的货币制度、实行人民币的统一流通又扫除了一大障碍。

在肃清外币的同时，人民政府还颁布了《外汇管理暂行办法》。该办法规定：无论本国公民或外国侨民，凡持有外国货币和票据，或进入中国国境所携带的外币和票据以及从国外汇入的外汇，均应到中国银行或指定的兑换机构兑换人民币或作外汇存款。外汇存款到期提取时，一般按当时牌价折付人民币。入境时所存外汇存款，出境时可以带回外汇。公私外贸企业出口所得外汇必须卖给中国银行，进口及非贸易所需外汇经申请批准后，向中国银行购买。该办法还规定，中国银行是新中国的外汇专业银行，一切外汇业务，包括国际贸易结算、国际汇兑、外汇买卖，必须由中国银行办理，或由其指定银行经营。这些规定体现了独立自主的方针，有利于统一的人民币市场的建立，也有利于外汇的开源节流，使国家的外汇资源在国民经济的恢复和发展中发挥更大的作用。这些规定也获得了广大人民的支持，收到了良好的效果。

人民币的真正立足，离不开货币发行权和信用创造权的独占，为此接收和改编旧式金融体系，建立以中国人民银行为核心的新金融体系就变得格外重要。

没收官僚资本银行，使之转归全民所有，是银行国有化的一项基本措施。凡属国民党中央政府、省政府、市县政府直接经营者，一律没收接管。凡资本属于四大家族及大官僚、大战犯所经营的商业银行，如山西裕华银行、亚东商业银行，经查实后全部没收。这两种被没收接管的银行，其中有民族工商业家私人股份，经调查属实者，即承认其所有权。

对原官商合办银行，比如中国通商银行、中国国货银行、中国实业银行、四明银行、新华信托储蓄银行等，由人民政府派员监理，继续营业。对官商合办银行的官僚资本，没收后转为公股，官商合办银行即改组为半社会主义性质的公私合营银行。

根据"边接管、边建行"的方针，中国人民银行在接管官僚资本银行的同时，迅速建立了中国人民银行各地的分支机构。按照行政区划，中国人民银行先后建立起总行、区行、分行、支行四级机构；在大行政区设区行，在省、自治区、直辖市设分行，在县设支行；在城市中，按城市规模和业务需要设立分行或支行，下设办事处、分理处；在农村的集镇设立营业所，办理各种具体业务。

中国银行和交通银行经过改组后，均采取总管理处、分行、支行三级制，总管理处下属的分支行、办事处受本行总管理处和当地中国人民银行的双重领导。1949年12月，中国银行总管理处由上海迁到北京。

截至1949年12月，中国人民银行建立了华东、中南、西北、西南4个区行，40个省、市分行，1 200多个县（市）支行及办事处。另外，中国银行、交通银行和中国人民保险公司，在全国设有金融机构1 380个，职工8万余人。统一、覆盖面广的国家银行机构网已经初步形成。

二、终结高通胀乱象

人民币成为唯一的货币，以及中国人民银行系统的基本确立，标志着新中国金融业的良好开局。但是真正决定人们对一个货币是否有信心的，是该货币能否拥有一个稳定的币值，而这又取决于困扰旧中国经济多年的通货膨胀痼疾能否被克服。

中华人民共和国成立时，财政经济十分困难。金融业面临的是长期通货膨胀和物价上涨，利率畸高，市场紊乱，人民生活不安定。稳定金融、抑制通货膨胀成为新中国金融业的重要任务。

解放初期，各大城市利用金银进行投机的活动十分猖獗。由于受国民政府长期恶性通货膨胀的影响，一批投机商人和一部分私营行庄专靠投机倒把来追逐暴利，不少私营工厂主也从事商业投机，市场拆息高达100%~200%。为打击投机、稳定物价，各地对金银投机活动进行查缉，惩处首要分子，取缔投机据点，并发动群众参与打击金银投机、坚决拒用银圆活动，取缔银圆黑市。

在打击投机倒把过程中，许多投机资本转入地下，导致地下钱庄异常活跃，大量游资通过地下钱庄从事金银和外币投机或进行高利拆放。这些投机活动既增加了市场压力，又助长了物价涨风。中国人民银行会同公安部门对地下钱庄给予严厉打击，上海、广州等地查处地下钱庄等近700家。其他城市的地下钱庄也先后被查封。与此同时，北京、天津开放了原已被查封的证券交易所，对一部分游资进行疏导，以减轻对商品市场的压力，调动一些私营企业生产的积极性。

在旧中国资本主义经济的大本营上海，随着上海"证券大楼"被强行关闭，监管者与投机者的博弈从金银和外币转移到"两白一黑"（大米、纱布、煤炭）的产品之战上。在此过程中催生了此后数十年人们耳熟能详的一些管理政策，比如"统购统销""全国一盘棋"，以及对市场投机的厌恶——"长期受投机资本操纵、危害国计民生的市场，转变为在国营经济领导下，为发展生产、为人民生活服务的市场"。博弈的结果在一定程度上决定了此后数十年中国经济模式的走向。

1949年6月23日，国民党方面封锁上海口岸。当时上海存粮不足 1 亿斤，仅够市民半个月的消费，存棉只够纱厂开工 1 个月，煤炭只够烧 7 天。投机商利用外国棉纱进口困难和粮煤紧张局面，掀起了以粮食、纱布、煤炭为主的"七月涨风"。从 1949 年 6 月 23 日至 7 月 30 日，整体物价上涨一倍多。其中 7 月 11 日—16 日的 6 天时间里，米价上涨 96%。1949 年 7 月，中共中央派中央财经委员会主任陈云到上海调研，由陈云在上海主持召开全国五大区的财经会议。会议决定由中财委主持，从各地调拨物资，打一场经济领域的"淮海大战"，保证上海需要的粮食、纱布和煤炭。行政机构采取抛售物资、加强市场管理和配售平价米三项措施，使物价到 7 月底转向平稳。

"七月涨风"平抑之后，经过两三个月的平稳时间，政府和投机商开始了第二次较量。在 10 月投机旺季到来的时候，投机商以纱布为突破口，掀起了比 7 月更为猛烈的"十月涨风"。这次涨风以纱布和粮食为主，形成全面暴涨，范围遍及全国，时间持续 50 天，是上海解放以后最严重的一次物价波动。从 10 月上旬到 11 月下旬，棉纱价格上涨 3.8 倍，棉布价格上涨 3.5 倍，大米价格上涨 3.3 倍。在中共中央和中央财经委员会主任陈云直接指挥以及全国调度下，11 月 25 日，上海与全国各大城市统一行动，大量抛售纱布，并且边抛售边降价，在上海粮食、煤、食盐等主要商品批发市场上，也与投机商进行物资吞吐博弈，又一次稳住了市场物价，并使投机商"两面挨耳光"（一面借的钱要付高利息，一面物价下跌赔了本）。

第三次较量是 1950 年的"春节抢购风"。投机商认为农历新年休息停市过后,节后开盘时粮纱价格必定上涨,于是在春节前拼命抢购粮食和纱布,准备在春节开盘后大干一场。此时在经验和物资准备方面都很充足的上海市政府,以充沛的物资为后盾,在开盘后保持原价并大量供应市场,不到三天,投机商又败下阵来。

欲稳定物价,须减少社会游资;欲减少社会游资,须鼓励人们存款;而鼓励人们存款,须确保存款保值。为此,中国人民银行在全国推广折实储蓄。所谓折实储蓄,就是为保障城市职工的利益,银行开办折实储蓄存款,选择与职工生活密切的米、面、油、布、煤等若干品种物资的平均价格为折实单位,避免物价的涨落起伏影响职工的生活,实际上是一种保值储蓄。1949年12月,国家还决定发行"人民胜利折实公债"。这种储蓄和公债对于减少社会游资、稳定物价起了很好的作用。1950年3月,全国物价开始下跌,折实储蓄的数额随之剧减;到1950年5月中旬,折实储蓄余额仅占储蓄总余额的8.259%,表明折实储蓄的作用在逐渐消失。

针对这一情况,中国人民银行于当年5月举办了保本保值储蓄:比照折实储蓄办法,按折实单位牌价折成货币额存入,到期支取时,如果折实牌价上升,就按折实储蓄支付;如果折实牌价不变或下跌,则按原存入货币额保本付款。这种储蓄充分照顾了储户的利益,很受群众欢迎。开办初期,收储余额即占全国储蓄总余额的36.3%。

为减少货币发行,实现资金统一调度,中国人民银行还建立了发行库,承担起代理财政金库的重任。自此,全国形成了一个完整的财政金库体系。

中国人民银行还同中央贸易部协商,在中国人民银行各级机构建立贸易金库,规定各地国营贸易公司的现金收入必须当日上缴贸易金库,经贸易金库批准后才能使用。

1950年3月3日,政务院发出了《关于统一国家财政经济工作的决定》,旨在采取一系列有力措施,迅速做到"三平":统一全国财政工作,实现全国财政收支平衡;统一全国国营贸易工作,实现全国物资调拨平衡;统一全国金融工作,实现全国现金收支平衡。为贯彻政务院的决定,中国人民银行与财政、贸易等部门统一行动,采取了一系列重要措施以平抑物价、稳定金融。

此外,为了减少现金支出,1950年4月7日,政务院颁布了《关于实行国家机关现金管理的决定》,规定中国人民银行为现金管理的执行机关。

上述一系列措施使大量的现金集中到银行,加上贸易、财政等部门的协调配合,全国现金收支迅速实现了平衡,通货膨胀得到了遏制,金融和物价都趋于稳定。到1950年10月,全国实现了财政、物资、现金的平衡。

三、高度集中的银行体制

1952年末,随着全行业公私合营银行的建立和对私营金融业社会主义改造的完成,中国开始形成了高度集中的银行体制的雏形。经过"一五"时期的强化和集中，中国人民银行既是国家金融管理和货币发行机构，又是统一经营全国金融业务的经济组织。

银行作为金融业核心，在新中国成立后被赋予的主要任务是用一切方法去吸收存款，积累尽可能多的资金，以非通货膨胀的方式积极支持国家经济建设。此外，为配合推进社会主义改造，实行区别对待的信贷政策，支持国营贸易企业稳定物价、国营工业壮大、国营商业统一全国物资等经济活动，银行的作用还体现在让国营经济在生产和消费领域尽快占据主导地位。对金融业的社会主义改造，将信用集中于国家银行，加强信贷工作的计划性，便利了区别信贷政策的执行。

从1953年10月起，国家相继对粮食、油料、食油、棉花、棉布实行了计划收购和计划供应，即统购统销的政策；1953年下半年，国营商业和供销合作社扩大了对国营工业产品的包销，同时有计划、有步骤地扩大了对私营工业的加工订货和统购包销。这样不仅使国营商业部门掌握了重要工农产品的货源，增强了市场供应能力，也促进了对私营经济的社会主义改造。为了支持国营商业部门贯彻落实统购统销政策，中国人民银行对国营商业和供销合作社统购统销物资的收购，采取了充分供应资金的信贷方针。由于银行在资金上给予大力支持，"一五"时期国营商业发展迅速，力量显著壮大。

在以大量的贷款及时满足国营商业部门对私营企业实行加工订货、统购包销的资金需要的同时，对资本主义工商业的不同行业和不同企业，通过贷与不贷、贷多贷少、期限长短、利率高低等策略，鼓励和促使它们接受社会主义改造。银行和国营商业部门的紧密配合，使对私营企业的改造工作进展加快，成效显著。加工订货、统购包销和一次性收购占私营工业产值的比重逐年上升，1956年实现全行业公私合营后，全部工业品基本上为国营商业部门所掌握。

在资本主义工商业社会主义改造的不同阶段，中国人民银行针对私营工商业的不同情况，实行了不同的信贷政策。

20世纪50年代初期，从当时生产和市场的实际情况出发，私营工业对满足人民需要、稳定市场有较为重要的作用，银行在贷款的掌握上，对私营工业企业的贷款优于私营商业企业，对私营工业企业贷款的利率也低于私营商业企业。不过，当时银行对私营工业企业的贷款，以补充私营工业企业生产所需流动资金的不足为原则，而对私营工业企业基本建设、添置设备等固定资金方面的需要，一般不给予贷款。对私营工业企业发放贷款的重点是接受加工订货的企业，对自产自销的私营工业企业，则在贷款上从紧掌握。对生产生产资料和市场紧缺生活用品的私营工厂和运输业则优先贷款。在对私营工业企业的贷款条件上，接受加工订货者优于未接受加工订货者，订有长期加工合同者又优于临时加工订货者。

国家对资本主义商业的社会主义改造，是按照先批发商业、后零售商业的步骤进行的。按照这个总体部署，中国人民银行从1953年下半年开始严格控制私营大批商业的贷款，并收回其到期的贷款。在私营批发商业国有化的改造过程中，国家准备对哪个私营批发商业实行国有化，银行便停止对其贷款，以促使其接受改造。当时，全国各地银行根据当地规定的公私商业经营比重，对于私营商业只在其经营范围内自有资金不够周转时，才给予适当的贷款，并规定贷款原则上只能用于商品流转，同时加强监督，防止贷款被挪作他用。

在对资本主义工商业进行社会主义改造期间，中国人民银行一方面努力吸收私营工商业的存款；另一方面，在对私营工商业贷款的总规模上，贯彻"以存定贷"的信贷原则，即银行吸收的私营工商业存款额始终大于对它们的贷款额。实践表明，银行既支持资本主义工商业发挥其有利于国计民生的积极作用，同时又将这种支持保持在私营工商业存款量的限度以内。这种做法有利于促进私营工商业的社会主义改造，有利于银行以主要资金力量支持国营经济的发展壮大，也有利于货币流通和市场物价的稳定。

私营工商业的资金来源，除了自有资本和银行贷款，主要还有国营企业支付的加工订货、经销代销等款项。这些款项大都是由银行贷给国营企业，再由国营企业支付给私人企业的。这些由公到私资金的数量大小、流向与运用情况，对银行的信贷收支、货币的投放回笼和市场物价的稳定，以及资本主义工商业的社会主义改造都有重要的影响。因此，中国人民银行规定：凡是通过各种国家资本主义形式与国营经济发生联系的私营工商业，都要在中国人民银行开户；国营经济与私营工商业的一切资金往来都要通过中国人民银行监督支付，以保证专款专用。

1956年，随着资本主义工商业全行业公私合营在全国范围实现，原来私营企业的性质发生了根本变化。在这种情况下，银行及时调整了信贷政策，积极支持合营企业进行合理改组，改善经营管理，充实这些企业在合营以后扩大生产经营的流动资金。

在形成高度集中的银行体制的同时，中国人民银行建立了纵向型的信贷资金管理体制，即全国银行的信贷资金，不论是资金来源还是资金用途，都由中国人民银行总行统一掌握，实行"统存统贷"的管理办法。全国各级银行从1953年起开始编制信贷计划，并普遍建立了信贷计划管理机构和执行信贷计划管理制度。各级银行负责编制各自的年度（分季）和季度（分月）信贷计划，并逐级上报审批，最后由中国人民银行统一平衡全国的信贷收支指标，下达到各地贯彻执行。各级银行只能在指标范围内掌握贷款发放。这样，从"一五"时期起，高度集中的信贷计划管理体制逐渐成形。

"一五"时期，国家开始进行大规模经济建设，要求对资金实行高度集中管理，而在1953年、1954年两年中，社会主义企业之间的商业信用一般仍占企业流动资金的10%~20%。当时认为，商业信用扩大了企业流动资金的占用，不利于国家对流动资金的集中管理和资金分配计划的贯彻执行，不利于银行对生产和商品流转计划执行情况的监督，因此有必要取消商业信用，集中信用于国家银行。

1954年3月，中国人民银行和商业部共同清理了国营商业系统内部的商业信用，规定国营商业企业的商品购销货款和资金往来一律通过中国人民银行办理结算。1955年3月，根据国务院指示，中国人民银行和财政部通过与有关部门共同研究，一致同意统一步调，取消商业信用。1955年5月6日，国务院批转中国人民银行的报告，同意取消国营工业间以及国营工业和其他国营企业间的商业信用，代之以银行结算，认为这对于节约国家资金、使用和巩固经济核算有很大的好处。

为了加强信用管理和便于工商企业转账结算，中国人民银行进一步健全了银行结算制度。1952年末，中国人民银行在苏联专家的帮助下，制定了8种结算方式，并从1953年3月开始，首先在国营商业系统试运行，之后逐步推广。到1955年末，国营商业系统内部的大部分商品调拨和国营工业中的一部分购销收付，都已通过银行办理托收承付结算。

1955年上半年，中国人民银行在总结8种结算方式试行经验的基础上，对这些结算方式做进一步修改，并制定了《国营企业、供销合作社、国家机关、部队、团体间非现金结算暂行办法及结算放款暂行办法》，于1955年9月起全国施行。随着商业信用的取消和8种结算方式的推行，到"一五"计划后期，一切信用集中于国家银行的局面基本形成，从而进一步加强了中国人民银行对资金管理的集中统一。

此外，中国人民银行还建立了现金出纳计划制度，加强对货币发行的管理。1952年10月，中国人民银行召开全国货币管理会议，强调加强货币流通计划管理工作的重要性，拟订了《现金出纳计划编制办法（草案）》，上报中央财政经济委员会（以下简称"中财委"）。1953年9月13日，中财委发布《关于加强现金出纳计划工作的指示》，要求各大区和各省、自治区、直辖市财政经济委员会"把现金出纳计划工作建立与掌握起来，组织有关部门结合市场情况，对收购的投放和物资供应、税收等的回笼进行适当安排"。

根据中财委的指示精神，中国人民银行向各级银行发布了《现金出纳计划编制办法（草案）》。该办法规定：国营企业、供销合作社、国家机关及团体等货币管理单位，应编制本单位的现金出纳计划；省级主要财经主管部门，应编制包括所属机构的系统的现金出纳计划或提供有关计划材料；中国人民银行总行和各省（自治区、直辖市）分行以及各县（市）支行，应分别编制全国的、全省（自治区、直辖市）的、全县（市）的综合现金出纳计划。到1953年末，中国人民银行各级机构均已开始编制现金出纳计划，按计划组织现金的投放和回笼。

不过这种高度集中的信贷和现金管理体制并不意味着央行货币政策的独立性。面对扩大信贷规模以配合加快经济发展的要求，银行系统往往只有配合的份儿，这在"大跃进"期间表现得最为充分。

1958年至1960年"大跃进"期间，银行业同全国其他行业一样热情高涨，想方设法地支持国民经济"大跃进"。1958年3月至11月，中国人民银行先后召开三次会议，强调要紧跟"大跃进"的形势，对企业扩大生产和流通所需的流动资金，要大胆支持、充分供应,不要怕贷款多了;强调要在有利于国民经济"大跃进"的前提下谈节约流动资金,否则就会脱离政治化,就是单纯业务观点。由于这种错误指导思想,金融工作中脱离实际的"瞎指挥""浮夸风"等过度膨胀,放松了金融管理,造成了信贷失控和大量增发货币,使国民经济比例失调问题更加突出。

1958年8月,中国人民银行提出了"收购多少物资,银行就供应多少资金;在哪里收购就在哪里供应;什么时候收购就什么时候供应"的口号,并把银行信贷工作的一些基本原则当作"大跃进"的"绊脚石"加以破除。"大撒把"似的供应资金,造成银行流动资金贷款大量增加,并有部分资金被挪用于搞基本建设。货币供应失去控制,助长了各行其是、各搞一套、重复建设、盲目投资风气,损失浪费惊人。

1958年,国家对经济管理体制进行了改革,下放管理权限,实行中央和地方两级管理。从1959年起,银行也划分了中央和地方管理信贷的权限,实行"存贷下放,计划包干,差额管理,统一调度"的管理办法,规定除了中央财政存款和中央企业贷款仍由中国人民银行总行管理,其余存贷款的管理权限全部下放给地方,实行差额包干,即贷款大于存款的差额由中央补助,在计划包干的差额范围内多吸收存款可以多发放贷款。与此同时,许多省(自治区、直辖市)又进一步把信贷管理权限下放到专区和县,对专区和县实行"计划包干,差额管理"的办法。由于信贷管理权限分散给一些错误做法开了方便之门,造成了一些混乱现象:一是许多地区把商业和粮食部门归还的贷款大量挪用于手工业，并随意抽出流动资金用于基本建设、商品赊销和预付货款。二是许多地区的银行存款等统计数字不实，盲目夸大。一方面，银行贷款的不合理占用大量增加，另一方面，储蓄存款数字又有很大虚假成分，必然使信贷收支不平衡，不得不大量增加货币发行。

随着这种以下放权限为中心的管理体制的形成，追求大计划、高指标之风盛行，中国人民银行的职能被削弱，银行的基本业务制度和资金管理体系受到严重冲击，几乎处于全面失控状态。在"大跃进"形势下，国民经济的综合平衡流于形式，各种经济比例关系严重失控。当时有人提出废除商品生产和商品交换，取消货币，否定信贷、利率的作用，导致了一系列不良后果。

"文革"时期，经济的发展受到了极大摧残，国民经济遭到严重破坏，反映到流通领域，突出体现为商品供应奇缺，货币供应偏多，主要靠冻结工资、冻结物价和凭票证供应配售来保持购买力平衡，实现货币的稳定。这实际上是隐蔽性通货膨胀的表现，其特征主要体现在：一是消费品供应远远赶不上购买力增长的需要；二是依靠冻结物价来保持商品价格的稳定；三是市场货币流通量超过商品流通的需要。由于实行冻结物价政策和严格的市场管理，一部分未能实现的社会购买力转为储蓄存款和手持现金。

在这个时期，银行的货币投放或回笼不再随商品流通量而变化，主要是为满足非商品性的各种支出，比如发放工资和社会集团购买力的开支，于是银行调节货币流通的主动性几乎完全丧失。

四、利率、汇率的调控角色

在计划经济时代,行政色彩浓厚的金融调节手段,除了着眼于调节经济规模和总量,直接进行信贷管理、调节货币供应量,还有另外两种手段:利率和汇率。这两种在西方国家主要具有调节货币总量和规模功能的手段,在中国计划经济时代却主要用于调节经济结构。

利率是国家筹集资金、引导资金流向、提高资金使用效率和调节社会需求的重要经济工具。为了贯彻执行高度集中的实物型经济计划,利率手段一直被货币当局使用,并根据形势的发展不断进行调整。

国民经济恢复时期,5种经济成分并存,私营经济比重很大,投机势力猖獗。银行在这一时期充分运用利率手段,根据市场金融物价和工商业一般利润水平等变化情况,灵活地调节利率水平,并区别不同经济成分,实行有差别的利率;根据物价情况,实行货币存贷款和折实存贷款利率不同的政策;实行农村信用社自定利率和私人借贷自由的政策。这些措施配合有关财经政策,为制止通货膨胀、顺利恢复国民经济发挥了重要作用。

第一个五年计划时期,为支持经济建设,配合对农业、手工业和资本主义工商业进行社会主义改造,中国人民银行适当调整了存贷款利率水平,简化了利率种类,实行了差别利率。

1958—1978年的利率制定和执行多有波折。"大跃进"时期,受"共产风"影响,很多人认为利率过高不利于群众搞集资。于是中国人民银行于 1958 年 10 月大幅度降低城乡储蓄存款利率，降低华侨储蓄存款利率，规定信用社吸收存款执行银行利率。

但不久，为了贯彻中央关于大力压缩社会购买力的指示，缓和市场物资供应紧张的情况，中国人民银行于 1959 年 6 月决定提高储蓄利率；1960 年提高华侨储蓄利率，取消与"政治挂帅"不符的有奖储蓄；1961 年为恢复农业生产，中国人民银行统一调低农业贷款利率。

1965 年，在"以阶级斗争为纲"的错误思想影响下，在强调照顾小额储户利益、减少少数大额储户利息收入的储蓄背景下，中国人民银行统一降低储蓄存款利率，增办现金保管业务（无息存款）；为打击 20 世纪 60 年代农村高利贷活动，"必须划清界限，分别情况，区别对待"，制定利息标准（月息一分五厘），划清高利贷和正常借贷的界限，采取不同办法加以处理。

到了"文革"时期，受极左思潮的影响，利率水平日趋降低，利差越来越小，利率档次也越来越少。

新中国成立后的前 30 年的利率水平变化表明，为了体现对不同经济成分、不同经济活动的鼓励或限制，中国人民银行一直热衷于实行差别化利率政策。在差别化利率政策兴盛时期，不仅不同经济成分的企业适用于不同的利率，不同的国民经济行业也适用于高低不一的利率。在中国人民银行的利率清单上，我们甚至能看到诸如"红领巾贷款利率""中学课本贷款利率"等如今看来难以理解的利率品种。

这种复杂的利率安排告诉人们：不应不加分析地认为，使用利率手段来进行经济调控，就一定是所谓的市场化调控。相反，利率完全可以被当作计划经济的手段而被相当行政化地使用，其基本功能也可以沦为简单的"经济核算"手段。

汇率政策的执行是建立在外汇管制基础上的。中国人民银行实行供汇与结汇制，集中外汇收入，合理使用外汇；凡是出口创汇与业务、劳务所收的外汇以及侨汇、外侨汇入的外汇，必须卖给或存入中国银行；进口所需外汇要向有关机关申请，经批准后由国家银行卖给；中财委统一掌握和分配各地外汇收入，按照先中央、后地方，先工业、后商业等原则分配外汇；全面实行进出口许可证制度。

此外，中国人民银行还实行了人民币、外币、金银进出国境管理制度：携带或邮寄人民币及人民币计价的金融资产、外币、金银及饰品出入境，均须向海关申报，凭申报单和携带证才能出入境。

与外汇管制相对应，人民币汇率由国家统一制定。人民币没有直接与黄金挂钩，人民币的汇率水平是在贯彻独立自主方针和平等互利原则下，根据国家政策、人民币与外国货币购买力对比、中国的国际收支、外汇储备状况及外国货币的币值变动等多种情况制定的。

在具体操作中，人民币汇率水平通过直接影响国内的进口、出口和侨汇业务，发挥调节经济的作用。

从1953年起，中国进入有计划的经济建设时期，金融物价基本稳定，对外贸易由外贸部所属国营进出口公司经营，统一核算盈亏。为了稳步推进国内建设，人民币汇率采取了稳定的方针，即在原定汇价基础上参照各国公布的外国货币汇价制定。只在主要储备国宣布其货币贬值或升值时，才相应地调整人民币对该种货币的汇率。

1972年以前，西方国家普遍实行固定汇率，人民币汇价很少变动。1973年3月以后，由于布雷顿森林体系崩溃，西方国家普遍实行浮动汇率，汇率变动频繁。为了有利于对外经济贸易往来，人民币汇价采用一篮子货币加权平均计算方法，参照西方国家货币汇率的变动情况及时调整，以保障出口收汇不因西方国家货币贬值而遭受损失，并为外国商人所接受。

改革开放以后，中国的对外贸易由外贸部门一家经营改为多家经营。进出口公司和联合企业实行独立核算，自负盈亏，这就要求人民币汇率同进出口贸易的实际情况相适应。但当时国内物价一直是计划管理，人民币汇率不能兼顾贸易和非贸易商品。于是，1979年8月，国务院决定改革汇率制度，从1981年1月1日起实行贸易外汇内部结算价（1美元兑2.8元人民币），该汇率主要适用于进出口外汇结算；同时，对外公布的外汇牌价仍然沿用原来的一篮子货币加权平均计算方法，主要用于非贸易外汇的兑换和结算。

从计划经济向社会主义市场经济转轨，在货币政策上有着突出的表现，这是由经济基础和金融运行的具体目标和实践所决定的。计划经济时代实行高度集中的货币信贷管理制度。商业银行未出现，中国未进入国际金融市场，货币政策主要在于"保证币值稳定,使流通中的货币与商品量相适应",从这一点看,延续了革命时期的实践经验。

到了1978年,改革开放进一步解放生产力。发挥社会主义制度优势的建设方针确立以后,我国经济社会开放,有了多种金融机构共同作用的金融体系,即从单一银行体制转变为中央银行体制。经济基础和金融运行目标及实践的变化,导致人民币相关货币政策也发生了相应的变化,并在实践中不断完善。这再次体现了红色金融的特点是融合理论与实践,不断为具体政策的制定指明方向。

具体来看,在货币政策框架上,改革开放前,中国货币政策传导过程是中国人民银行—中国人民银行分支机构—企业,基本没有商业银行或金融市场,传导过程简单直接,从政策手段直接到最终目标。改革开放后的20世纪80年代,随着中央银行制度的建立和金融机构的发展,货币政策形成中央银行—金融机构—企业的传导体系,货币市场尚未完全进入传导过程。货币政策的中介目标是信贷计划,中国人民银行通过对全国制订信贷计划并分解至各省来控制货币总量,从而保证物价的稳定。因此,货币政策的主要工具是信贷计划和中央银行再贷款,而辅助工具是利率、再贴现率、存款准备金率等。此时,货币政策并没有直接考虑汇率变化的因素,但由于汇率贬值会影响物价,货币政策对物价仍然高度关注。

睿视角

创新精神是革命金融的应有之义

文 / 张威

编辑 / 袁满

"2017年,接到吉安市政府和井冈山市政府的邀请,我有机会三上井冈山学习和了解中国共产党领导人在井冈山根据地时期艰苦卓绝的创业经历。除了广为人知的理想信念和军事斗争历史,我特别关注早期的经济与金融运营脉络。"

金融博物馆理事长、全联并购公会创始会长王巍回忆道。王巍表示,大家都熟知枪杆子里面出政权的道理,但中国共产党百年革命的历史经验反复验证了,钱袋子是掌握枪杆子的重要基础。

简历显示,王巍在1992年获得美国福特汉姆经济学博士,曾长期担任中欧国际工商学院和长江商学院的客座教授。2004年主持创建了全联并购公会,2005年担任经济合作与发展组织(OECD)投资委员会专家委员,2007年起担任上海证券交易所公司治理专家委员会成员。

从2010年开始,王巍与各地政府合作创建了一系列不同主题的公益性金融博物馆，陆续落地天津、苏州、北京、上海、沈阳、井冈山、宁波、成都、郑州和重庆，也参与香港金融博物馆的创建。基于对金融发展历史的兴趣与调研，王巍对金融在中国近现代革命乃至世界现代化进程中的作用有着自己的理解。

据其介绍，为了革命根据地的长治久安，毛泽东曾亲自在井冈山推动了几项具体财政措施，开启了共产党的红色金融。因此他认为，红色金融发端的源头要比人们通常认为的时间要早。

这三项措施分别是工字银圆、东固平民银行、红色圩场。在王巍看来，工字银圆、东固平民银行和大陇圩场这三个红色金融的要素都是毛泽东同志在井冈山根据地时期推动的，井冈山是中国革命的摇篮，也是红色金融的发源地。伴随中国革命的胜利进程，共产党领导的红色金融重心相继走向瑞金、遵义、延安等地，直到新中国成立，在石家庄以及北京完成了中国人民银行和现代金融体系的建立。

在交谈中，王巍更喜欢用"革命金融"这个词语来将中国近现代金融的发展与国际金融发展统括在一个语境下。在其看来，"坚定金融创新"是革命金融具备的重要属性。

红色金融起源于井冈山

笔者： 你认为中国红色金融的起源于什么时期？

王巍： 毛泽东在1928年11月写的《井冈山的斗争》一文中，

开宗明义地写了工农武装割据的存在和发展的5个条件："（1）有很好的群众；（2）有很好的党；（3）有相当力量的红军；（4）有便利于作战的地势；（5）有足够给养的经济力。"

毛泽东带领秋收起义后的军队进驻已经有当地武装割据的井冈山地区，立足不易，衣食温饱是当务之急。共产党的领袖在政治教育和理想感化的同时，首先确定了经济生存战略，那就是"打土豪，分田地"。以打土豪解决现金和费用，以分田地巩固政权、税收与兵源。资金有了，红军立足了，党和政权强大了，革命才有成功的保障。为了革命根据地的长治久安，毛泽东还亲自在井冈山推动了几项具体财政措施，成为共产党的红色金融的源头。

笔者：毛泽东当时在井冈山推动了哪几项具体的财政措施，为什么这些措施可以被认定为红色金融的源头？

王巍：当时主要推出了三项财政措施。一是工字银圆。为控制根据地的货币流通，稳定物价和保障物资供给，红军1928年5月在井冈山地区创办了简陋的造币厂，在土法制造银圆的同时，也在缴获或交易来的各种机制银圆如当时流通的墨西哥鹰洋等打上"工"字的印记。印有工字的银圆才能在根据地内流通，购买盐粮布匹等物资。此后，永新和瑞金也相继办起红军造币厂。

二是东固平民银行。1929年8月，红军独立团二、四团捐助4 000银圆，平民银行委员会自筹资金3 000银圆，共计7 000银圆，正式成立东固平民银行。同时发行了不同面额的纸币，开展储蓄业务，扩大信用交易。随着银行业务发展，东固银行纸币扩大到兴国和永丰等不同根据地。1930年，东固银行扩大为江西工农银行，1932年与闽西工农银行合并为中华苏维埃共和国国家银行。

三是红色圩场。圩场就是当地的农贸市场，各乡农民与商贩定期的集市。井冈山地区由于多种政权割据，市场难以打通，圩场的经营也非常困难。没有市场交易，红军和根据地民众的日常生活变得日益艰难。在毛泽东指导下，1928年7月宁冈大陇建立了红色圩场。湖南和江西的商贩也赶来参加，集市繁荣时可达2万人，非常壮观。圩场有力地支持了革命根据地的经济发展，根据地也积累了丰富的管理经验。

不同阶段的红色金融使命

笔者：革命政权的创立时期是血与火的历练，在政治和军事斗争的同时，共产党建立自己的金融机构，创造各种金融工具，接管改造旧政权的金融体系，这些是保障革命成功的要素。在你看来，在中国革命的不同阶段，金融的使命与功能发生了哪些变化？

王巍：不同阶段有不同的金融主张和战略。例如，工农运动和北伐时期，"减租减息，取消高利贷"是国共两党合作期间的重要口号。国共分裂后的土地革命战争时期，"打土豪，分田地"是共产党动员广大民众参加土地革命战争，推翻国民党和军阀统治的旗帜。抗日战争时期，开展"大生产运动"，丰衣足食、货币独立自主成为共产党坚持独立发展、推动根据地经济繁荣的基本原则。新中国成立之际，统一财经管理和货币，全面接收日伪敌产和国民党官僚资本，稳定物价和市场就成为新政权的金融目标。

新中国成立后，中国共产党成为执政党，红色金融的斗争属性迅速调整为建设新中国的金融制度。红色金融成为历史词汇，但革命金融则是贯穿始终的精神。在新中国成立后的70年里，中国迅速成长为全球第二大经济体，中国金融也成为影响全球金融的重要力量。我们有了健全的金融体系、强有力的资本市场、丰富的金融工具和良好的金融生态环境。特别是历经2008年的全球金融危机、2016年以来的全球商业冲突和2020年以来的新冠肺炎疫情等重大洗礼，中国的金融体系与成长能力得到了进一步提升，体现了在中国共产党领导下的中国金融力量的坚韧与成熟。

今天，我们强调继承红色基因，发扬革命传统，这是基于中国革命历史的经验总结，也是理解从红色金融到革命金融的发展过程，从而把握未来中国金融在全球体系中创新与成长的基本立场。对于红色基因，不同领域有不同的内涵和理解。

笔者：注意到你提出了"革命金融"这个概念，以你研究现代金融史的立场观之，哪些核心要点是确保革命金融本色的关键？

王巍：第一，坚持中国共产党的领导。党指挥枪，党指挥金融，这是井冈山根据地以来始终不变的宗旨。从红军长征途中中央纵队第十五大队的信念坚守，到河北庞村财经会议的统一领导，再到改革开放后几次重大国际金融危机的应对，中国金融从业者始终坚守组织原则，坚定执行中央制定的金融战略和政策，完成使命。

第二，坚守广大人民的利益和国家金融安全。无论是革命时期红色金融的货币斗争，还是新中国成立后的前30年与改革开放后金融体系的建立与发展，人民的根本利益和国家经济安全始终置于金融机构的商业利益之上。坚持金融为实体经济服务和普惠金融的立场，在防范金融风险的同时，有效地巩固了国家的经济基础。

第三，坚定金融创新。金融是经济的血脉，必须服从并支持整体国民经济的发展。在高速发展和急剧变化的市场上，金融业需要贴近市场前沿，不断创造不同的技术工具与服务平台，根据云计算、大数据和人工智能的突破，改造自己的传统结构，创新成长。金融监管与金融创新是一个永久的博弈过程，监管为安全，创新为成长。革命金融就是继承红色基因，不断在不同成长阶段坚持创新的一个长期过程。

革命金融的全球观与发展观

笔者：自改革开放以来，为了有效对接国际市场，中国金融制度、工具和结构都与时俱进地对标全球技术规范，同时坚持中国金融的本色。你认为，中国革命金融的全球观与发展观的演变过程是怎样的？

王巍：邓小平1991年视察上海时指出："金融很重要，是现代经济的核心。金融搞好了，一着棋活，全盘皆活。"中国从此开启了对标国际金融市场的实践，推动创立证券交易所，建立中国金融监管体制，实现银行股份化和上市等一系列金融市场的重组和建设。

习近平总书记近年来连续发表了对金融工作的重要指示。"金融活，经济活；金融稳，经济稳。""金融是国家重要的核心竞争力，金融安全是国家安全的重要组成部分，金融制度是经济社会发展中重要的基础性制度。"将金融提升到国家安全的高度正是考虑到现代金融在全球各国政治、社会与经济层面上的主导作用和普遍规则，符合全球金融与社会发展的历史经验。

笔者：纵观全球历史，政权变化与金融存在怎样的逻辑关系？

王巍：全球历史上，所有的政权变化都需要金融的支持，同样，新的政权最重要的事情也是要控制和改造金融体系，巩固自己的政权。英国的"光荣革命"与英格兰银行、法国大革命与法兰西银行、日本的明治维新与日本银行、美国的独立战争与美国第一银行、苏联的苏维埃政权与国家银行等都有内在的正向逻辑联系。

值得注意的是，"革命"这个词翻译成中文后，内涵有很大变化。英文revolution源于天文学家哥白尼的论文，指天象的大循环，后被演绎为巨大的改变。但当年翻译成中文时借用了《周易》的"汤武革命，顺乎天而应乎人"，指改朝换代的变革，更狭隘也强烈得多。我向国际金融同行介绍井冈山革命金融博物馆时，翻成 revolution 很容易被理解为金融的创新，翻译为"红色金融"时引起的惊诧和需要的解释少。

笔者：你如何理解革命金融的创新发展？

王巍：革命金融的创新发展观非常重要，即始终关注社会与经济的前沿变化，不断创新金融工具和金融政策，与时俱进地支持经济发展和社会安全。我们要广泛吸收互联网技术的发展，适应新一代消费者的需求，吸收金融科技、数字货币、区块链和人工智能等创新，丰富和完善中国当代金融体系和结构。中国推动的法定数字货币已经超越了国际同行，迅速为社会接受，就是一个最新的案例。

继承中国革命的红色基因，发扬革命金融的光荣传统。不断开拓全球视野，吸收各国金融体系与制度的先进经验，始终保持金融创新精神，巩固中国金融体系的安全基础。推动便利于企业家、创业者和普通大众消费群体的普惠金融，提倡绿色金融与环境治理。这都是梳理了中国共产党百年成长经验基础上专注于金融领域的丰富实践，也是新一代金融从业者的挑战。

第三章

**改革开放时代:
经济发展的主引擎与试金石**

大一统的计划经济的低效率迫使人们反思中国经济发展模式，在反思其导致的思想观念变化的基础上，叠加现实生活中人们对计划经济藩篱的主动突破，最终迎来20世纪七八十年代改革开放大潮，计划经济开始一步步地向有计划的商品经济和市场经济转型。人民币从计划经济的桎梏中走出，重新成为国民经济运行中重要的润滑剂和加速器，当然有些时候也成为导致经济波动的振荡器。如何"驯服"人民币，成为那个时代的头等大事。

一、金融转轨与"治乱循环"

20世纪80年代，中国经济不断经历通货膨胀和治理整顿的"治乱循环"，每次都是放松—过热—紧缩—衰退—再放松—再过热，用通俗的话说就是票子不是发多了就是发少了。当时人们倾向于把棍子打到"超前消费"身上，认为这种现象是社会总需求超前于总供给造成的。后来随着经济体制改革的深化，人们发现这是转轨经济必然伴随的特征：微观经济基础的变化、经济主体的增多、体制变革导致的真空和模糊地带以及新宏观调控框架的滞后，必然导致货币供应量"测不准"和难以监控，进而导致经济运行的波折起伏。20世纪80年代改革成败和宏观调控得失为90年代市场经济体制的确立积累了经验，奠定了基础。

1978年12月，党的十一届三中全会召开，做出把工作重点转移到经济建设上来的具有划时代意义的战略决策，揭开了经济体制改革的序幕。与经济体制改革相适应，金融体制改革的大幕也渐次拉开。

在邓小平"要把银行真正办成银行"的方针指引下，从1979年开始，中国的金融体系迈出了市场化改革的第一步。

从1979年到1984年，金融领域展开了一系列改革：在金融机构方面，恢复了中国农业银行，改革了中国银行体制，成立了中国投资银行，重建中国人民保险公司；在金融宏观调控方面，强调运用经济方法组织各项存款，重新重视利率杠杆作用，改变"统存统贷"信贷资金管理体制，实行"统一计划、分级管理、存贷挂钩、差额包干"的管理体制；在金融业务方面，开始发放固定资产投资贷款，扩大银行信贷对象，开办各种开发性贷款，改进外汇管理办法，发展金融信托业务，开放商业信用，开办商业票据承兑、贴现业务，增加各种支票、汇票等多种信用工具，在城市建立票据交换中心并开展票据清算业务。

1979年2月，国务院发出《关于恢复中国农业银行的通知》。1979年3月13日，中国农业银行正式恢复。中国农业银行归国务院领导，由中国人民银行代管，自上而下建立各级机构，同时领导划归其管理的农村信用社、农村营业所。中国农业银行的主要任务是：统一管理支农资金，集中办理农村信贷，领导农村信用合作社，发展农村金融事业。中国农业银行恢复以后，经过努力，形成了由农业银行统一管理，农业银行与农村信用社分工协作的农村金融体制。

1979年，国务院决定将中国银行从中国人民银行中分离出来，中国银行总管理处成为中国银行总行；同时成立了国家外汇管理总局，直属国务院领导。中国银行与国家外汇管理总局对外两块牌子，对内一套机构。中国银行作为国家指定的外汇专业银行，在经营外汇买卖业务、筹集利用国外资金、扶持出口生产及办理国际结算、执行侨汇和增加侨汇收入等方面，发挥了重要的作用。

财政部系统曾在1954年建立了中国人民建设银行，承担基本建设资金及时供应和合理使用的任务，作为财政部的所属基建司，对外保留建设银行的牌子，但银行的职能和作用未能发挥，不算真正的银行。1978年国务院批准中国人民建设银行为国务院直属单位，并在全国设立分支机构，以加强对基本建设资金的拨款和监督。1979年，国务院决定将中国人民建设银行从财政部分离，成为一家独立的银行。当时建设银行受财政部委托，仍代理行使基本建设财务管理的财政职能。

此外，经国务院批准，国内保险业务得以恢复，例如恢复了中国人民保险公司。经国务院批准，1979年10月，中国国际信托投资公司成立；此后，各地相继组建了信托投资公司和城市信用合作社。

在实行一系列改革举措之后，中国金融业出现了金融机构多元化和金融业务多样化的局面。面对新的局面，1983年9月，国务院经过多次酝酿和讨论后，决定中国人民银行专门履行中央银行的职能，并于同月17日正式颁发《关于中国人民银行专门行使中央银行职能的决定》（以下简称《决定》）。

《决定》规定了中国人民银行的性质和职责，规定中国人民银行是国务院领导和管理全国金融事业的国家机关，不对企业和个人办理信贷业务，集中力量研究和做好全国金融的宏观决策，加强信贷资金管理，保持货币稳定。其主要职责是：研究和拟定金融工作的方针、政策、法令、基本制度，经批准后组织执行；掌握货币发行，调节市场货币流通；统一管理人民币存贷利率和汇价；编制国家信贷计划，集中管理信贷资金；管理国家外汇、金银和国家外汇储备、黄金储备；代理国家财政金库；审批金融机构的设置或撤并；协调和稽核各金融机构的业务工作和管理金融市场；代表中国政府从事有关的国际金融活动。

中国人民银行与专业银行和其他金融机构在行政上不是隶属关系，但在业务上是领导和被领导的关系。中国人民银行主要采取经济办法进行管理，加强金融监督；实行法定存款准备金制度，并规定财政性存款归中国人民银行支配使用，中国人民银行掌握 40%~50% 的信贷资金，用以平衡国家信贷收支。

与此同时，国务院决定成立中国工商银行，承担原来由中国人民银行办理的工商信贷和储蓄业务。根据国务院的决定，1984 年起，自上而下成立中国工商银行及其分支机构，但在 1984 年内仍与中国人民银行是一个领导班子，合署办公。二者账务虽然分开，但资金仍然统一调度。到 1985 年 1 月，中国工商银行正式分离出去，中国人民银行才真正脱离具体信贷和储蓄业务，行使中央银行的职能。工农中建四大国有专业银行的格局就此形成。

在中国人民银行成为中央银行后，整个金融系统的改革被进一步推进。1986 年 12 月 19 日，邓小平要求"金融改革的步子要迈大一些"，再次强调"要把银行真正办成银行"。他说："我们过去的银行是货币发行公司，是金库，不是真正的银行。"

中国人民银行专门行使央行职能以后，中国开始形成由央行和其他商业性金融机构构成的"双层"金融体系，中国人民银行原资产负债表便被相应分解为中央银行资产负债表和商业银行资产负债表。其后，随着改革的逐步深入，中国金融体系日渐多样化，金融产品也日趋丰富。这样的变化从根本上削弱了存差概念的科学性——金融机构及其资产负债表的多样化，事实上使人们已经很难准确度量存差（贷差）；中央银行—商业性金融机构的双层金融结构的运行，使货币供应取代贷款成为金融调控的核心，而金融产品的多样化则使存差（贷差）作为衡量金融机构金融行为之概念的合理性基本消失。

随着经济市场化、货币化程度提高，银行贷款范围扩大，融资渠道多元化，单纯控制现金和国家专业银行的贷款已经难以有效实施金融调控。1987年，中国人民银行开始编制货币供应量计划，1989年开始编制全社会信用规划，同时提出"双向"控制要求，即以控制贷款总规模为主，同时监测货币供应量。货币信贷管理真正被提到了社会总供求平衡的高度。

随着中国经济回归货币经济，加上各种"放权""让利"举措的实施，财政收入占GDP的比重迅速下滑，而居民收入占比则不断上升。

财政收入占GDP的比重由1978年的31.1%减少到1980年的25.5%、1985年的22.2%、1990年的15.7%。随着财政收入占国民生产总值的比例不断下降，居民分配占国民生产总值的比例不断上升。1978年，政府、企业和居民三者之间的分配比例为33.9%、11.1%和55.0%；1990年，三者之间的分配比例变为21.5%、9.1%和69.4%。居民储蓄存款随之大幅度上升，城乡储蓄存款余额由1978年的201亿元增加到1990年的7 034亿元，城乡居民储蓄占国家银行和农村信用社存款的比重由1978年的18%上升到1990年的51%。

老百姓手里有钱了，社会购买力得到大幅提升，自行车、电视、冰箱、洗衣机等当年可望而不可即的"大件儿"也走入寻常百姓家。表现在人民币上，是货币流通量的加大和流通速度的提升，一个明显的标志就是新版人民币的推出。随着经济持续、健康、快速发展，社会对现金的需求日益增大，第四套人民币于1987年4月27日开始发行，共有1角、2角、5角、1元、2元、5元、10元、50元、100元9种面额，其中1角、5角、1元有纸币和硬币2种形式。与第三套人民币相比，增加了50元、100元大面额人民币。第三套人民币在票面图案设计上集中反映了当时中国国民经济以农业为基础、以工业为主导、以农轻重为序的方针，而第四套人民币图案主要取材中国的名胜古迹、名山大川，在制作工艺上更为复杂。

财政资金供给能力的减少，使原来依赖财政投资的模式不可持续，所留下来的空缺就需要转向银行融资等途径。动员、引导储蓄向投资转化，建立有效的银行融资机制，成为中国经济发展的必然选项。

1987年，中国人民银行比较系统地提出建立新型金融体制改革要实现的四个目标：一是建立以间接调控为主要特征的宏观调控有力、灵活自如、分层次的金融控制和调节体系；二是建立以银行信用为主体，多种渠道、多种方式、多种信用工具筹集和融通资金的信用体系；三是建立以中央银行为领导，各类银行为主体、多种金融机构并存和分工协作的社会主义金融体系；四是建立金融机构现代化管理体系。此后，为实现这四个目标，中国人民银行总行又提出了一系列金融改革的具体措施。

总体而言，从1984年到1992年，中国的金融改革取得了很大进展，主要体现在金融机构改革、建立金融宏观调控体系、发展金融市场、建立金融机构现代化管理体系等方面。

在金融机构改革方面，开始建立以中央银行为领导的金融体系。主要内容有：中国人民银行专门行使中央银行职能，基本实现了"政企分开"；中国工商银行承担原来由中国人民银行办理的工商信贷和储蓄业务；当时的中国人民建设银行成为主办固定资产投资贷款的专业银行。由此形成了国家专业银行的基本框架。

从 1986 年开始，以交通银行按股份制重组为开端，深圳招商银行、中信实业银行、深圳发展银行、广东发展银行、福建兴业银行等一批商业性股份制银行陆续成立；侨资外资银行和中外合资银行开始进入中国；信托投资公司、财务公司、租赁公司以及证券中介机构等一批非银行金融机构有了较大的发展。1990 年和 1991 年，上海和深圳证券交易所先后建立。这两个证交所的推出并不是横空出世，而是有着较长时期的预热和坚实的社会经济基础。

中国股票市场之所以能在 20 世纪 80 年代中后期萌芽、产生，以及在 20 世纪 90 年代生存、发展，经济体制改革带来国民收入分配格局变化是其主要根源。社会财富不再由政府部门统包统管，财政功能逐步削弱，商业银行和金融市场功能逐步增强。

随着经济的发展，单一的银行融资体制已经不能适应多种经济成分、多层次经济实体对资金的不同需求。从乡镇企业到城市企业中的集体企业和小国有企业，这些企业处于计划经济体制管理"薄弱端"，只有通过股票、债券等内部集资和公开或半公开集资来满足生产经营需求。以上海为例，由于通货膨胀严重，而资金计划过于僵化，原来对计划资金依赖程度较高的上海企业遇到严重的资金困难。这种情况迫使上海企业不断通过内部集资、企业债券、股票等直接融资方式来获取生产资金，缓解资金压力。由于银行贷款资金的有限性，政府主管部门对这类筹资方式不得不采取认可、允许并引导其向规范化方向演进的政策。

为提高股票发行吸引力，企业大多采取保本保息保分红、到期偿还的债性特征，发行对象一般以内部职工和当地公众为主，发行方式多为自办发行。这种自办发行客观上却促进了股票、债券等发行市场和流通市场的逐步兴起。

在股票发行方面，截至1990年，全国共有4 750家企业发行了各种形式的股票，共筹资42.01亿元。其中公开发行筹资17.39亿元，非公开发行筹资24.62亿元。发行人主要集中于上海、广东、四川、山东和辽宁。在债券发行方面，1980—1990年，我国境内累计发行债券1 870.42亿元，大额可转让存单704.59亿元。到1990年，商业票据、股票、债券大额可转让存单等证券品种都已存在。随着证券发行规模扩大，证券流通和交易需求不断累积。20世纪80年代的金融市场基本是自下而上地自我探索和演进。由于近5 000家企业发行了各式各样的股票，职工股、个人股的流通需求日渐高涨，成都红庙子市场、上海静安证券营业部自发产生了流通转让市场。

在建立金融宏观调控体系方面的举措是：改革信贷资金管理体制，实行"统一计划、划分资金、实贷实存、相互融通"的资金管理办法，实行存款准备金制度。与此同时，中国人民银行总行开始进行全社会信用规划和监控工作；进一步改革利率管理体制和利率体系，中央银行加强国内金融监管，加强和改进外汇管理，实行外债管理。

在发展金融市场方面的举措是：在发展货币市场的同时，开拓中国的资本市场。主要内容是：建立金融同业拆借市场，发展票据贴现、再贴现市场，开办国库券转让交易市场；发展企业债券发行、交易市场；试办股票发行和交易市场；进一步扩大银行信贷领域，发展信托投资、金融租赁业务；增加保险品种，发展保险业务。

在建立金融机构现代化管理体系方面，主要措施包括：开始建立支付、清算系统，并推动国家专业银行实行企业化经营和银行业务电子化建设。

为保证金融运行的安全有效，防范金融风险，维护金融秩序，政府在这一阶段开始重视依法治理金融，制定和颁布了许多重要的金融法规条例，并着手制定基本的金融法律草案。

在经济体制改革的推动下，中国的银行业蓬勃发展，非银行金融机构也迅速发展。出资组建非银行金融机构的有各级政府的财政部门、四大专业银行、新的商业银行以及企业法人等。金融体系的竞争性不断增强，一些新设立的股份制商业银行，如交通银行，其业务范围非常广泛，涉及银行、证券、保险、投资、房地产、租赁、信托等多种业务。同时，1979年成立的第一家非银行金融机构——中国国际信托投资公司，更是一个集金融、生产、贸易、服务为一体的综合经营实体。

与此同时，四大国有专业银行分工经营的格局逐步被打破，出现了"中国银行上岸，农业银行进城，工商银行下乡，建设银行进厂"的竞争格局。在利益机制的驱动下，各专业银行不仅突破了专业分工的界限，而且突破行业分工的界限，开始组建各自的信托投资公司、开办大量的证券机构，并向房地产、保险、投资等领域拓展，形成了事实上的综合经营模式。

尽管这种综合经营模式对活跃金融市场、促进非银行金融机构的发展发挥了作用，但是由于当时金融发展水平较低和金融监管能力较弱，综合经营模式造成了严重的违规经营，扰乱了金融秩序。特别是信托投资公司的资产质量普遍较差，部分公司经营严重亏损，导致支付发生困难，少数公司被迫进行债务重组或整顿；银行大量资金通过国债回购、同业拆借进入证券和房地产市场，导致1992年下半年出现经济泡沫；证券市场和房地产市场过度投机，出现了局部金融风险。

同时，企业资金的80%~90%依赖国家专业银行，而国家专业银行信贷资金自求平衡的能力比较低，专业银行进而依赖中央银行再贷款。在调高法定存款准备金率之后，这一情况更为严重。1989年至1992年，国有专业银行上缴法定存款准备金占其同期向中央银行借款的42%，表明中央银行贷款实际上具有资金调剂或"返销"性质。中央银行调控的空间和适应金融调控的灵活性都十分小。一方面，在需要紧缩货币信贷时，单纯压缩银行贷款总量必然造成新的结构失衡。因此，中央银行只能把紧缩信贷总量与调整信贷投向结合起来。另一方面，在需要放松货币信贷时，单纯放松银行贷款总量也容易掩盖已经存在和新出现的结构失衡问题，不能搞"一刀切"，必须把总量调控与结构调整结合起来。显然，两种不同的宏观经济背景要求不同的政策取向和操作工具，但其理论内核是相同的，即调节总需求与增加有效供给结合起来，促进社会总需求与总供给的平衡。

回顾20世纪八九十年代，货币信贷政策是在金融体制的变化过程中逐步摸索前进的，经验明显不足。原因是多方面的。第一，中央银行体制刚刚建立起来，中央银行对自身在经济转轨时期的职能定位不甚明确，对金融调控与金融监管之间的利害关系认识不深，对行政手段存在惯性依赖，对如何有效运用经济手段和法律手段缺乏思想准备。第二，由于金融业的发展思路受实践不充分的制约，中央银行对不同类型金融机构的性质和职能难以明确定位，以致混业经营和混业监管并行，各项金融管理制度尚未成形，金融调控传导机制不完善。第三，中央银行与其他宏观调控部门的配合也是刚刚起步。

改革开放初期，经济结构失衡和经济过热交织，成为货币信贷调控的难点。存款计划、现金发行计划和信贷分配计划是新中国成立后的前30年金融调控的基本手段。20世纪80年代，中国经济运行和金融体系发生的所有变化，恰恰都是在改变和瓦解着计划分配金融资源的存在基础。

这段时期宏观经济运行的一个关键特点就是储蓄率与投资率的关系。从1980年到1993年的14个年份中，只有5个年份储蓄率高于投资率，其余9个年份均是储蓄率低于投资率。所以，这段时期中国基本还处于发展经济学所描述的经典的"储蓄缺口"阶段。"储蓄缺口"的原因，一方面在于经济层面，如收入分配结构的变化、计划经济时代消费受到过度抑制等；另一方面，也与以动员储蓄为基本功能的金融体系尚未完全形成相关。这样的"储蓄缺口"在宏观经济层面构成了通货膨胀的基础，在金融层面则是企业信贷"饥渴"、银行体系"超贷"的关键原因。

二、体制改革与市场化重塑

如果说 20 世纪 80 年代的问题是不断打破计划经济的堡垒，为货币和商品经济的运行打开空间，那么 90 年代的基本命题则是进一步缩小计划经济运行范围，并初步建立规范的市场经济运行机制和宏观调控体制，让人民币"翱翔"在空前宽广而又规范有序的天空中。在这一过程中，如何建立和完善适合市场经济发展的金融体系及金融管理体制成为重中之重。

金融是经济运行的血脉，在向市场经济过渡的过程中，经济生活的方方面面与金融关系日益密切。建立市场经济体制极大地推动了经济和金融的蓬勃发展，也加大了金融宏观调控的任务，中国金融业面临如何适应市场经济体制的一系列紧迫问题。

当时在国民经济运行中，股票热，房地产热，开发区热，乱拆借、乱集资、乱设金融机构之风盛行，正常的经济金融运行秩序受到了严重干扰，国民经济出现不正常的波动。

邓小平发表"南方谈话"后,全国掀起了加快改革的浪潮,中国股市出现井喷。1992年5月,上海股市连续上涨,很多人相信股票能让人一夜暴富。

1992年8月,深圳证券交易所宣布发行国内公众股5亿股,发售抽签表500万张,中签率为10%,每张中签表可认购1000股。当时深圳一下子涌进了150万人。一张身份证只能认购10张认购表,因此早在几天前就有数以百万计的居民身份证从全国各地寄来深圳,成捆成箱,堆积成山。

面对不断聚集的群众,当时的深圳市政府果断发布公告,宣布敞开供应股票认购表,因担心买不到认购表而聚集的群众很快散去,一度受到冲击的社会秩序得以恢复。

1992年,在加快经济发展和体制改革过程中发生的金融秩序混乱,至今令人记忆犹新,这与中国金融体制改革滞后有很大关系。《中共中央关于建立社会主义市场经济体制若干问题的决定》中有不少内容涉及深化金融改革,特别是"转变政府职能,建立健全宏观经济调控体系"一节中专门阐述了加快金融体制改革的内容,为建立社会主义市场经济体制下金融体系和金融运行机制指明了方向和构建了基本框架。

1993年,经济界、金融界和理论界也对金融改革进行了深入讨论,一致认为1979年至1992年的14年中,金融改革确实取得了显著进展,由此推动了金融业的巨大发展。但是,改革的内容基本上还没有摆脱计划经济体制的思想束缚,因此还存在许多问题,主要表现为:一是信贷资金融通仍然没有打破计划经济模式,"信贷资金供给制"远未破除,反而有所强化;二是中国人民银行和国家专业银行政企不分,银行还不是真正的银行,各类金融机构的职能和经营范围没有科学的界定,金融运行中的各种关系没有理顺;三是金融的宏观调控体系和市场机制还未真正建立和发挥作用,其结果是多次发生信用膨胀和通货膨胀,金融领域里出现"膨胀—紧缩—再膨胀—再紧缩"的怪圈。

根据上述问题,舆论认为金融体制改革的主要内容应该是:资金融通商品化,恢复信用的本来面目;金融机构企业化,把银行办成真正的银行;金融工具多样化,推动金融不断深化;金融调控间接化,充分发挥中央银行的宏观调控职能作用;金融管理法治化,严格规范金融活动的行为准则;金融操作现代化,为经济提供全方位的服务。在以上 6 个方面的内容中,最关键的是:把中央银行办成真正的中央银行,把国家专业银行办成真正的国有商业银行,使资金融通按照市场机制进行配置,大力提高资金的使用效益,同时加强中央银行对金融的宏观调控和监管,保证金融秩序的稳定和金融运行的健康发展。

1993 年 12 月 25 日,国务院根据《中共中央关于建立社会主义市场经济体制若干问题的决定》和舆论意见,出台了《关于金融体制改革的决定》和《国务院关于进一步改革外汇管理体制的通知》,明确提出了金融体制改革的目标。

第一,确立强有力的中央银行宏观调控体系。其主要改革措施是明确中国人民银行各级机构的职责,转换中国人民银行职能。

第二，建立政策性金融与商业性金融分离，以国有商业银行为主体、多种金融机构并存的金融组织体系。其主要改革措施是组建国家开发银行、中国进出口信贷银行、中国农业发展银行三大政策性银行，办理政策性信贷业务。

第三，建立统一开放、有序竞争、严格管理的金融市场。其主要改革措施是完善货币市场和完善证券市场。

第四，改革外汇管理体制，协调外汇政策、货币政策。其主要改革措施是从1994年1月1日起，实现汇率并轨，实行以市场供求为基础的、单一的、有管理的浮动汇率制度；采取一些过渡性措施，先实行经常项目下人民币有条件可兑换。

从1994年起，国务院决定的各项金融改革开始实行。1994年，国家开发银行、中国进出口信贷银行和中国农业发展银行三家政策性银行先后挂牌成立。同时，中国工商银行、中国农业银行、中国银行和中国建设银行四大国有专业银行按照商业化改革的要求，转换机制，加强一级法人体制，强化内部管理和风险控制，改进金融服务，开始向真正的商业银行转化迈出步伐。

自1994年1月1日起，人民币官方汇率与外汇调剂市场汇率并轨，实现了经常项目下人民币有条件可兑换，建立了以市场供求为基础的、单一的、有管理的浮动汇率制度，结束了国家管控40多年的汇率制度。1996年12月，人民币又实现了经常项目下的完全可兑换。

除了国有商业银行和政策性银行，在中国经济转轨进程中，股份制商业银行以其灵活的经营机制优势，在较长时间保持快速发展，成为推动国民经济发展的一支生力军。交通银行、上海浦东发展银行、中国民生银行和海南发展银行等股份制商业银行相继设立。除了股份制商业银行，城市商业银行的建立和发展也成为中国金融体系市场化进程中一道亮丽的风景。

在整个金融体系市场化改革进程加快，金融业快速发展的同时，由于相应的金融监管没有到位，金融体系也积聚了严重的风险。到1997年亚洲金融危机爆发时，中国金融系统的风险开始集中暴露。

在国有专业银行向国有商业银行转变的过程中，由于转变不彻底，四大国有银行受到政府行政干预比较多、存在风险管理和内部控制不力等问题，积聚了严重的金融风险——主要体现在资本金严重不足和不良贷款比重过高上。国有银行的风险已经成为中国金融业的最大风险。因此，从1998年开始，国家开始出手拯救濒临破产的四大国有银行。

从1998年开始，四大银行逐步合并省分行与省会城市分行，撤并了一些业务量较小、长期亏损的分支机构，对员工进行了较大规模的精简。到2002年末，四大银行共撤销了5.5万个机构网点，占四大银行网点总数的三分之一。1998年，财政部发行2 700亿元特别国债，专门用于补充四大银行的资本金，使其1997年底的名义资本充足率达到8%。

1999年，四大银行成立了监事会。监事会成员来自财政部、中国人民银行等部门，目的是加强金融监管、约束国有银行的行为。

为解决国有独资商业银行不良贷款率居高不下、历史包袱沉重的问题，国务院于1999年从四家国有商业银行剥离不良贷款13 939亿元，使国有商业银行不良贷款率骤然下降了9.2%。同年，在借鉴国际经验的基础上，中国成立了金融资产管理公司，专门接收、处置从四大国有商业银行剥离出来的不良贷款，以化解潜在的金融风险。

1999年4月，中国组建了第一家金融资产管理公司——信达资产管理公司，专门处置由中国建设银行和国家开发银行剥离的部分不良贷款。同年10月至11月，东方、长城、华融三家金融资产管理公司陆续成立。四家资产管理公司从四大银行和国家开发银行共剥离了1.4万亿元不良资产并进行专门处置。

在进行注资和剥离不良资产的同时，中国人民银行要求四大国有银行通过完善内部运行机制、加强内控和管理，严格控制新增不良贷款，并对国有银行改革制定了"三步走"的战略。

除了四大银行，地方性中小金融机构也积聚了极大的金融风险，而防范和化解中小金融机构的风险是中国金融业的一项重要工作。从1998年起，中国人民银行开始"排雷"。

经过三年的努力，到2000年底，国务院和中国人民银行对金融机构的清理整顿工作基本完成，中国的地方金融风险在很大程度上得到了化解。但是四大国有银行仍然积聚着严重的金融风险，需要通过进一步的改革和支持来化解。

三、国有金融机构"拆弹重组"

2003年5月19日,央行草拟了国有商业银行改革方案,其中包括代价、资源运用、操作过程、配套措施及操作风险等。此次改革设计提出了动用央行外汇储备的思路,以外储注资问题商业银行,补充其资本金,并作为股本进行运作。

业界人士认为,1998—1999年那一轮改革的效果不彰显,主要在于未能在如下几个层面实现根本性突破:没有严格按照资本充足率的条件监管;不敢打破原有产权制度的束缚;不执行真正现代化的国际标准财务会计制度;没有建立真正的公司治理结构。

相较于以往的理论与实践,2003年启动的新一轮银行改革,一方面试图在财政资源之外另辟蹊径,并最后体现在动用外汇储备上;另一方面则是坐实出资人,避免因财政注资导致的出资人实际缺位现象,从而使公司治理落到实处,这体现在后来汇金公司的成立和运作上。

此次国有商业银行重组得到了财政部的密切配合。国有商业银行原属于财政部出资,1998年财政部又向四大银行发行了2 700亿元的特别国债。不良贷款率居高不下,必将冲蚀财政部的出资。财政部表示,将继续向商业银行支付发行2 700亿元国债的利息,并继续担保四大资产管理公司向四大银行发行的8 200亿元债券。

国务院原则上同意了加快国有独资商业银行股份制改革的汇

报,同时决定成立国有独资商业银行股份制改革试点工作领导小组,时任国务院秘书长华建敏任副组长,周小川任办公室主任。改革领导小组办公室设在央行,主要承担这次银行改革的执行任务。

2003年10月19日,改革领导小组办公室提出中国银行和建设银行股份制改革实施方案。其中建议以设立投资公司的方式完成注资,即由外管局设立投资公司,由国务院授权进行资本运作,并阶段性参与公司治理结构。

2003年12月16日,汇金公司成立,外汇储备注资的载体正式搭建。时任外管局局长的郭树清任董事长,时任外管局副局长的马德伦任副董事长,时任外管局副局长的胡晓炼出任总经理。

为强化银行财务约束和完善治理结构,汇金公司随后以股东身份向被注资的国有银行派出了股权董事,行使大股东权利。汇金公司当时向重组银行至少派驻6名董事。根据《公司法》的规定,这6名董事正好大于董事会成员的三分之一,使汇金公司这个大股东完全有能力否决重大议案。

2003年12月30日,国务院决定将两笔资金注入中行和建行。2004年1月6日,新华社发布新闻稿宣布,国务院决定选择中行和建行进行股份制改造试点,并动用450亿美元国家外汇储备等为其补充资本金。在新华社发文宣布注资当天,中行与建行分别宣布收到了来自汇金公司225亿美元的注资。

央行代表在2004年1月参加国际清算银行的会议时,就改革部署向时任美联储主席格林斯潘、欧洲央行行长特里谢及巴塞尔委员会主席等人进行了说明。

国际货币基金组织评论认为，中国政府宣布向两家国有银行注资 450 亿美元的行动具有重要意义，标志着中国政府在推进银行商业化取向、改善银行内部监管方面迈出了非常重要的一步。

在四大商业银行中建行资产质量相对较好，也最早启动了股改准备工作。按照足额拨备，到 2003 年底，建行的实际所有者权益为-1 013.17 亿元。按照重组计划，要先甩掉这个负资产包袱。为此，对当时建行账面的 1 289 亿元不良贷款，央行按粗略估算值的 50% 接收，并转售给信达资产管理公司，建行按照售价 644.5 亿元确认应收款。而 1 289 亿元不良贷款，按照评估实际净值为 286 亿元，这其中的差额 358.5 亿元将直接计入建行的所有者权益。此外，根据国务院的特别批准，建行还核销了 569 亿元不良贷款。

国家设立应收补充款项，对注资后的剩余累计亏损的 655 亿元进行补充，并承诺在短期内偿还。这笔资金偿还日后以汇金获得的利润分配方式进行。

随后，央行在 2004 年 6 月发行 210 亿元票据，偿付建行受国务院委托进行清理信托公司而产生的代垫款项。

针对建行持有的信达资产管理公司发行的面值 2 470 亿元的债券，财政部承诺建行按固定年利率 2.25% 支付利息，并对本金兑付进行支持。财政部还将建行持有的 492 亿元特别国债年利率改为 2.25%，并以现金形式支付。

与此同时，建设银行先后向信达资产管理公司转移了可疑类和损失类贷款，净化资产负债表，并在银行间债券市场成功发行400亿元次级债券补充资本金。

2004年1月，建行公布了重组方式，即采用将非商业银行业务与商业银行业务分离的方式进行。

同年6月，建设银行率先公布了其被银监会批复的方案，把非银行业务剥离，成立中国建设银行集团，将商业银行业务部分组建为中国建设银行股份有限公司，建行集团计划作为建行股份的股东。

90天后，在剥离了非银行业务后，建行股份有限公司正式成立，建行集团变成了建银投资。这一变化是因为汇金公司希望真正体现股东作用。按照建行的设想，汇金公司可以将外汇储备注入建行集团，再由建行集团注入建行股份。汇金公司否决了这一设想。汇金公司认为自身不是国资委，不是行政主管部门，而是控股公司，是代表国家行使出资人职能的股东。汇金公司考虑如果通过建行集团控股建行股份，就会造成汇金公司的股东权利不能直接行使到建行股份，起不到有效的股东监管作用。

后来，汇金公司直接注资建行股份200亿美元，也通过建银投资注资25亿美元。这样既让汇金公司直接控股，也让建银投资体现在建行股东中，同时还能够让股份公司的股权多样化一些。

为了进一步丰富股东人数，国有企业国家电网和上海宝钢各出资30亿元，长江电力出资20亿元，一同成为建行股份的发起人股东。

通过上述一系列财务安排，到 2004 年底，建设银行的不良贷款率降到 3.92%，资本充足率为 11.29%，核心资本充足率也达到 8.57%。

而中国银行也核销了 1 063 亿元的损失类贷款，并由中国人民银行协调，以账面价值的 50% 向信达转售了 1 498 亿元的可疑类贷款。到 2004 年底，中国银行的不良贷款率降至 5.12%，资本充足率为 10.04%，核心资本充足率达到 8.48%。如果加上上市融资所补充的资本金，建设银行和中国银行完全达到以巴塞尔协议为准的国际银行业监管标准。

除了最早重组的建行、中行，交行、工行、农行、光大、国开行等均通过汇金公司注资重组。在全国整顿治理证券公司的时候，汇金公司及其附属机构作为平台，对九家券商进行了注资重组。

这些行为打破了传统央行只管理货币政策的职能范围，凸显央行在金融稳定、防范系统性风险方面也能起到重要作用。

此外，国有商业银行的改革还推出一个关键步骤，即引入海外战略投资者，以此提升国有银行股上市的溢价，并强化建立公司治理结构。

大刀阔斧的改革彻底改变了四大国有商业银行的财务状况，改变了单一的股权结构，初步建立了现代公司治理架构，并用国际资本市场规则持续地规范银行的运作，令其拥有持续赢利的能力。这也奠定它们能持续为实体经济提供融资服务的能力和基础。

更为直接的作用是，这次改革为整个银行体系带来了相当大的改革红利，激活了银行业价值。此次改革重组还开创了一个新的维护金融稳定的路径，即央行动用资源重组问题金融机构。这一实践在2008年全球金融危机中被各国央行广泛采用，央行维护金融稳定的作用日益凸显。

四、人民币汇改提速

1979年，国务院决定成立国家外汇管理总局。该局从中国银行分设出来，划归中国人民银行管理。这是我国推行对外开放、对内搞活战略的又一重大举措。国家外汇管理总局的成立，标志着外汇的动态已经成为影响中国经济运行的因素之一；而1981年首次对多年不变的人民币汇率进行调整，则标志着中国的外汇体制也开始了改革历程。

随着改革开放的推进和深化，汇率双轨制不适应现实情况发展的一面越来越多地暴露出来。汇率双轨制是很多发展中国家为了解决经济发展过程中外汇资金短缺矛盾，经常采取的一种制度安排。这种制度安排在理论上看起来比较完美，似乎能同时满足多重目标，但其实践效果令人沮丧。观之世界各国实践，汇率双轨制大都很难长期坚持。中国的实践再次证实了这一观点。由于贸易业务与非贸易业务的界限在现实中很难划分，双重汇率给市场参与者合法地预留下巨大的套汇空间，且导致汇率投机愈演愈烈；汇率投机的存在从根本上破坏双重汇率实施的基础，中国的双重汇率制度事实上并没有很好地实行过，而且几乎在汇率双轨制推行之初，改革的动议就一直存在。

这种"双重汇率"也导致国内在利用外资、内部结算等方面产生混乱，不符合国际发展方向。为此，国际货币基金组织和世界银行多次建议改变这种做法。我国在 1985 年取消贸易外汇内部结算价，重归贸易与非贸易结算汇率的统一之路。之后，中国实行与美元挂钩的有管理的浮动汇率制度。其间，为了推动国内出口贸易，人民币汇率经历了数次大幅贬值。人民币汇率到 1986 年 7 月调整至 100 美元兑 370.36 元，贬值 24.5%。自此，人民币汇率才作为国家金融宏观调控的重要手段，进入金融宏观调控的体系之中。

接下来，人民币汇率改革的任务是顺应社会主义市场经济发展的需要，围绕逐步使人民币成为自由兑换货币的改革目标，推进（官方与市场）汇率并轨改革。这是金融国际化的必经之路，也是人民币"走出去"的一个重要标志。

人民币"走出去"是一个渐进的过程。随着中国经济区域和国际影响力不断扩大，人民币的吸引力一步步提升，流通范围逐渐扩大。

改革开放之初，人民币依然维持着货币非国际化的状态。直到 20 世纪 90 年代初，人民币进入了货币区域化阶段。人民币国际化的萌芽是从携带现钞出入境和边境贸易开始的。

改革开放以来，我国与周边国家的边境贸易快速发展。从结算方式看，我国的边贸结算先后经历了从易货贸易为主到美元现钞结算为主的阶段。20世纪90年代初，随着人民币的影响力不断增强，以人民币结算的边境贸易有较大增加，人民币甚至在有些国家或地区成为"硬通货"，被称为"小美元"或者"二美元"。其主要原因有两个：一是美元不适合边境小额贸易的需要。边境贸易以小额贸易为主，用美元这种高价值货币计价结算并不方便。此外，周边国家普遍缺乏美元或政策上限制使用美元。二是人民币获得了广泛认可。

20世纪90年代初，我国对外人员交往已达到相当大的规模，其中包括出入境旅游、探亲的个人，还包括大量往返港澳台与内地的商人。同时，海外有数千万华人华侨，改革开放密切了境内外的联系。这个时期，境外资本直接投资取代外债成为我国利用外资的主要形式。这些企业大部分来自港澳台地区，它们在珠三角投资建厂，习惯用人民币支付工资、采购设备，对人民币需求量较大。

为满足市场使用现钞量上升的需要，解决低限额管理越来越不能适应形势发展的问题，政府适应性地调整了人民币跨境的政策。1993年2月，中国人民银行发文，规定中国公民出入境和外国人出入境，每人每次携带的人民币限额为6 000元；在开放边民互市和小额贸易的地点，允许当地省级人民银行会同海关，根据实际情况确定限额，报中国人民银行总行和海关总署批准后实施。

1993年5月末，我国参加关贸总协定中国工作组第十四次会议时，承诺中国将在5年内实现官方汇率和市场汇率的统一，实行以市场供求为基础的、单一的、有管理的浮动汇率，但实际操作中改革步伐更快。为了适应市场经济发展的需要，也为了谋求恢复关贸总协定缔约国的合法席位，从1993年下半年起，中国开始酝酿全面的汇率和外汇管理体制变革。

1993年11月，十四届三中全会通过《中共中央关于建立社会主义市场经济体制若干问题的决定》，明确要求"改革外汇管理体制，建立以市场供求为基础的有管理的浮动汇率制度和统一规范的外汇市场。逐步使人民币成为可兑换的货币"。

1993年12月25日，国务院《关于金融体制改革的决定》提出，要改革外汇管理体制，建立以市场供求为基础的有管理的浮动汇率制度和统一规范的外汇市场，逐步使人民币成为可兑换货币。在这一总方针的指导下，我国的外汇管理体制和汇率体制均发生了重大变化。人民币汇率并轨并实行可调整浮动汇率制，承诺经常项目可兑换和推进资本项目可兑换，以及全面建立健全国际收支申报和检测体系，是这一时期最为重要的三项改革。

在当时的经济和金融形势下，进行汇率并轨改革是有一定风险的。所谓汇率并轨就是取消汇率的"双轨制"。由于国家的牌价已经不能反映实际换汇成本和供求情况，因此应该取消，让市场来定价。当然，"由市场来定价"，汇价也不能大起大落，对这个市场也要进行管理，且由中央银行负责管理和调节。

1993年12月，中国人民银行发布了《中国人民银行关于进一步改革外汇管理体制的公告》，明确提出外汇体制改革的政策措施。1994年1月1日，我国外汇体制进行重大改革，人民币官方汇率和外汇调剂市场汇率并轨，以1993年12月31日各地外汇调剂市场的加权平均汇率1美元兑8.72元人民币为全国统一的人民币汇率，实行以市场供求为基础的、单一的、有管理的浮动汇率制度。

相较于周边国家本币而言，1994年汇率并轨以后，人民币汇率坚挺，带有"硬通货"的性质，人民币作为边境贸易计价货币的市场需求增加，采用人民币进行边贸计价结算是较为合适的选择。

1994—1995年两年的外汇管理体制改革实现了人民币经常项目有条件可兑换，在对外开放、加快国民经济发展等方面取得了明显成效，为推动下一步的改革目标打下了坚实的基础。1996年，我国外汇储备接近1 000亿美元，已居世界第二位。

21世纪以来，中国经济体制改革的重大事件，当数中国正式加入世界贸易组织。这个事件是在全球经济结构进行重大调整的背景下展开的。客观地说，中国总体而言是全球化的受益者：自从加入世贸组织以来，中国经济经历了前所未有的高达两位数的增长，综合国力大大增强。

但是，中国经济的高速增长和对全球经济融入程度的加深，也给中国带来了新的问题：伴随着新的全球经济失衡格局的形成和发展，中国的对外贸易顺差大幅度增长，外汇储备也持续跳跃性地增加，已对中国宏观经济稳定运行构成了新的压力。

在中国进入加入世界贸易组织后的过渡期，全球经济失衡问题有了新的发展。为了同世界各国共同解决这一新的问题，中国政府负责任地对人民币汇率体制和外汇管理体制进行了重大改革。

2005年7月21日，中国政府宣布终止人民币对美元事实上的钉住制度，开始实行以市场供求为基础、参考一篮子货币进行调节、有管理的浮动汇率制度。

鉴于外汇资源已经实现由稀缺到相对充裕的飞跃，中国外汇管理从"宽进严出"开始转向"均衡管理"。

2008年，国家外汇管理局推出新外汇管理条例。在经常项目方面，新条例大大简化了经常项目外汇收支管理的内容和程序。其中，新条例取消了经常项目外汇收入强制结汇要求，经常项目外汇收入可按规定保留或者卖给金融机构等。新条例规定经常项目外汇支出须遵循付汇与购汇的管理规定，凭有效单证以自有外汇支付或者向金融机构购汇支付。为保证经常项目外汇收支具有真实、合法的交易基础，新条例要求办理外汇业务的金融机构应当对交易单证的真实性及其与外汇收支的一致性进行合理审查，同时规定外汇管理机关有权对此进行监督检查（监督检查可以通过核销、核注、非现场数据核对、现场检查等方式进行）。

事实上，对外汇管理的放松在几年前就已开始进行。2006年12月，中国人民银行发布《个人外汇管理办法》，对个人外汇管理政策进行了调整和改进。此次调整和改进的内容涉及四个方面。一是对个人结汇和境内个人购汇实行年度总额管理。数额在年度总额以内的，凭本人有效身份证件直接在银行办理；超过年度总额的，经常项目项下凭本人有效身份证件和有交易额的相关证明等材料在银行审核后办理，资本项目项下的交易须经必要的核准。二是对个人贸易外汇收支给予充分便利。从事货物进出口的个人对外贸易经营者可开立外汇结算账户，办理外汇资金收付。其中，办理对外贸易经营权登记备案的，可按机构的外汇收支进行管理；进行工商登记或者办理其他执业手续的，可委托具有对外贸易经营权的企业代理部分贸易项下外汇资金收付、划转及结汇。三是明确个人可进行的资本项目交易，规范相关外汇收支活动。四是不再区分现钞和现汇账户，对个人非经营性外汇收付统一通过外汇储蓄账户来进行管理，对外币现钞存取和携带的管理进行了规范。

在经常项目项下的外汇管理基本实现了从"强制结售汇"向"意愿结售汇"转变之时，中国资本项目的管理也进一步放松。2006年5月，中国人民银行发布公告（〔2006〕第5号），允许符合条件的银行集合境内机构和个人的人民币资金，在一定额度内购汇投资于境外固定收益类产品；允许符合条件的基金管理公司等证券经营机构在一定额度内集合境内机构和个人自有外汇，用于在境外进行包含股票在内的组合证券投资；允许符合条件的保险机构购汇投资于境外固定收益类产品及货币市场工具，购汇额按保险机构总资产的一定比例控制。这标志着中国合格境内机构投资者（QDII）制度正式启动。

2015年11月30日（北京时间12月1日凌晨1点左右），国际货币基金组织宣布，人民币满足了可广泛使用的标准，将人民币纳入 SDR 货币篮子。

虽然"入篮"本身不要求人民币资本项目可兑换和国际化,也不要求人民币汇率市场化,但"入篮"本就意味着中国政府对外做出的不断便利人民币在国际经济交易和外汇交易中使用的承诺,督促中国政府更加遵守市场规则、国际惯例。这意味着中国在人民币可兑换、国际化以及汇率形成市场化的方向、水平上不应该有明显的回撤。

因此,在制定和执行外汇管理政策时,政府层面应坚持两项基本原则。一是坚持改革开放,支持和推动金融市场的双向开放,进一步提升跨境贸易、投资的便利化水平,服务实体经济。二是坚持防范跨境资本流动风险,防止跨境资本无序流动对宏观经济和金融稳定带来冲击,维护外汇市场稳定,为改革开放创造良好的市场环境。基于上述两项原则,外汇管理政策应有下述几个基本内涵。

第一,"打开的窗户"不能再关上。中国外汇管理不会走回头路,不会再走到资本管制的老路上。20 世纪末,中国实现了经常项目完全可兑换。21 世纪初以来,资本项目可兑换程度逐步提高,直接投资项实现基本可兑换;通过通道开放的方式稳步推进证券投资项下可兑换,包括 QFII(合格境外机构投资者)、RQFII(人民币合格境外机构投资者)、QDII、RQDII(人民币合格境内机构投资者)、沪港通、深港通等。这些中国已经实现的开放政策不会取消。

第二,审慎有序地推动中国资本项目开放。2016 年,中国资本项目开放有很多亮点,包括实施全口径跨境融资宏观审慎管理;进一步开放和便利境外机构投资银行间债券市场、外汇市场;优化沪港通政策,启动深港通试点;深化合格境外机构投资者改革,弱化了额度限制及锁定期约束等。资本项目开放进程应与经济发展阶段、金融市场状况、金融稳定性相适应。改革不能仅仅有目标,更需要制定达成目标的策略。在不同时期要充分考虑内外部多重因素,找准资本项目开放重点、节奏、步骤等。

第三,构建跨境资本流动的宏观审慎管理和微观市场监管体系。具体措施包括:构建跨境资本流动宏观审慎管理,完善跨境资本流动的预警和响应机制,进一步丰富跨境资本流动的宏观审慎管理工具箱。加强外汇市场监管,在现行法律法规和外汇管理政策框架下开展市场监管和市场执法,严厉打击外汇市场的违法违规行为,维护中国法律法规和外汇管理政策的严肃性,维护健康、稳定、良性的外汇市场秩序。

第四,完善汇率形成机制,增强汇率弹性。过去一段时间,人民币汇率在双向波动中保持基本稳定,人民币对一篮子货币窄幅波动,人民币兑美元呈现有升有贬的双向波动。下一步要继续稳步推进人民币汇率形成机制改革,不断提高汇率政策的规则性、透明性,引导市场预期,保持人民币汇率在合理均衡水平下的基本稳定;同时,根据外汇市场供求关系的变化,进一步增强汇率弹性,保持汇率在调节国际收支平衡中的功能。

在全球经济失衡背景下,人民币汇率改革引起国际社会广泛关注。中国政府多次申明,人民币汇率改革必须坚持主动性、可控性和渐进性的原则。主动性，就是主要根据中国自身改革和发展的需要，决定汇率改革的方式、内容和时机，汇率改革要充分考虑对宏观经济稳定、经济增长和就业的影响；可控性，就是人民币汇率改革引起的各项变化要在宏观管理上能够控制得住，既要推进改革，又不能对宏观经济失去控制，避免出现金融市场动荡和大的经济波动；渐进性，就是根据市场变化，充分考虑各方面的承受能力，有步骤地推进改革。迄今为止，中国的汇率改革依然遵循这些原则。

睿视角

从人民币汇率改革见证共和国经济巨变

文 / 管涛（中银国际证券全球首席经济学家、国家外汇管理局国际收支司原司长）

编辑 / 袁满

以开放促改革促发展是中国大地发生历史巨变的强大动力。人民币汇率市场化既是中国经济改革也是开放的重要内容。人民币从红色货币走向国际货币的过程，正是人民币由固定汇率走向弹性汇率、由官定汇率走向市场决定、由弱势货币走向世界新兴强势货币的过程。

人民币遍历主要汇率安排

计划经济时期，人民币汇率制度与国际货币体系演变相一致。1973年之前，在"双挂钩"的布雷顿森林体系下，中国也实行钉住汇率安排。只是出于外交原因，当时人民币钉住了英镑而非美元。布雷顿森林体系解体后，西方纷纷由固定汇率转向浮动汇率制度。1973年起，人民币汇率也由钉住单一货币转向钉住一篮子货币。

1978年，中国实行改革开放，步入经济转轨时期。1979年，为调动企业和地方政府出口创汇的积极性，国务院允许其留有一定比例的外汇。在外汇留成基础上，外汇调剂业务逐渐发展，产生外汇调剂价格，进而形成了官方汇率与外汇调剂市场汇率并存的双重汇率制度。

在双重汇率制度下，人民币官方汇率经历了从固定到有管理的浮动的演变。其中，1981年初至1984年底，官方汇率实行了贸易外汇内部结算价与非贸易外汇结算价（又称挂牌汇率）并存的"双重汇率制"。1985年1月1日起，取消内部结算价，恢复单一钉住汇率制。1991年4月起实施有管理的浮动，对人民币官方汇率进行适时适度、机动灵活、有升有降的浮动调整，改变了以往阶段性大幅度调整汇率的做法。

外汇调剂市场汇率则走得更远。在打破外汇统收统支，实行外汇留成与上缴制度的基础上，1980年起，中国逐步发展外汇调剂业务，并于1985年在深圳成立了第一家外汇调剂中心。起初，对外汇调剂价格有限价，由地方外汇局在挂牌汇率的基础上加价10%撮合交易。自1988年4月在上海成立第一家外汇调剂公开市场起，中国陆续在全国主要城市建立了外汇调剂的公开市场交易，取消了外汇调剂限价，允许公开竞价、随行就市，外汇调剂市场汇率自由浮动。1993年2月，受经济过热影响，人民币贬值压力较大，官方对调剂市场重新限价。1993年7月，国家实施宏观调控，整顿财政金融秩序，首次以抛售外汇储备的方式平抑供求、稳定汇率，并重新放开调剂市场限价。

市场经济时期，作为财税金融体制改革的重要组成部分，外汇管理体制也进行了一系列重大改革。1994年初，人民币官方汇率与外汇调剂市场汇率并轨，开始实行以市场供求为基础的有管理的浮动汇率制度至今。制度是相对稳定的，政策是相对灵活的。广义的汇率选择包括汇率制度安排和汇率政策操作。自1994年并轨以来，中国在有管理的浮动汇率制度框架下，于不同时期采取了不同的汇率政策。

2015年"8·11"汇改之前，通常在外汇形势好的时候，人民币汇率小步快走、渐进升值；在形势差的时候，人民币不贬值（比如1998年亚洲金融危机期间）或主动收窄波幅（如2008年全球金融危机期间）。这导致在"8·11"汇改之前，与并轨之初相比，人民币汇率持续20多年的单边升值累计升幅多于40%。

"8·11"汇改之后，人民币汇率坚持参考一篮子货币调节。汇改之初，人民币汇率意外走弱，恰逢国内经济下行、股市异动，外部美元走强，触发了市场对外资产负债的集中调整，酿成"汇率贬值—资本外流—储备下降—汇率贬值"的恶性循环。2018年，中美经贸摩擦升级，进一步延长了这轮调整。直至2019年8月，第四次跌至7元人民币兑1美元附近，人民币汇率"破7"。到2020年5月底，受新冠肺炎疫情等因素影响，人民币汇率跌至7.20元人民币兑1美元附近，创下了12年来的新低。

自 2020 年 6 月起，人民币汇率震荡升值，到 2021 年 5 月底重新升到"6.30 时代"，创下近三年的新高。2020 年底，中央经济工作会议公报重提"保持人民币汇率在合理均衡水平上的基本稳定"。2021 年 5 月底，央行多次重申人民币汇率维稳的政策不变，坚持人民币有管理的浮动汇率制度不变。

关于最优汇率选择（包括汇率制度和汇率政策）的国际共识是，没有一种汇率安排适合所有国家以及一个国家所有时期。自新中国成立以来，人民币汇率制度安排和政策操作是这一共识的生动写照。从发展趋势来看，人民币汇率制度越来越具有弹性，汇率政策也越来越灵活。

由官定汇率转向市场决定

计划经济时期，中国实行高度集中的外汇管理体制，外贸由国家统一经营，外汇收支实行指令性计划管理，一切外汇收入必须卖给国家，用汇由国家按计划分配。配合外汇数量控制，人民币汇率也由官方制定。在此背景下，人民币汇率不论钉住单一货币还是一篮子货币，汇率水平都不反映实际供求，也就无法起到外汇资源配置的价格杠杆作用，仅作为计划核算工具。尤其后期在参考一篮子货币确定人民币汇价时，汇率水平采取了"中间偏上"的方针，导致人民币汇率逐渐高估。

经济转轨时期，中国实行计划分配与市场调节相结合的外汇管理双轨制，相应地，实行人民币官方汇率与外汇调剂市场汇率并存的双重汇率制度（其中计划分配使用官方汇率，市场调节使用调剂价格）。到 1993 年底，随着外汇留成比重不断提高，使用外汇调剂市场汇率的外汇收支活动占比达到 80%，只有 20% 的外汇收支活动仍然使用官方汇率计划分配。

需要指出的是，这一时期人民币官方汇率的有管理的浮动仍是官方通过某种算法确定的汇率，而非市场交易形成的价格，与 1994 年汇率并轨之后的有管理的浮动有天壤之别。

1993 年底，十四届三中全会通过《中共中央关于建立社会主义市场经济体制若干问题的决定》，明确要求"改革外汇管理体制，建立以市场供求为基础的有管理的浮动汇率制度和统一规范的外汇市场。逐步使人民币成为可兑换的货币"。

1994 年初汇率并轨，在确立以市场供求为基础的有管理的浮动汇率制度后，政府按照主动、渐进、可控的"三性"原则，配合人民币可兑换、国际化与资本项目开放进度，不断提高人民币汇率形成的市场化水平，加快培育和发展国内外汇市场。特别是 2005 年"7·21"汇改以来，人民币汇率总体上呈现单边升值走势，并伴随着人民币多边汇率升值。到 2015 年 7 月底，人民币汇率较"7·21"汇改前夕累计升值 35%，国际清算银行编制的人民币名义和实际有效汇率分别升值 46% 和 57%。这表明"7·21"汇改后，参考篮子并非钉住篮子，外汇供求关系决定了人民币汇率走势。

到 2015 年 7 月底，中国外汇储备余额 3.65 万亿美元，尽管比 2014 年 6 月底峰值低了 3 419 亿美元，却仍远高于 2006 年底的 1.07 万亿美元。而 2006 年底，中央经济工作会议就做出了中国国际收支主要矛盾已经从外汇短缺转为贸易顺差过大、外汇储备增长过快的重要判断，提出要把促进国际收支平衡作为保持宏观经济稳定的重要任务。

2015 年 "8·11" 汇改之初，人民币遭遇阶段性贬值压力。人民币汇率三次跌到 7 比 1 附近、遇 "7" 不过后，第四次于 2019 年 8 月 "破 7"。此次 "破 7" 不只是人民币贬值，还打开了汇率可上可下的空间，提高了汇率形成的市场化程度。因此，虽然 "破 7" 不涉及中间价报价机制和汇率浮动区间的调整，却仍被称为 "不叫改革的改革"。

2017 年，人民币汇率和外汇储备止跌回升，遏制了人民币汇率单边下跌走势。自 2018 年起，人民币汇率双向波动、预期分化，央行基本退出了外汇市场常态干预。

这提高了国内货币政策的独立性。2018 年，在国内经济下行、中美贸易摩擦升级的背景下，中国顶住美联储四次加息并缩表的压力，三次降准，引导市场利率走低，虽然当年年底人民币汇率再次跌到 7 附近。

这降低了对资本外汇管制手段的依赖。此后，不论人民币升值还是贬值，都是外汇供求和国际金融市场变化的结果而非政策目标。

有关部门基本恪守了中性汇率政策，除了根据外汇形势发展变化，退出或重启部分跨境资本流动管理的宏观审慎措施外，没有采取新的资本外汇管制措施,相反还适时取消了QFII、RQFII额度限制,提高了QDII、QDLP(合格境内有限合伙人)审批额度。这促进了国际收支和外汇收支的自主平衡,加速了贸易投资便利化,增强了外国投资者信心,推进了人民币国际化进程。

人民币"破7"之后不久,2020年受新冠肺炎疫情冲击、国际金融动荡、世界经济停摆、大国政治博弈等因素影响,人民币汇率呈现先抑后扬的走势。到2021年5月底,较2020年5月底累计上涨12%,人民币持续升值已经一整年。

人民币汇率改革,机制比水平更重要。人民币汇改的历史就是一部中国经济市场化、国际化的历史。从1994年汇率并轨以来,人民币有管理的浮动汇率制度安排经历了各种极端事件的考验。特别是在"破7"之后,人民币汇率双向波动成为吸收内外部冲击的减震器。这雄辩地证明,有管理的浮动是符合中国国情的汇率选择。

由弱势货币变为强势货币

计划经济时期,人民币汇率作为核算工具而非价格杠杆,其制定与进出口脱节,后期逐渐形成了高估。在改革开放以来的经济转轨时期,直到1994年汇率并轨前夕,人民币长期是一个弱势货币。官方汇率从初期的1.50元人民币兑1美元,到1993年底跌至5.80元人民币兑1美元。1994年初,汇率并轨到了8.70

元人民币兑 1 美元的水平。故 1994 年之前，人民币呈现螺旋式贬值，市场看空人民币的情绪强烈。当时，外汇是稀缺资源，连持有外汇兑换券都成为身份的象征。

1994 年并轨之初，市场主流观点认为人民币将"破九望十"。然而，并轨当年，人民币汇率不仅没有贬值反而升值 2.9%，外汇储备还翻了一番。到 1997 年底，人民币汇率稳中趋升，累计升值 5.1%，外汇储备突破 1 000 亿美元。其间，人民币也实现了从 1994 年之前完全不可兑换，到 1994 年初经常项目有条件可兑换，再到 1996 年底经常项目完全可兑换的飞跃。

1997 年 7 月，泰铢失守引爆东南亚货币危机，到年底逐渐演变成席卷全球新兴市场的亚洲金融危机。中国重现资本外流、汇率贬值压力。

1998 年初，中国政府一方面实施积极的财政货币政策，扩内需、保增长，另一方面对外承诺人民币不贬值，同时还要求增加外汇储备。因此，在坚持经常项目可兑换原则下，强化经常项目用汇真实性审核，收紧资本项目购汇限制，加大外汇立法执法力度，成功兑现了人民币不贬值承诺。

亚洲金融危机期间，人民币汇率基本稳定在 8.28 元人民币兑 1 美元的水平，1998 年至 2000 年间，外汇储备不降反增 257 亿美元。直至 2005 年"7·21"汇改一次性升值 2%，政府开始实行以市场供求为基础的、参考一篮子货币调节的、有管理的浮动汇率制度。危机时期，人民币不贬值防止了危机进一步传染，不仅支持了中国经济金融稳定，也维护了亚洲乃至世界的经济金融稳定，赢得了国际上的广泛好评，奠定了人民币新兴世界强势货币的地位。危机之后，人民币在周边国家和地区的流通和使用增加，成为人民币国际化的萌芽。

值得指出的是，改革开放以来，直至1994年之前，官方汇率的制定和发布的主要依据都是国内企业的出口换汇成本。受企业的道德风险和逆向选择的影响，官方汇率的调整往往滞后于换汇成本，因此无论采用何种汇率制度安排，人民币官方汇率均呈现出螺旋式贬值，人民币汇率的弱势特征明显。相反，尽管1994年之前中国外汇总体短缺，但在自由浮动时期，外汇调剂市场仍呈现有涨有跌的震荡走势。

汇率并轨特别是2005年"7·21"汇改至2015年"8·11"汇改之前，人民币汇率总体上呈现单边升值走势。在2008年底，美国次贷危机演变成全球金融危机时，中国遭遇了短暂的资本外流压力，并主动收窄了人民币汇率波幅，再度体现了负责任的大国风范。2009年底，中国试行跨境贸易人民币计价结算，宣告人民币国际化正式启航。

每逢人民币升值，经常会遭遇各种争议，如升值令出口部门承压、升值吸引热钱流入等等。"7·21"汇改前夕，曾有人预测，如果人民币升值5%以上，国内出口行业将崩溃。但实际上，"7·21"汇改之后，人民币最多升值了40%，中国出口不仅没有崩盘，反而做成了全球第一，经常账户顺差与GDP之比最高达到10%。

为阻止人民币汇率过快升值，在2014年之前，政府还采取了"控流入、扩流出"的措施。过去求之若渴的外汇流入,尤其是热钱流入,一度成为监管的重点,由"宽进严出"转向"均衡管理"的跨境资本动态管理框架逐步建立。

正因为坚持市场化的汇率改革方向,才使"扩内需、调结构、减顺差、促平衡"的一揽子政策取得积极成效,促进了经济内外均衡协调发展。现在,中国经常账户顺差与GDP之比已降至2%以内,低于4%的国际警戒标准。从2016年起,国际货币基金组织就评估人民币汇率水平符合经济中长期基本面,既没有高估,也没有低估。这有力地回击了中国是"货币操纵国"的不实指责。

经济强是强势货币的内在基础。过去20多年来人民币由弱变强的历史,正是中国经济实力和国际影响力逐步变强的历史。这也是亚洲金融危机和全球金融危机期间,做空人民币无功而返的重要原因。2020年6月以来人民币汇率震荡走高,也是疫情防控好、经济复苏快、中美利差大、美元走势弱等多重利好共振的结果。同时,以强势人民币为标志的汇改成功,增添了我们取消经常项目外汇收入强制结汇要求,实施个人年度便利化购售汇总额管理,有序推动金融双向开放,稳慎推进人民币国际化的决心和勇气。

第四章

国际化闯关：
人民币的新征程

改革开放及始于20世纪80年代的金融转轨，为人民币国际化扫除了最初的障碍。但要真正成为国际货币，人民币不仅要依托中国经济实力的提升，还要及时抓住契机。其间不同阶段的跌宕起伏在所难免。

对于一些多年从事港口工作的人来讲，他们很难忘记那样一个事件：2008年底至2009年初，有一些进出口货物滞留在港口，特别是南美洲的巴西、阿根廷等地，货物滞留，无法处理。沉淀多年，这一港口事件依然牵动诸多金融界人士的记忆窗口。中国人民银行前行长周小川此前在一个论坛上的发言环节中再次提及该事件，他直言其实货物没有什么问题，而是美元流动性出现了问题。

2007—2009年，全球金融危机蔓延。这场由次级房屋信贷引发的危机，导致投资者对按揭证券的价值失去信心，进而导致美元流动性危机。

全球金融界开始质疑美元单极货币体系，进而思考什么样的国际货币体系可以促进世界经济稳定发展。

与此同时，自2001年加入世界贸易组织的中国，已经成为世界经济稳定增长的中坚力量，对世界GDP增量的贡献率从2003年的4.6%，跃升至2009年的14.5%，成为全球第二大经济体。

另一份惊人的数据显示，2000—2009年，中国对世界经济的累计贡献率已经超过20%，高于美国，位列世界第一。

2009年，以双边跨境贸易结算为突破口，中国启动人民币国际化。搭建跨境结算与离岸市场、人民币入篮、汇率定价核心机制改革……10多年间，人民币国际化每一步都有条不紊且掷地有声。

据不完全统计，目前，全球已有70多个央行或货币当局将人民币纳入外汇储备；另外，环球银行金融电信协会（SWIFT）发布的数据显示，2020年6月，在基于金额统计的全球支付货币排名中，人民币升至第五位，占比为1.76%。

一、搭建跨境结算与离岸市场

在人民币国际化启动之初，跨境结算与离岸市场发挥了非常重要的探路作用，成为后续人民币国际化提速极其关键的两大重要支撑点。

2008年全球金融危机之前，没有人能够预料人民币国际化的步伐会如此之快。2009年7月，中国人民银行印发了《跨境贸易人民币结算试点管理办法实施细则》，上海等5个境内城市率先启动跨境贸易人民币结算试点。这一年被称为人民币国际化的启动之年。

之所以将跨境结算作为突破口，与中国当时在全球贸易中的地位颇为有关。2009年，在全球金融危机冲击之下，中国成为主要经济体中唯一进口呈现增长的国家，当年进口量增长2.8%。

此外，在全球贸易下降12.9%的情况下，中国进口值仍然超过1万亿美元，中国成为世界第二大进口国，为全球经济复苏做出了重要贡献。

跨境贸易人民币结算试点的启动，反映了当时实体经济对人民币结算的现实需求。在此之前，在与欧美贸易国之外的国家进行货物贸易时，采用第三方货币进行结算的比重超过了90%。

所以，这项试点（跨境人民币结算）在当时不仅加速了人民币国际化的进程，也提高了中国在国际货币和金融实务中的地位。事后来看，当时境外企业选择人民币作为结算币种，主要出于两点考虑：一是人民币未来具有广泛的可接触性；二是中国经济体制下人民币的币值稳定，且具有一定的升值空间。

尽管人民币国际化伴随跨境结算试点启动，但是跨境人民币结算业务却可向前追溯久远。早在新中国成立之初，跨境人民币结算业务就曾一度发展，1949年至1976年间，全球就有超过100个国家使用人民币进行计价结算。

遗憾之处在于，跨境人民币结算业务在1976年之后曾一度中止。对于这种变化，《人民币国际化视角下跨境人民币结算影响因素分析》一文给出的分析是，国际政治局势紧张，各个国家开始限制中国外汇开放程度，人民币跨境结算业务一度中止。

1978年12月，十一届三中全会召开，中国开始实行对内改革、对外开放的政策。在改革开放政策推动下，国内外形势均发生变化。1992年9月，国家出台《关于促进中国边境贸易发展的有关外汇管理规定》，人民币跨境结算业务再次在中国经济发展的舞台上拉开了帷幕，人民币跨境支付结算区域性试水工作再次打开。

2008年金融危机席卷全球，中国为了规避汇率风险，大幅推动人民币国际化。在此背景下，跨境贸易人民币结算试点逐渐从区域向全国拓展。

2009年，国务院常务会议决定，在上海、广州、深圳、珠海以及东莞5个城市开展跨境贸易人民币结算试点，以此应对全球金融危机，保持对外贸易平稳增长，促进贸易便利化，稳步推进人民币区域化和国际化。

试点启动不足两年，继2010年6月跨境贸易人民币结算试点扩大到北京等20个省（市、自治区）后，2011年3月，中国人民银行在北京召开了"跨境人民币业务暨有关监测分析工作会议"。

上述会议部署了2011年推动跨境人民币业务的四项工作：

一是继续扩大跨境贸易人民币结算试点。在总结试点经验的基础上，完善相关制度，力争将试点扩大至全国范围。

二是稳步扩大人民币在跨境投融资中的作用。实施好跨境对外直接投资人民币结算试点，继续开展外商直接投资（FDI）境外项目人民币融资等个案试点，积极研究外商直接投资人民币结算试点、人民币对外负债等问题。

三是有序拓宽人民币回流渠道。继续落实境外相关机构投资银行间债券市场工作，积极回应境外货币当局将人民币纳入其外汇储备的需求。

四是继续扩大本币互换和本币结算协议的签订，落实已签署的货币互换协议和本币结算协议，鼓励互换资金用于贸易投资。

2011年8月，中国人民银行等多个部委联合发布《关于扩大跨境贸易人民币结算地区的通知》，跨境贸易人民币结算境内地域范围逐步扩大至全国，业务范围也从货物贸易一项扩展到全部经常项目。

随着跨境贸易人民币结算试点的深入开展，境内机构使用人民币到境外直接投资的需求日益强烈。2010年10月，党的十七届五中全会通过的"十二五"规划建议明确要求"扩大人民币在跨境贸易和投资中的作用"。同年，中国人民银行开展了人民币境外直接投资个案试点，并于2011年1月制定了《境外直接投资人民币结算试点管理办法》。之后，人民币境外直接投资范围也逐步扩大至全国。

在一系列业务推动基础上，2012年4月，中国人民银行开始筹建属于自己的人民币跨境支付系统（Cross-border Interbank Payment System，以下简称CIPS）。2015年9月8日，CIPS的运营机构——跨境银行间支付清算有限责任公司在上海成立，其为中国人民银行清算总中心全资控股子公司。

2015年10月8日上午，CIPS正式启动。2018年3月26日，CIPS（二期）成功投产试运行，并实现对全球各时区金融市场全覆盖，支持全球支付与金融市场业务，满足全球用户的人民币业务需求。

作为中国重要的金融市场基础设施，CIPS 在助力人民币国际化等方面发挥了重要的作用。截至 2019 年末，CIPS 共有 33 家直接参与者，903 家间接参与者，分别较上线初期增长 74% 和 413%，覆盖全球 6 大洲 94 个国家和地区；CIPS 业务实际覆盖 167 个国家和地区的 3 000 多家银行法人机构。2019 年，人民币跨境支付系统处理业务 188 万笔，金额 34 万亿元，日均处理业务 7 537 笔，金额 1 357 亿元。跨境贸易人民币结算情况及主要国际货币使用情况对比分别如图 4-1、表 4-1 所示。

最新的数据显示，截至 2022 年 1 月末，共有 1 280 家参与者，其中直接参与者 75 家，间接参与者 1 205 家，覆盖全球 103 个国家和地区。

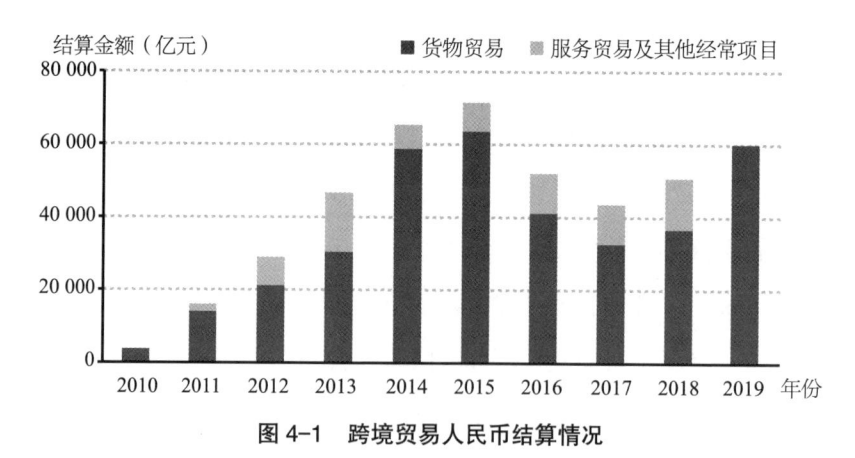

图 4-1 跨境贸易人民币结算情况

资料来源：中国银行研究院《人民币国际化观察》2020 年第 9 期：《疫情冲击下人民币国际化的挑战与建议——人民币国际化回顾与展望（2020）》。

表 4-1 主要国际货币使用情况对比

单位：%

主要国际货币	国际支付		外汇交易		国际债券		外汇储备	
	2012.01	2020.03	2007	2019	2008Q1	2019Q4	2008Q1	2019Q4
美元	29.73	44.10	85.6	88.3	29.24	46.57	62.95	60.89
欧元	44.04	30.84	37.0	32.3	49.58	38.00	26.53	20.54
日元	2.48	3.98	17.2	21.6	3.59	1.78	3.37	5.70
英镑	9.00	6.41	16.5	12.8	9.67	8.30	4.81	4.62
人民币	0.25	1.85	0.5	4.3	0.03	0.38	—	1.96

资料来源：中国银行研究院《人民币国际化观察》2020 年第 9 期：《疫情冲击下人民币国际化的挑战与建议——人民币国际化回顾与展望（2020）》。

伴随人民币跨境结算业务的发展，离岸市场的发展需求陡然提升，香港则一度扮演了舍我其谁的角色。

2010 年 9 月，人民币汇率一改 6 月以来的双向平稳波动，突起波澜，一连 8 个交易日创下汇率新高，两度突破 6.7 大关。至 9 月 29 日，人民币兑美元报收 6.693 6，相当于年化升幅 6.5%。在那一时间点，无论是作为国际贸易的汇兑避险市场，还是作为人民币升值压力的缓释区，香港作为人民币离岸市场的作用均陡然凸显。为什么是香港？根据 2010 年伦敦金融城公布的全球金融中心指标排名，纽约和伦敦并列首位，香港名列第三。而加快跨境贸易人民币结算试点也在一定程度上加速了香港成为人民币离岸中心。时任香港金融管理局（以下简称"金管局"）总裁陈德霖当时的看法是，人民币离岸市场的建设无法量化，建设过程不是那么简单。当务之急，他认为香港的人民币存量资金池"肯定要加大，因为如果没有规模，很多金融中介活动很难展开"。

从 2010 年 7 月至 8 月，央行先与中银香港签署修订后的《香港银行人民币业务的清算协议》，后发布了《关于境外人民币清算行等三类机构运用人民币投资银行间债券市场试点有关事宜的通知》。这两个文件对于打开香港离岸人民币产品空间、促进人民币资金回流机制的形成发挥了重要的作用。

在启动人民币国际化初期，中国社会科学院金融研究所副所长张明等学者高度关注这一课题，并提出学术总结，认为中国央行主要沿着两条路径来推进人民币国际化：一是推进人民币在跨境贸易投资中的结算；二是促进离岸人民币金融市场的发展。

不过，对于境外流通的人民币，此前也有文章明确指出，目前还缺乏充足且多样的渠道用于投资人民币资产。尽管过去大力推动离岸人民币金融中心建设，但在香港等地的调研结果显示，提供给境外投资者的人民币资产在规模、种类、流动性等方面都与其他国际货币存在差距。金融基础设施建设尽管在近年来不断加快，但仍存在总量不足、分布不均衡等问题，难以充分满足境外人民币结算清算的需求。

另外，离岸金融市场主要为境内流向境外的人民币资产提供投融资渠道，但人民币回流却缺乏有效途径。一些学者认为，这种现象是在岸金融市场的开放不足造成的。长期以来，国内资本项目尚未完全开放，境外投资者参与国内金融市场、外资持股境内金融机构仍有国家范围、额度和严格的比例限制。只注重离岸市场建设而忽视在岸金融市场开放，阻碍了人民币形成境内外顺畅的循环机制。图 4-2、图 4-3 分别为人民币离岸与在岸交易占比

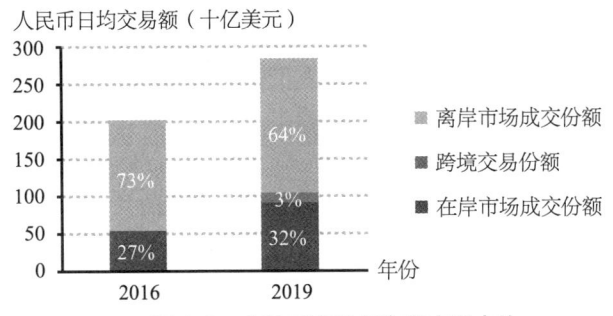

图 4-2 人民币离岸与在岸交易占比

资料来源：中国银行研究院《人民币国际化观察》2020 年第 3 期（总第 81 期）：《全球外汇交易最新进展与人民币外汇交易发展方向》。

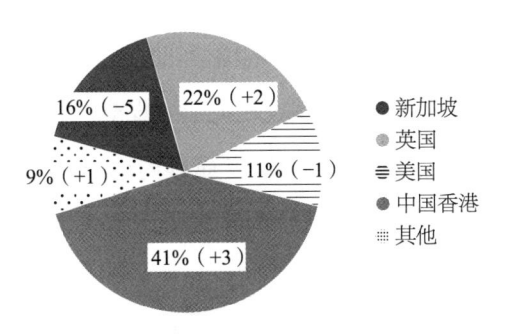

图 4-3 中国内地以外人民币离岸交易中心业务占比

资料来源：中国银行研究院《人民币国际化观察》2020 年第 3 期（总第 81 期）：《全球外汇交易最新进展与人民币外汇交易发展方向》。

及中国内地以外人民币离岸交易中心业务占比情况。

值得欣慰的是，相关部门一直在着力推进市场互联互通，不断扩大港澳投资者投资内地资本和债券市场的渠道，并于 2021 年 9 月推动了"跨境理财通"和内地与香港债券市场互联互通南向合作（以下简称"南向通"）项目进展。

2021 年 9 月 9 日下午，中国人民银行副行长、国家外汇管理局局长潘功胜在国务院新闻办新闻发布会上明确提出"跨境理财通"和债券"南向通"项目临近启动。

2021年9月10日,在中国人民银行的统筹指导下,由中国人民银行广州分行、深圳市中心支行牵头,广东、深圳银保监局、证监局共同参与起草的《粤港澳大湾区"跨境理财通"业务试点实施细则》正式发布,拉开了粤港澳大湾区居民个人跨境购买理财产品的序幕。其中,多项制度设计有效帮助内地投资者把控风险。

2021年9月15日下午,中国人民银行联合金管局发布公告,决定同意开展"南向通",并于9月24日上线。同时,央行向相关机构下发《关于开展内地与香港债券市场互联互通南向合作的通知》,对"南向通"上线时间及相关业务规范进行明确。

"南向通"是指内地机构投资者通过内地与香港基础服务机构连接,投资于香港债券市场的机制安排,是内地与香港债券市场互联互通机制"债券通"的一部分。

从政策层面来看,"南向通"没有突破内地与香港现行政策框架,主要是通过加强内地与香港债券市场基础服务机构合作,为内地机构投资者"走出去"配置债券提供便捷通道。"南向通"的可投资范围是在境外发行并在香港市场交易流通的债券。对于当时开通"南向通"的考虑因素主要包括两个方面:一是有利于完善中国债券市场双向开放的制度安排,进一步拓展国内投资者在国际金融市场配置资产的空间;二是有利于巩固香港连接内地与世界市场的桥头堡和枢纽地位,助力香港融入国家发展大局,维护香港的长期繁荣稳定。

作为"债券通"发展进程中的一个重要里程碑,"南向通"标志着内地资本账户对外开放又迈出重要一步，亦为在岸金融市场开放做了非常重要的铺垫。

值得注意的是，在推进人民币国际化过程中，为了帮助其他国家获得额外的人民币以满足市场需求，中国央行自2009年启动人民币国际化之际，即与越来越多的央行签署了双边本币互换协议。

2008年12月，中国央行和韩国银行签订了260亿美元（按当时汇率约合1 800亿元人民币或38万亿韩元）货币互换协议。继而，中国央行陆续和39个国家或地区的中央银行或货币当局签署了双边本币互换协议，截至2019年末，总金额超过3.7万亿元人民币（见图4-4）。

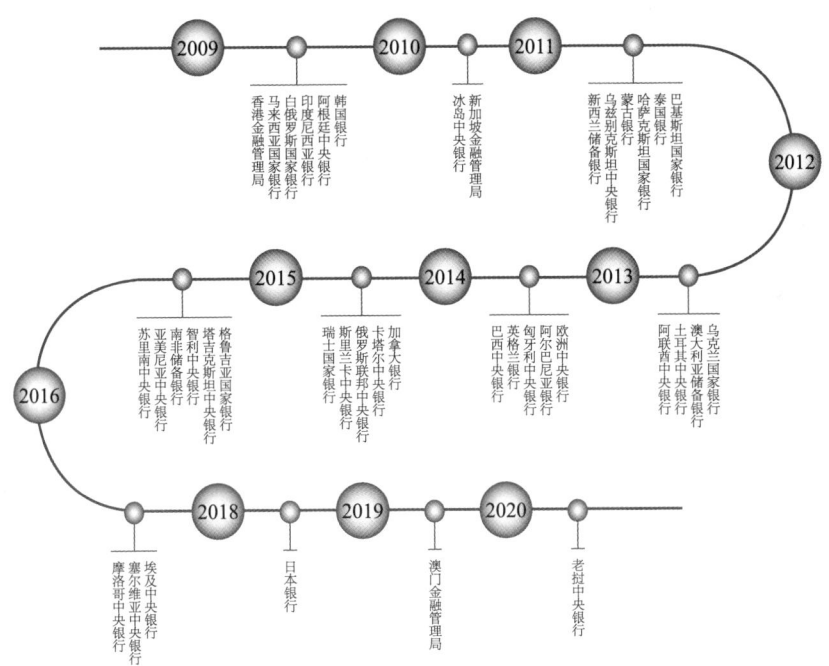

图4-4　与中国人民银行签订双边本币互换协议的国家或地区的中央银行或货币当局

注：截至2019年末，中国人民银行共与39个国家或地区的中央银行或货币当局签署了双边本币互换协议，主要包括发达经济体、新兴经济体以及主要离岸人民币市场所在地，总金额超过3.7万亿元人民币。

资料来源：《人民币国际化报告2020》，《财经》记者唐郡根据公开资料整理。

二、人民币入篮：跻身储备货币

在搭建跨境结算与离岸市场等一系列政策推动之下，人民币国际化步伐明显加快，并在 2015 年达到高点。2010 年至 2015 年的这个时间段被认为是人民币国际化发展的第一个小周期。

在第一个小周期收尾之年，人民币各项数据快速增长：人民币跨境贸易规模超过 7 万亿元，较 2010 年增长达 13 倍；人民币在跨境直接投资中的结算规模超过 2 万亿元，较 2010 年增长超过 80 倍；人民币在国际跨境结算的市场份额接近 2.8%，国际排名也一举进入前五，较之前提升了几十名。

香港离岸人民币中心也得到快速发展，其人民币存款规模从 2009 年的 600 多亿元，增长至 2014 年的超过万亿元，贷款规模从 2011 年的 300 亿元增长至 2016 年的 3 000 亿元，开展人民币业务的金融机构数量也从 2009 年的 60 家，增加至 2015 年 7 月的 147 家。

此外，以人民币计价的离岸金融产品也逐渐丰富，离岸人民币债券市场发展尤为迅速：海外新发人民币债券规模在 2009 年达 160 亿元，在 2014 年这一数据最高点接近 3 800 亿元。

人民币国际化步伐在这个时期之所以提速，是因为全球金融危机之后全球对新货币体系重塑的期待。2008 年的金融危机让全球达成了一个共识：稳定、有效的国际货币体系是世界经济持续健康发展的重要保障。

1976 年的《牙买加协定》和 IMF 章程第二次修正案宣布了布

雷顿森林体系（以美元为中心的国际货币体系）的终结，开启了现行国际货币体系的开端。不过，在全球金融危机爆发之前，牙买加体系就暴露了一定的自身缺陷，其货币体系功能已经不能完全适应全球政治经济的发展需求。

这种局限性主要体现在三个方面：本位机制受美国经济和美元信用影响，基础不稳定、不牢固；多种汇率制度并存加剧了汇率体系运行的复杂性，汇率波动和汇率战不断爆发，助长了国际金融投机活动，金融危机风险大增；国际收支调节机制在多样化的同时，也暴露出不健全的一面。

除了金融危机因素，新兴市场的崛起也在推动全球货币体系调整。世界银行等机构的研究报告显示，2007年中国对全球经济增长的贡献首次超过美国，全球经济增长的50%来自中国、印度和俄罗斯，整个新兴市场对世界经济增长的贡献已经超过60%。

在那一时点，中国部分周边地区居民已把人民币作为交易媒介和国际清算手段而大量使用。当时的大部分学者认为，其基础在于中国经济强劲稳定的增长，以及由经济实力带来的人民币的稳定和坚挺。

让全球开始对当时的货币体系痛定思痛的导火索，依然是全球金融危机的爆发。2009年3月，周小川在《关于改革国际货币体系的思考》一文中写道，SDR的存在为国际货币体系改革提供了一线希望。

周小川写道，创造一种与主权国家脱钩并能保持币值长期稳定的国际储备货币，从而避免主权信用货币作为储备货币的内在缺陷，是国际货币体系改革的理想目标。超主权储备货币的主张虽然由来已久，但至今没有实质性进展。20 世纪 40 年代，凯恩斯就曾提出采用 30 种有代表性的商品作为定值基础建立国际货币单位"Bancor"的设想。遗憾的是凯恩斯的设想未能实施。其后以怀特方案为基础的布雷顿森林体系的崩溃，显示凯恩斯的方案可能更有远见。

早在布雷顿森林体系的缺陷暴露之初，IMF 就于 1969 年创设了 SDR，以缓解主权货币作为储备货币的内在风险。在具体操作上，持有 SDR 的国家可以用分配的 SDR 配额向 IMF 指定的其他成员国换取外汇，用以偿付国际收支逆差或偿还 IMF 的贷款并支付利息。SDR 的特殊性体现在其与黄金和美元一样充当国际储备。

遗憾的是，由于分配机制和使用范围上的限制，SDR 的作用至今没能得到充分发挥。"超主权储备货币不仅克服了主权信用货币的内在风险，也为调节全球流动性提供了可能。"

此外，周小川在《关于改革国际货币体系的思考》一文中进一步指出，由一个全球性机构管理的国际储备货币将使全球流动性的创造和调控成为可能。当一国主权货币不再作为全球贸易的尺度和参照基准时，该国汇率政策对失衡的调节效果会大大增强。这些措施能极大地降低未来发生危机的风险，增强危机处理能力。

周小川呼吁，改革应从大处着眼、小处着手、循序渐进、寻求共赢。重建具有稳定的定值基准并为各国所接受的新储备货币，可能是长期内才能实现的目标。而建立凯恩斯设想的国际货币单位更是人类的大胆设想，需要各国政治家拿出超凡的远见和勇气。在短期内，国际社会特别是 IMF 至少应当承认并正视现行体制所造成的风险，对其不断监测、评估并及时预警。

改革同时还应考虑充分发挥 SDR 的作用。SDR 具有超主权储备货币的特征和潜力。它的扩大发行有利于 IMF 克服在经费、话语权和代表权改革方面所面临的困难。因此，IMF 应当着力推动 SDR 的分配。这需要各成员国政治上的积极配合，特别是应尽快通过 1997 年第四次章程修订及相应的 SDR 分配决议，以使 1981 年后加入的成员国也能享受到 SDR 的好处。在此基础上，IMF 考虑进一步扩大 SDR 的发行。在周小川看来，SDR 的使用范围需要拓宽，从而能真正满足各国对储备货币的要求。

不过，在人民币加入 SDR 之前的多年内，SDR 普遍分配只进行了三次：第一次分配总额为 93 亿单位 SDR，在 1970—1972 年拨付；第二次分配为 121 亿单位 SDR，在 1979—1981 年拨付；2009 年 8 月 28 日进行了第三次分配，为 1 612 亿单位 SDR。另外，《国际货币基金组织协定》的第四次修订于 2009 年 8 月 10 日生效。根据这次修订，进行了 SDR 的特别一次性分配，数额为 215 亿单位 SDR（2004 年 6 月 19 日，1SDR 的价值为 1.462 21 美元）。

2015 年 11 月 30 日，IMF 执董会决定将人民币纳入 SDR 货币篮子，SDR 货币篮子相应扩大至美元、欧元、人民币、日元、英镑 5 种货币。人民币在 SDR 货币篮子中的权重为 10.92%，美元、欧元、日元和英镑的权重分别为 41.73%、30.93%、8.33% 和 8.09%。新的 SDR 篮子于次年 10 月 1 日生效，这是人民币国际化启动以来具有里程碑意义的进展。

在此之前，渣打银行估算，若人民币加入 SDR，2020 年前各国或净增 6.2 万亿元（约 1 万亿美元）的在岸中国国债；全球 11.6 万亿美元外汇储备中，有 10% 将被转化成人民币资产。

人民币加入 SDR，举国欢庆。2015 年 12 月 1 日上午，中国人民银行举办人民币加入 SDR 吹风会，数十家中外媒体参会报道。时任中国人民银行副行长、国家外汇管理局局长易纲在会上用"喜悦、平静、谦虚"6 个字来形容他当时的心情。

作为一个里程碑式的事件，人民币加入 SDR 意义重大，利在长远，标志着国际社会对中国经济发展和改革开放成果的肯定，特别是对人民币国际化的肯定。

国人之心尽在喜悦，然而正如易纲之言："喜欢之外更需要一份平静的心情。此时，这份平静来自扎实工作的自信，来自对中国改革开放的信心；同时，我们还应该认识到，我们和世界上成熟市场的差距还是比较大的。比如说在金融市场的广度和深度上都有差距，加入 SDR 也意味着国际社会对中国在今后金融、经济领域各个方面的许多期许，所以我们也深感身上的担子比较重。"

人民币成为 SDR 篮子货币，意味着 IMF 成员国若决定与另一成员国交换 SDR 单位，人民币也是可接受的货币，人民币便成为国际储备货币。从这个角度来看，加入 SDR 对人民币国际化至关重要，更是国际社会对中国经济发展和改革开放成果的肯定。

随着人民币成为国际储备货币，中国央行货币政策在国际上的关注度也较之前有所提升。事实上，人民币加入 SDR 说明 IMF

和国际社会对中国货币政策框架的认可。

机遇伴随挑战。在人民币加入 SDR 之际,中国货币政策局面还比较复杂,即一个开放的宏观经济格局和一个复杂的金融市场环境共存。所以在货币政策上,如何平衡好国内这么大一块经济体成为当时中国货币当局面临的一个重要问题。

中国货币当局当时明确提出,货币政策面对这种复杂的局面,肯定要稳步推进利率、汇率的市场化改革,要继续重视数量型工具,也会更加重视价格型工具,同时还要强化宏观审慎管理。在利率、汇率这些价格型的货币政策工具与全球的市场互动过程中,以及在实行稳健货币政策的过程中,加入 SDR 的作用越来越重要。

显然,上述诸多政策和加入 SDR 后的一些改进在方向上是一致的。而后的货币政策框架亦更加稳定,更具弹性,效率也进一步提高。在保持中国特色的同时,中国货币政策的透明度、沟通、信息的传播、对预期的管理亦更加和国际接轨。

2015 年加入 SDR 之后,中国金融改革的开放步伐依然按照既定方针继续向前推进,没有放慢。十八大以来,中国国际地位显著提升,国际竞争力明显增强。2013—2016 年,中国经济年均增长率为 7.2%,显著高于世界同期 2.5% 的平均水平。

另据世界银行测算,2013—2016 年,中国对世界经济的贡献率平均为 31.6%,超过美国、欧元区和日本贡献率的总和。2016 年,中国对世界经济增长的贡献率达到 34.7%,拉动世界经济增长 0.8 个百分点,是世界经济增长的第一引擎。

2020 年之后,全球经济受新冠肺炎疫情影响,SDR 的作用有所凸显。2021 年 8 月 23 日，IMF 史上规模最大的 6 500 亿美元 SDR 生效。根据规则，所有 190 个成员国将按照它们在全球经济产出中所占份额按比例分配，大约 70% 的资金将流向 G20 国家，而低收入国家只能分到 3%。

三、汇率定价核心机制改革

经过多年高速增长，中国 GDP 增速也在一段时间开始回落，在 2015 年收于 6.9%，创下了 25 年来新低，并正式进入"6 时代"。

如果将启动于 2009 年的人民币国际化之路划分为两个阶段，那么这两个阶段的分水岭是 2015 年。伴随中国经济增速回落，2015 年之后，人民币国际化的速度开始放缓。放缓速度背后伴随一些指标回落。2010—2019 年人民币跨境收付情况如图 4-5 所示。

图 4-5　2010—2019 年人民币跨境收付情况

资料来源：《人民币国际化报告 2020》。

首先，跨境贸易人民币结算规模骤降，从 2015 年第三季度的 2.09 万亿元下降至 2016 年二季度的 1.32 万亿元，人民币结算规模与跨境贸易总额之比直接降至 22.0%，下降达 10 个百分点。

其次，中国对外直接投资的人民币结算规模也大幅下滑，其中 2015 年 9 月至 2016 年 6 月，从 208 亿元下降至 116 亿元；外商来华直接投资的人民币结算规模则由 351 亿元下降至 143 亿元。

最后，人民币结算的全球占比也从 2015 年 8 月的 2.8% 下降至 2016 年 6 月的 1.7%；同一时期，人民币在全球结算货币的排名也从第四位降至第六位。

尽管一国货币的国际化并没有太明确的规则，但是 IMF 在审议哪些货币可以加入 SDR 时，特别关注两件事。首先是汇率机制，汇率机制不能太离谱。其中的一个看法就是要求加入 SDR 货币国执行的是浮动汇率。其次，要求货币是可自由使用的。可自由使用的货币是不是就是可自由兑换的？周小川认为，这两个概念也不完全相同，但是比较接近。所谓可自由使用，也并不是 100% 可自由使用，也没人要求你 100% 可自由使用。在自由使用过程中，总是还有一些地方会面临各种各样的管理、监测以及干预。

经历过去近 10 年的汇率浮动区间改革之后，中国已进入货币国际化进程的关键阶段，相应的汇率市场化闯关已无可回避。

2015 年 8 月 11 日，中国外汇交易中心公布，银行间外汇市场人民币汇率中间价为 1 美元兑人民币 6.229 8 元，较前一交易日大跌 1 136 个基点，下调幅度达 1.9%。数据公布十几分钟后，央行发布《中国人民银行关于完善人民币兑美元汇率中间价报价的声明》。

中国人民银行发布的这则简短声明仅仅 130 字，人民币兑美元汇率随即创下汇改 20 年来最大单日跌幅。在随后三个交易日，人民币汇率累计下跌 3 000 个基点，引发世界性关注。

这则声明写道："为增强人民币兑美元汇率中间价的市场化程度和基准性，中国人民银行决定完善人民币兑美元汇率中间价报价。自 2015 年 8 月 11 日起，做市商在每日银行间外汇市场开盘前，参考上日银行间外汇市场收盘汇率，综合考虑外汇供求情况以及国际主要货币汇率变化向中国外汇交易中心提供中间价报价。"

反应剧烈的不仅仅是中国市场。2015 年 8 月 11 日，欧洲市场开盘后反应也十分剧烈，当天大宗原材料价格快速下跌；欧洲股市出现暴跌，德国蓝筹股 DAX 指数下跌了 2.4%；英国伦敦股市《金融时报》100 种股票平均价格指数下跌达 2%。这些均被认为是人民币贬值效应的国际冲击。

为了稳定市场情绪，央行在当日答记者问时表示"过去中间价与市场汇率的点差得到一次性校正"。但第二天人民币汇率走势并未止步于此。2015 年 8 月 12 日，人民币汇率中间价跌至 1 美元兑人民币 6.330 6 元，较上一日中间价贬值近 1.6%。

人民币定价形成机制改革的重要性如何？我们从此前人民币兑美元的汇率定价机制上进行梳理即可理解，即二次汇改以后形成的"基于市场供求的有管理的浮动汇率"制度的重要性不言而喻。

这种"管理"体现在几个方面：一是基准汇率的制度安排（人民币汇率中间价）；二是银行间市场交易价格（市场汇率）的浮动区间管理；三是对银行为客户办理本外币兑换（结售汇业务）的挂牌汇率浮动区间管理。

在汇改之前，挂牌汇率浮动区间已经被全部取消，银行间市场日浮动区间逐渐扩大，但是中间价的形成方式从2006年开始到汇改之时（2015年8月11日）一直没有大的变化。一些问题逐步凸显，比如中间价形成机制不够市场化、透明度低，影响了人民币汇率市场化程度。

一个在外汇市场上流传比较广的比喻，形象说明了中间价、即期汇率和人民币波动幅度之间的关系。这个比喻将人民币兑美元中间价比喻成"人"，将市场汇率比喻成"宠物狗"，将日内交易的波动幅度比喻成"拴狗的绳子"。因此，"宠物狗"的位置（市场汇率）取决于"人站的位置"（中间价）和"拴狗的绳子"（汇率日波幅2%）的长短。

在这样的汇率形成机制下，如果中间价被控制住，那么波幅再大也没有用。在实际交易中经常出现中间价与前一日的收盘价差距过大的问题，比如：从收盘价来看，有时人民币兑美元汇率已经出现了贬值迹象，但往往第二天的中间价又回到了原位。

从扩大波幅到中间价改革，这一改革路径的切换被认为是动到了汇率市场化形成机制的核心内容。其核心目的是使人民币汇率锚的界定更加透明，真正反映市场供求。

只是，这项改革为何选在中国经济增速回落、人民币国际化速度放缓之际重推？彼时业界存在诸多猜测。当时学术界的一种主流看法是，中国虽然错过完成汇改的最佳时机，但如果继续拖延，汇改成本可能还会上升。在当前贬值预期下，改革中间价定价机制，也有可能引发人民币贬值失控。

不过，当时的学术界也提示需要警惕一场危机，中国的汇率浮动区间是上下2%。如果真的根据上日收盘汇价决定当天汇率的中间价，而汇率每天下跌2%，10个工作日就会下跌20%。针对这种情况，如果央行不入市干预，就有可能触发一场货币危机。

事实上，中国央行对此早有权衡。当时央行副行长易纲、央行研究局首席经济学家马骏等权威人士纷纷公开表态，不断向市场阐明央行干预并维持人民币币值稳定的决心和能力。

2015年8月14日，人民币汇率结束三连跌，尾盘收升。从8月10日的6.1162到8月14日的6.3975，人民币兑美元中间价在四个交易日内贬值4.5%。

对于当时人民币汇改，市场人士多用"出人意料"来形容。但事后业界又普遍认为，此次人民币汇改看似在意料之外，但有合理之处。其真正重要的价值在于定价机制，人民币迈出了汇率市场化定价的重要一步。这既符合中国金融市场化改革的长期诉求，也迎合了人民币加入SDR进而实现国际化的现实需要，同时亦为设计更丰富多样的人民币远期市场产品打开了想象空间。

美国智库彼得森国际经济研究所高级研究员尼古拉斯·拉迪（Nicholas Lardy）认为，与其说这是人民币的"一次性"贬值，不如说这是汇率机制的一个根本性的变化，随着时间的推移，人民币汇率将更多由市场决定。这应当是中国推进汇率改革的核心目标所在。

"8·11"汇改带来的一个后果则是，进一步加深了人民币兑美元汇率贬值预期。其后果是人民币国际化放缓的一个重要原因。

人民币国际化的进展从 2015 年下半年显著放缓的其他原因，业界解释颇为丰富。学界上的主流看法是：内外利差的缩小与人民币兑美元汇率的贬值，降低了跨境套利的吸引力；随着中国经济潜在增速的下滑以及金融风险的显性化，持有人民币资产的收益率显著下降、潜在风险显著上升，这降低了境外投资者持有人民币资产的意愿，进而造成人民币国际化进程的放缓。

在人民币汇率改革之后的几年里，人民币汇率着实经历了跌宕起伏的几拨过山车走势。2015 年 8 月 14 日之后的一年内，人民币汇率整体来看处于下跌趋势。人民币兑美元汇率在 2015 年大幅下跌 4.5%，截至 2015 年 12 月 31 日在上海外汇市场上报 1 美元兑换 6.493 6 元人民币，创下了自 1994 年以来的最大年度跌幅。这一趋势在 2016 年末达到极值，随后汇率逐渐有所回升，在 2018 年 4 月达到 6.3 左右的水平。此后到 2018 年底人民币汇率再次大幅下跌，2019 年 8 月初汇率"破 7"，并在此后一年内保持波动稳定；2020 年下半年，人民币汇率持续回升；进入 2021

年后，汇率保持在 6.5 附近。

截至 2021 年 8 月 11 日，2015 年"8·11"汇改实施已整 6 年。人民币汇率形成机制市场化程度明显提高，汇率双向波动成为常态，这是汇改 6 年来最大的变化，亦是当年逆流而上的汇改取得的最大成就。

人民币汇率市场化程度提升的直接表现是：与 6 年前汇改相比，人民币兑美元波动的流动性明显加大。这也反映了人民币汇率开始更多受经济面变化、市场情绪波动、市场供求以及货币政策差异性等诸多因素影响。

有升有贬、弹性不断增强的人民币汇率，为中国货币政策的自主性创造了较大的空间，特别是在新冠肺炎疫情之后，这种作用表现得更为明显。

2020 年，受新冠肺炎疫情影响，全球一些主要经济体实施了量化宽松和零利率甚至负利率政策。中国央行没有盲目跟随，维持了相对正常的货币政策，体现了较强的独立性。

四、备选国际货币体系新锚

从"十三五"（2016—2020 年）到"十四五"（2021—2025 年），中国经济开始转换车道，从高速度增长转向高质量发展，创新、绿色等发展理念应运而生。

受新冠肺炎疫情影响，2020 年中国 GDP 实际增速 2.3%，在全球主要经济体中唯一实现经济正增长。与此同时，人民币汇率、利率亦表现了较好的独立性特征。

《后疫情时代人民币汇率走势及人民币国际化》一文指出，自疫情暴发以来，美元兑人民币汇率整体升值，但其间升值与贬值交替，双向波动特征越来越明显。

这期间大致分为四个阶段：第一阶段是 2020 年 1 月 1 日—5 月 30 日，这一阶段的人民币整体呈贬值趋势，区间贬值幅度达 2.4% 左右；第二阶段是 2020 年 6 月 1 日—2021 年 2 月 10 日，其间人民币出现明显升值趋势，区间升值幅度达到 9.7%；第三阶段是 2021 年 2 月 11 日—3 月 31 日，其间人民币又开始有所贬值，区间小幅贬值 1.8% 左右；第四阶段是 2021 年 4 月以来，人民币又开始出现小幅升值，截至 2021 年 5 月 14 日，升值幅度接近 1.6%。

中美两国经济增速表现的差异是汇率波动背后的基本面因素。美国一直是受新冠肺炎疫情冲击比较严重的国家，为应对新冠肺炎疫情，美国推出了史无前例的财政和货币刺激政策，导致美元指数出现较大波动。总体而言，自 2020 年以来，美元指数经历了先升后降、再升再降这样的双向波动特征。

中美两国货币政策方向及力度的差异导致中美利差波动则是汇率波动的政策面因素。为应对新冠肺炎疫情冲击，美联储实施了极其宽松的货币政策，而中国经济在 2020 年第二季度反弹转正之后，中国央行就已经开始逐步实施货币政策的正常化，货币政策节奏的差异导致中美利差迅速拉大。2020 年，中美 10 年期国债收益率利差由年初的 125 个基点最大拉大至 240 个基点，而且在这一水平维持了较长一段时间。

此外，中美经济规模差距正在快速缩小。美国 2020 年 GDP 为 20.9 万亿美元，中国 GDP 相当于美国 GDP 的 70.3%。2000—2020 年，中美经济规模差距从 9.1 万亿美元快速缩减至 6.2 万亿美元。

人民币国际化在 2018 年逐渐复苏，并在上述全球经济大环境下回暖。数据显示，2018 年，以人民币进行结算的跨境货物贸易、服务贸易以及其他经常项目、对外直接投资、外商直接投资分别发生 3.66 万亿元、1.45 万亿元、8 048.1 亿元、1.86 万亿元。2018 年跨境贸易人民币结算业务发生 5.11 万亿元，直接投资人民币结算业务发生 2.66 万亿元。

2020 年 11 月，《中共中央关于制定国民经济和社会发展第十四个五年规划和二〇三五年远景目标的建议》提出，"稳慎推进人民币国际化，坚持市场驱动和企业自主选择，营造以人民币自由使用为基础的新型互利合作关系"，明确了未来人民币国际化注重以市场为导向，以培育真实需求为基础的发展原则。

人民币国际化在新周期的发展策略也逐渐清晰，张明在撰写的文章中将其概括为以"推动人民币计价的大宗商品期货交易 + 加快开放在岸金融市场 + 鼓励'一带一路'沿线等区域的人民币使用"为核心的新"三位一体"策略。具体表现为：第一，以大宗商品期货交易为抓手，大力拓展人民币计价职能。第二，加快在岸金融市场开放进程，形成在岸和离岸人民币市场的良性互动。第三，结合对外开放战略布局，培育境外主体对人民币的真实需求，提高人民币需求的黏性。

人民币国际化的未来发展前景，在延续新"三位一体"策略的基础上，尤其应注意以下新因素、新变化带来的机遇和挑战。第一，将金融层面的人民币国际化与贸易层面的东亚乃至全球价值链重构相结合；第二，将人民币国际化与宏观经济金融稳定相协调；第三，注意数字货币以及绿色金融为人民币国际化带来的新机遇。

尽管如此，各种迹象表明，人民币在某种程度上已经成为周边国家的"锚货币"。最明显的表现为周边国家货币在一定程度上与人民币同涨同落。

此外，SWIFT发布数据显示，2021年1月，在基于金额统计的全球支付货币排名中，人民币全球支付份额大幅提升，排名维持在全球第五位。

从支付比例来看，人民币全球支付占比由2020年12月的1.88%升至2021年1月的2.42%；从支付金额来看，2021年1月，人民币支付金额较2020年12月增加了21.34%，同期全球所有货币支付金额总体减少了5.86%。

不过，人民币国际化依然存在反复。数据显示，2021年4月，人民币国际支付份额达到1.95%，这一数据相比3月下降了0.54%，国际市场的排名也从第五位降到了第六位。

而金融界诸多学者则达成了一个共识：二战后形成了布雷顿森林体系，而美元现在出现严重困难，这个困难主要表现为新的特里芬难题出现，即随着美国占全球 GDP 比重的持续下降，其占全球债务的比重持续上升；与此同时，原本以美元为锚的国际货币体系开始漂移，人民币被看作寻锚时代的备选国际货币之一。

在与中国进行密切经贸往来的周边国家，人民币的货币锚定效应已经逐渐凸显。特别是在一些东亚国家，研究表明人民币已经成为事实上的"锚货币"。

2016 年，人民币正式被纳入 SDR 货币篮子，这被看作人民币国际化启动以来具有里程碑意义的进展，标志着人民币成为继美元、欧元、日元、英镑之后第五大国际货币。据中国人民银行不完全统计，目前全球已有 70 多个央行或货币当局将人民币纳入外汇储备，人民币的国际货币地位稳步提升。COFER[①] 数据库显示，人民币在全球官方外汇储备的份额从 2016 年第四季度的 1.08% 持续上升至 2020 年第四季度的 2.25%。

2020 年 11 月 15 日，东盟十国和中国、日本、韩国、澳大利亚、新西兰共 15 个国家正式签署《区域全面经济伙伴关系协定》(RCEP)，覆盖人口超过 35 亿，经济总量达到 29 万亿美元，占全球总量的 30%。这为人民币的使用提供了一个很好的市场基础。

周小川在一次公开演讲中给出了一个特别的角度，说明人民币国际化可能从长远来讲有重要的意义。这就有点像我们看伊春，砍伐树木可能挣钱快，国家也有需要，但是真正的环境保护、绿水青山才是从长远来看的金山银山。所以从长远看人

---

① COFER 是由国际货币基金组织发布的"官方外汇储备货币构成"调查结果。

民币国际化也是这样，最终来讲，不管金融界人士怎么看，学界怎么看，最终起决定作用的是政府怎么看，会让这件事推动、发展。

学术界的另一个视角是，中国经济高质量发展和金融高水平开放，是突破人民币国际化在新阶段发展制约的关键。2020年以来新冠肺炎疫情在全球蔓延，国际金融市场动荡加剧，人民币国际化面临以下几大挑战：一是外部环境更加严峻，稳增长的压力更大；二是国际货币竞争更加激烈；三是人民币国际循环路径尚未健全；四是提升金融管理能力至关重要。

国际金融中心建设被作为突破瓶颈的关键。其逻辑可以概括为三点：首先，将上海建成重要的全球金融中心，为突破人民币国际化发展瓶颈提供强大动力；其次，加强顶层设计与制度创新，推动人民币跨境使用；最后，打造"上海价格"，提高人民币资产的定价能力和话语权。

此前，进行交流、探讨的诸多业界学者达成一个共识：如果中国经济能够继续保持中高速增长，中国金融市场继续增强广度、深度与流动性，中国能够避免系统性金融危机的爆发，那么到2030年至2035年，人民币有望在支付货币、交易货币、储备货币等维度全面超越英镑与日元，成长为仅次于美元与欧元的第三大国际货币。

接下来，人民币的国际化征程将如何演进，我们拭目以待！

扩展阅读　人民币国际化历史时刻

• 人民币香港蓄水

2010年9月，人民币汇率一改6月以来的双向平稳波动，突起波澜，一连8个交易日创下汇率新高，两度突破6.7大关。至9月29日，人民币兑美元报收6.6936，相当于年化升幅6.5%。

当时，随着人民币升值前景渐趋明朗，进展缓慢的人民币贸易结算从8月份明显提速，相应的汇率风险对冲交易增加，海外对人民币金融产品的需求上升，数额巨大的海外热钱因此再度汹涌。

一时间，无论是作为国际贸易的汇兑避险市场，还是作为人民币升值压力的缓释区，香港作为人民币离岸市场的作用均陡然凸显。作为拥有法定货币港币的国际金融中心，香港有望逐步形成以人民币为另一重心的存贷和投资交易体系，即建成人民币离岸市场。

时任香港金融管理局总裁陈德霖在2010年9月强调，人民币离岸市场的建设无法量化，建设过程不是那么简单。当务之急，他认为香港的人民币存量资金池"肯定要加大，因为如果没有规模，很多金融中介活动很难展开"。

当时，业界普遍预测未来香港人民币存量资金的来源将转向以企业贸易为主。不过，在市场被激活之前，来自人民币贸易结算的数额不会很大，难以成为资金的主要源泉。

时任香港联交所行政总裁李小加在 2010 年 9 月撰文《关于人民币国际化的六个问题》，提议增加人民币存量的五个新渠道：允许境外企业通过中国与其他国家、地区的货币互换协议的安排获得人民币，投资于香港的产品；允许内地商业银行配合贸易需要开展离岸人民币贷款业务；允许获批准的内地企业以人民币对外投资；允许内地保险公司或基金公司以个案方式申请将人民币调往香港，专门用于申购某个投资产品；允许 QDII 以人民币参与境外发行与交易。

李小加的看法是，除以上几种结构性向离岸市场输出人民币外，还可以考虑设立临时性、试点型有定额管控的人民币"流动性支持池"（或称"资金池"），为某个或某系列人民币产品提供支持，以保证其发行与交易时不会因离岸人民币存量不足而受影响。上述关于人民币资金池的建议，当时已获得内地监管正面回应。

在此之前，制度层面已经新政频出。2010 年 7 月 19 日，央行与中银香港签署修订后的《关于人民币业务的清算协议》（以下简称《清算协议》），开放香港银行为包括金融机构在内的企业开设人民币账户和提供各类服务，扫除个人和企业人民币账户间支付、转账的限制。香港离岸人民币产品空间豁然开朗。

《清算协议》打开了人民币更广阔的衍生空间。在随后两个多月的时间里，人民币存款证、结构性存款、人民币保单、人民币投资基金等一系列产品迅速上市。

2010年8月16日，央行发布《关于境外人民币清算行等三类机构运用人民币投资银行间债券市场试点有关事宜的通知》，向境外机构有限开放人民币债券市场。人民币资金回流机制出台。

上述两项新政在提高境外人民币的投资收益、增加持有意愿、助推人民币出海及在港流动性等方面发挥了重要作用。香港离岸人民币市场被定义为人民币全面可兑换的防火墙、试验田。

• 人民币加入SDR

北京时间，2015年12月1日凌晨1点左右，国际货币基金组织宣布，人民币满足了可广泛使用的标准，决定将人民币纳入特别提款权货币篮子。包含人民币在内的新货币篮子于2016年10月1日正式生效。

人民币加入SDR之后，SDR货币篮子相应扩大至美元、欧元、人民币、日元、英镑5种货币，比重分别为41.73%、30.93%、10.92%、8.33%和8.09%。

在12月1日北京举行的中国人民银行专题沟通会上，时任央行副行长兼国家外汇管理局局长易纲用"喜悦、平静、谦虚"六个字来概括自己的心情。他进一步指出："人民币加入SDR是一个里程碑式的事件，它意义非常重大，它利在长远，它标志着国际社会对中国经济发展和改革开放成果的肯定，特别是对人民币国际化的肯定。"

SDR 是 IMF 在 1969 年提出的概念，其主要的作用是，IMF 成员国依据本国缴纳份额的比例获得 SDR 的分配，持有 SDR 的国家可以用分配的 SDR 配额向 IMF 指定的其他成员国换取外汇，用以偿付国际收支逆差或偿还 IMF 的贷款并支付利息。SDR 的特殊性体现在其与黄金和美元一样充当国际储备。前三次分配，IMF 总共分配了 2 041 亿单位 SDR。

与总额达 11.3 万亿美元的全球储备资产相比，SDR 的规模极小，其在整个国际货币体系中发挥的作用也很有限。这与其设计初衷并不一致。不过，近年来，随着全球经济一体化和金融互通性上升，国际货币体系面临全新挑战，"加强 SDR 在国际货币体系中的作用，减少对美元依赖"的呼声不绝于耳。

2009 年，时任央行行长周小川曾在央行官网上发表建议，扩大 IMF 的 SDR 功能，发展成为超主权储备货币，以取代目前美元储备货币。这一提议引起了国际社会的强烈反响。

很多学者认为，在当时的情况下，建立以 SDR 为基础的超主权国际货币体系仍是一个远景目标，短期可先从扩大 SDR 的作用开始。将扩大 SDR 货币篮子和使用范围作为国际货币体系的改革方向，可提升全球货币体系的公平性和稳定性。

恰在国际货币体系渐进改革的关键时期，人民币加入 SDR，业界人士多认为，这是对现有国际货币体系的一个有益补充。人民币成为后布雷顿森林体系时代第一个真正新增的、第一个来自发展中国家的 SDR 货币，也是第一个按可自由使用标准加入的 SDR 货币。所以，人民币加入 SDR 货币篮子，是国际货币体系改革的一个标志性事件。

从人民币国际化的功能来看，此前人民币作为结算货币和投融资货币的功能逐步达成，加入 SDR 则意味着人民币迈上了储备货币的台阶。此外，SDR 是一个重要指数，加入 SDR 的货币就变成了储备货币，因此各国中央银行需要被动配置这种货币。

据中国人民银行不完全统计，目前已有 70 多个央行或货币当局将人民币纳入外汇储备，人民币的国际货币地位稳步提升。COFER 数据库显示，人民币在全球官方外汇储备的份额从 2016 年第四季度的 1.08% 持续上升至 2020 年第四季度的 2.25%。与此同时，在与中国进行密切经贸往来的周边国家，人民币的货币锚定效应逐渐凸显，特别是在一些东亚国家，有研究表明人民币已经成了事实上的"锚货币"。

人民币加入 SDR 货币篮子，亦对国内金融市场的改革开放进一步形成倒逼。主权货币国际化的功能分为结算、投融资和储备，人民币加入 SDR 后，国际投资者对这三个功能的相互配合、完善提出了更高的要求。总体来看，中国所面临的最大挑战是第二个功能的完善。因为投融资工具一定要有产品才能操作，而过去人民币国际化的投融资工具基本在境外市场、离岸市场，而一个国际化货币的主导市场还是在岸市场。因此,境内的金融体制改革、金融市场建设就变得非常重要,这是人民币国际化能走多远的核心问题。

按照易纲当时的表态,在人民币加入SDR后,金融改革和开放的措施以及步伐将按照既定方针向前推进,要不断地建设金融市场,丰富风险对冲和套期保值的工具与手段,建设更具有深度、广度且富有弹性的金融市场。

睿视角

专访周小川：人民币入篮 SDR，对外开放的历史性进展

文 / 张燕冬　袁满　韩笑
编辑 / 何刚

　　2016 年 10 月 1 日，人民币正式纳入 SDR 货币篮子，与美元、欧元、英镑和日元一起，跻身全球最重要储备货币之列，成为仅次于美元和欧元的第三大权重货币。2017 年 9 月，在 SDR 新货币篮子生效一周年之际，中国人民银行国际司出版了专著《人民币加入 SDR 之路》，《财经》杂志为此独家专访了这件大事的亲历者和推动者——中国人民银行行长周小川。

　　周小川表示，专著更多的是从技术角度对人民币加入 SDR 的这一重要事件进行分析，他本人更愿意从回顾中国改革开放历史进程的角度，以宏观视角系统地对此进行阐述和解析。

　　事实上，在《财经》专访中，不经意间，周小川已把自己的身份做了多重转换：他是睿智的学者，改革开放近 40 年的历程从他嘴里缓缓流出，抽丝剥茧、提炼升华为"三驾马车"；他是

儒雅的官员，推进改革开放过程中经历惊涛骇浪，他口中隐去了其中的刀光剑影，只剩下抓住了"改革时间窗口"的欣慰和兴奋；他是求真的实干家，执掌中国央行15年；他是坚定的改革派，作为"改革先生"从不吝啬为中国金融业的发展壮大和改革开放持续呐喊助威。

历史性进展

人民币加入SDR是这个历史进程中的一个重要事件，也可以说是上了一个大的台阶或走过一个里程碑。它既是改革开放的成果，也是下一步改革开放重要的推动力。

《财经》：2016年10月1日，人民币正式纳入SDR货币篮子。作为这一事件的亲历者和推动者，如果让您在整整一年后的今天，再次评论人民币加入SDR的意义，您会做怎样的评价？

周小川：我曾在2016年9月30日做了个讲座谈此事。一年后的今天，我想我的评价应该没有变化。在人民币正式加入SDR前，中国人民银行国际司就推出了5篇普及性的系列文章，对SDR的概念、加入SDR的基础和条件、人民币加入SDR的过程及其意义等，从技术角度做了较为详细的阐述，并在此基础上，于近期出版了专著《人民币加入SDR之路》。技术角度的论证显然很有必要，但我在上述讲座上强调的是，还是有必要从历史和宏观角度，从对外开放进程的视角更系统地观察此事。

广义的对外开放包括经济、社会、文化等多个方面，但最基础的是经济对外开放。在对外开放进程中，驱动因素有很多，从经济领域的对外开放来看，我觉得有"三驾马车"值得关注。哪"三驾马车"呢？一是经济对外开放主要体现为贸易投资对外开放；二是汇率形成机制改革，方向是人民币汇率更多由市场决定，逐步走向合理均衡；三是减少外汇管制，方便对外经济活动，并逐步实现人民币可自由使用或者较高可兑换性。可自由使用和可兑换这两者大意是一致的，但并不等同。正是这"三驾马车"拉着我们走了30多年，今天走到了这个里程点。

因此，从这个角度说，人民币加入SDR是这个历史进程中的一个重要事件，也可以说是上了一个大的台阶或走过一个里程碑。它既是改革开放的成果，也是下一步改革开放重要的推动力。如果我们回顾一下中国整个改革开放的进程，会更好地理解人民币加入SDR的意义，理解在此过程中我们有哪些进步，下一步要到哪里去。

《财经》：这似乎是您首次定义经济对外开放的"三驾马车"概念，那这三者之间的关系究竟该如何理解？

周小川："三驾马车"这个词很多地方都用。比如欧债危机期间救助希腊时，把IMF、欧委会、欧央行称为"三驾马车"。再比如，20世纪90年代俄罗斯的市场化、民主化和私有化也被称作"三驾马车"。所以，"三驾马车"这个词的定义并没有那么严谨，只强调的是三者必须并行，捆在一起往前走，可能称"三位一体"更确切些。我想，多数人都对三者中的贸易投资的开放有很多体会，所以我先从另"两驾马车"说起。

很多新兴市场经济体特别是转轨经济体，基本上是从封闭型经济转向开放型经济。一般而言，从不开放转向开放的难处首先是汇率。在不开放的条件下，绝大多数时候汇率都处于不合理、不均衡的水平。为此，外汇管理部门需要对用汇进行管制，而外汇管制又使对外开放的门打不太开，或是打开一点后又合上一点，甚至重新关上，时间长了就逼你下一步做出鲜明的体制选择。世界上没有任何一个国家能在外汇管制很严重的情况下实现开放型经济，也没有一个国家能在汇率严重偏离均衡的情况下实现国内外市场的良好互动。那么汇率水平合理化的具体度量指标是什么？就中国而言，十六届三中全会对人民币汇率给出了正式定义，即"完善人民币汇率形成机制，保持人民币汇率在合理、均衡水平上的基本稳定"，对汇率既强调合理均衡，也强调稳定。2005年，我国又对人民币汇率机制进行了改革，"实行以市场供求为基础、参考一篮子货币进行调节、有管理的浮动汇率制度"。这些具体提法一直沿用至今。

从减少外汇管制的概念来看，与提高资本项目可兑换程度其实是同一件事情的两种说法。就像化学上讲的pH值，酸性升高就意味碱性走低，碱性升高就说明酸性走低。同样，减少外汇管制，就意味着货币可兑换程度提高；资本项目可兑换程度提高，就意味着减少外汇管制。所以说，外汇管制和资本项目可兑换程度是一体两面，与希望达到的对外开放程度密切相关，也与汇率形成机制密切相关，外汇管制条件下的汇率不可能是真正的市场均衡汇率。

从金融改革来看，对外开放的过程就是汇率趋向均衡、可兑换程度提高的过程。总体上，你想要什么样的开放程度，汇率机制和外汇体制就相应需要配合到什么程度；反之，选择了什么样的汇率机制和外汇体制，也基本决定了什么样的开放程度。我国改革开放的进程始终伴随着外汇管制的逐步减少和汇率走向合理化。

同时也要看到，早期的汇率改革和减少外汇管制是不易下决心的，是充满争议、担忧和风险的。之所以能得以启动，源于贸易投资对外开放的需要。而转轨经济对外开放的动力则源于对集中型计划经济的失败、低效和苦难的认识和反思。随着经济对外开放的进展和得益，又不断对汇率改革和减少外汇管制以至人民币可兑换性提出更高的要求。中国逐渐成为世界经济与贸易大国，中国有一段时间的贸易依存度达到了 60%~70%，现在依然很高。所以说，人民币加入 SDR，说明贸易投资对外开放、市场化汇率形成机制和减少外汇管制"三驾马车"拉着中国经济在对外开放道路上走了相当长的里程，迈过了很大的台阶，解决了中国经济发展中遇到的不少问题。在这个过程中，三者的进度可能有快有慢，但基本是一起往前走的。三者既相互配合和促进，也相互影响和牵制。

"三驾马车"推动中国对外开放

"三驾马车"之间互为条件、缺一不可的关系十分清晰。正是三者相互促进、相互配合，才能不断推动对外开放迈上新的发展阶段。

《财经》：站在连续的历史角度看，"三驾马车"在推动中国对外开放的进程中究竟具体发挥了怎样的作用？

周小川：众所周知，中国改革开放是从十一届三中全会开始的。改革开放从一开始也有自己的"三驾马车"：一是在农业和农村，主要是家庭联产承包责任制；二是工业和城市经济的改革，从轻纺工业、五小工业起步，展开了社会主义生产目的和物质刺激等政策讨论；三是经济的对外开放，其中分为贸易投资的政策改革、汇率机制和外汇管制的改革，随后，对外开放又逐步超出经济范畴，也就是前面说的广义的对外开放。"三驾马车"是其中经济对外开放的主要动力。1979年后，围绕这三匹"大马"，我国推出了一些重大的改革措施，分阶段来看：

十一届三中全会后，20世纪80年代，总的方向和行动是扩大对外贸易、不断改善和加大吸引外资的力度，出台了多项政策和法规；贸易从垄断经营逐步走向贸易自由化，官方表述是简政放权、下放外贸经营权和工贸结合。在20世纪80年代期间，人民币兑美元的官方汇率先后调整5次，从1981年初的1.53逐步调到1989年末的4.7，允许外汇留成调剂市场的非官方汇率并存。同时，外汇管制逐步有所放宽，成立外汇管理总局专门管理，允许出口企业享有外汇留成，发行外汇兑换券并流通，后又在各省成立外汇调剂中心（平行市场），并通过不断调高外汇留成比例逐渐放宽企业和地区自主创汇、用汇。到80年代末，经济特区、经济技术开发区、外资企业和机电产品出口均获得100%的外汇留成。

20世纪90年代提出了社会主义市场经济是开放型经济，开始推动全方位对外开放新格局，强调利用好国内国际两个市场、两种资源，进一步提高对外开放水平。其间，1994年1月1日启动了汇率改革，实行以市场供求为基础的、单一的、有管理的浮动汇率制度，建立了全国统一规范的外汇市场。外汇管制大幅削减，1996年宣布实行（实现）经常项目可兑换。人民币可自由兑换的愿景也在此期间提出。1999年中美就中国加入WTO达成协议。

2000年后，中国领导人首次提出支持中国企业"走出去"。2001年12月，中国正式加入WTO，逐渐发展成为贸易和FDI数一数二的大国，实行"高水平、深层次、宽领域"的对外开放。2003年十六届三中全会提出，"完善人民币汇率形成机制，保持人民币汇率在合理、均衡水平上的基本稳定"，"逐步实现资本项目可兑换"，明确了我国汇率改革的方向。2005年，启动新一轮汇率改革，其后外汇储备大幅增长。2008年，修订《外汇管理条例》，结束了外汇管理"宽进严出"、贸易"奖出限入"的局面，出口企业实行意愿结汇，个人也可以从事进出口贸易并给予外汇收支便利，人民币在旅游、融资、贸易与投资结算上的可用性不断扩大。

近年来，我国在全球金融危机的背景下大力支持贸易自由化和投资便利化，反对保护主义，继续扩大服务业对外开放，提出并推进"一带一路"倡议,支持多边主义。其间,逐步扩大人民币汇率浮动区间,改进人民币中间价形成机制,多国货币与人民币直接挂牌交易决定汇率。人民币在跨境贸易与投资中的使用不断扩展,本币的双边货币合作日益深化,资本项目可兑换持续推进。2014年,李克强总理正式提出推进人民币国际化;2016年,人民币顺利加入SDR货币篮子。

从以上历史进程可以看出,"三驾马车"并驾齐驱是很明显的。如果从逻辑来看,"三驾马车"之间互为条件、缺一不可的关系更是十分清晰。正是三者相互促进、相互配合,才能不断推动对外开放迈上新的发展阶段。顺便说一句,过去很多人未把三者联系起来,我想重要原因之一就是我国过去在重大文件结构上总是把它们分开写:贸易与投资放在商务部分;汇率放在宏观调控或金融部分;外汇管制不宜在官方文件中出现,能不写就不写。不过,近年来这种状况已有所改变。

难得的时间窗口

对外开放、汇率制度改革、减少外汇管制要整体推进,不管各自速度如何,整个大方向是要往前的。这就需要注意时间窗口,有些改革遇到了合适的时间窗口就可以加速推进,有些改革没有时间窗口就可能稍微缓一些。

《财经》:人民币加入SDR,人民币汇率形成机制必然需要跟着上台阶，但有人认为要慎重，条件不够不能勉强推动。对此您怎么看？

周小川：人民币汇率问题历来众口难调。站在不同角度意见就会各异，有争论、有负面评论也有反对意见。你说的是典型的"条件论"观点。"条件论"强调的是，要完成某项改革必须满足一定条件，条件不够的情况下勉强推动改革，会出问题。人民币加入 SDR，意味着人民币汇率形成机制需要改革、外汇管制要逐步减少、人民币自由使用程度要不断提高。但是不是要等到各种条件都满足了才推进改革呢？那倒不是。1993 年外汇体制改革是一个很好的实例。

当时也有各种意见，反对意见主要就来自"条件论"。他们认为，外汇改革是一件好事，但需要满足三个条件：出口足够强大、外汇储备足够多、宏观调控有完善的体系和足够的经验。理论上讲，这些条件都有道理。但有人反驳说，如果这三方面的条件状况已经足够好，可能就没有改革的动力了；如果这三个条件都达到的话，还需要改革汇率吗？事实上，如果不搞市场经济、不扩大对外开放、不进行外汇体制改革的话，出口乏力和外汇短缺的现象就不可能纠正，宏观调控就陷于管制和外汇分配，也难以积累新型的宏观调控经验，这些条件又怎么达到呢？

从国内外经验看，往往都是最困难的状况倒逼改革出台。中国的改革开放发生在 20 世纪 70 年代末期，"文革"把中国经济弄到了濒临崩溃的地步，逼出反思和改革开放。1993 年决定汇改之前，各省有外汇交易中心，海南的人民币兑美元一度贬到 11，外汇储备只有 100 多亿美元，下决心实行汇率并轨后，改革的信号释放了，汇率反而有所升值，外汇储备也在增加。

中国加入 WTO 也是一例。当时争论也很多，甚至认为挑战大过机遇，条件尚不具备，但当时中央主要领导同志力排众议、果断拍板。实践证明加入 WTO 释放了非常大的开放红利，也促进了多项改革。国际上，20 世纪 90 年代初期，波兰的经济和国际收支难以为继，兹罗提不断贬值，通胀率达 700%，外汇大量流出，迫使波兰决定改革汇率、允许自由兑换、放松外汇管制。政策一出，波兰人反而不着急兑换外汇了，外汇流出好转，随后通胀也逐步下降。近年来类似的例子还有阿根廷等国家。按中国的话来说则是：改革不能等、靠、要。

《财经》：还有人认为，人民币汇率各项改革之间应该有固定顺序，顺序错了也会出问题，改革应当按最佳顺序推进。您对此又怎么看？

周小川：这是"顺序论"的观点。从研究的角度看，如果能把各项改革设计一个合理的顺序当然更理想，但在推动改革和制定政策时，面临的情况复杂多变，各决策者的考量也不完全相同。从国际上的改革经验看，也很难说按哪一个顺序改革就是最优的。经济学家往往可以从经济逻辑出发，找出政策变革的最优顺序；而实践中，改革是大政治，政治家往往要从政治逻辑考虑最优排序，问题往往过于复杂、多元，最终得不出最优解。

我刚才用"三驾马车"来比喻对外开放的动力，驾车前行时，驾车人并不清楚计算每一驾马车的各自速度应该是多少、功率多大，而是边走边看，哪一根绳子松一点没有使劲，赶车人就应该赶它一下，否则就可能跑偏或出问题。弯道行驶时，则要拉相应一侧的缰绳。不管如何，掌握大方向是关键。就像力学中讲的合力，取决于各分力的数量和方向，调节得好，这个合力就很接近标量分力之和，相互之间不会掣肘。至于谁快一些谁慢一些，还要看攀比和倒逼的效果，跑得慢的如果被倒逼而加速，就会出现良性互动。这是一个动态平衡的过程，不是简单靠顺序就能解决的。

另外，如果几个部门对顺序和条件各有不同的意见，其结果很可能是相互的"等、靠、要"，形成推诿甚至死锁。

《财经》：既然"条件论"和"顺序论"都有不足，那人民币加入 SDR 在推进汇率改革等方面究竟给我们带来了哪些启示？

周小川：总的来说，研究对外开放、汇率制度改革、减少外汇管制方面的问题，既要有技术层面的分析，如条件和顺序，同时又不要只注重技术层面。改革需要顶层设计，需要从更高的层面认识开放的意义。即使开放存在各种困难和潜在的危险，依然需要坚持扩大开放的大方向，不断推动有关政策改革。如果站在这个角度来分析，就会对人民币加入 SDR 的意义有更加深刻的理解。

具体而言，对外开放、汇率制度改革、减少外汇管制要整体推进，不管各自速度如何，整个大方向是要往前的。这就需要注意时间窗口，有些改革遇到了合适的时间窗口就可以加速推进，有些改革没有时间窗口就可能稍微放缓一些。全球金融危机成为人民币加入 SDR 的一个重要机遇。

本来人民币还没有完全做好国际化货币的准备，但全球金融危机导致周边国家和地区出现流动性紧缩，纷纷要求使用人民币进行贸易和投资结算。人民币加入 SDR 就是从这里起步并加快推进的，应该说我们及时抓住了机遇。对改革来说，时间窗口很重要，有关配套措施有可能因倒逼而跟上。因此，有合适的时间窗口的时候就一定要抓住，错过了时机，未来成本可能会更高，困难也会更多。

动态演进的改革开放

随着一些惯性旧思维问题逐步解决，加上积极汲取其他行业、领域的成功经验，人们越来越明白，对外开放需要继续向前推进，金融机构市场准入和金融市场开放的步伐可以迈得更大些。

《财经》：正如您所指出的，是中国经济的对外开放推动和实现了人民币加入 SDR。那么反过来，人民币加入 SDR 是否又会在更高层次上进一步推动中国的对外开放呢？

周小川：答案是肯定的。人民币加入 SDR 必将给我国的对外开放带来"棘轮效应"（Ratcheting Effects）。这就好比排球网拉绳上的棘轮，拉紧球网时就需要通过棘轮卡住拉绳，定位后就不能往回走，不可逆。英文有个说法叫 past a point of no return（只能进不能退）。当然，经济社会的"棘轮"往往不是绝对化的，意思是逆向而动不是绝对不会发生的，但会是很难的。

在我国改革开放进程中，如吸引外资、贸易放开经营、汇率改革、加入WTO、修改外汇条例、人民币跨境使用等，中间也出现过少量反复，或是走走停停，不过一旦上了那个台阶，就难以往回退了。就像人民币加入SDR后，国际组织和金融市场都越来越多地使用人民币了，国际上投资者已在用人民币投资国内金融市场，法规和条例也修订了，贸易商和投资商都在使用新规则，如果想倒退回去，难度很大，成本很高。这时候不仅要考虑国内因素，还要考量国际反应，你要大幅度往后退，退不回去了。经济体制改革是个进程，进程之中有不少中途状态是不稳定的，使你感到要么是不进则退，要么是不退则进。

《财经》：一般认为，"蒙代尔-克鲁格曼不可能三角"（Trilemma）会制约改革开放的政策选择。作为央行行长，您是如何在这三难或者两难间做出选择的？

周小川：人们所说的Trilemma和Dilemma，我理解是指系统稳态（稳定的静态）时，只能是三选二或二选一，不可能全都要。蒙代尔-克鲁格曼的"Trilemma"基本含义是一国不可能同时实现资本流动自由、货币政策独立和汇率稳定。不少人把它译为"不可能三角"，即三角形的三个角点不能同时成为选项，只能三选二。从理论和逻辑上讲，蒙代尔和克鲁格曼是对的。

它还有一个意义是告诉我们，政策设计不会让你好处全得，缺点全免；政策选择有时不能像"抓中药"，每样来一点儿，有些选项是相互矛盾、相互掣肘的。为此，经济学家有时说，这不在你的"菜单"上。而如果从动态演变的过程操作来看，却可以在三角形中寻找非稳态的立足点和以便向前运动的空间。

"蒙代尔-克鲁格曼不可能三角"理论发端于20世纪六七十年代，当时各国的开放程度跟现在经济全球化格局不可同日而语。随着开放程度扩大，三角形的三个角点的政策定义及其功效模糊化了，由"一点"变为"一片"了。就拿汇率这个大家认为最不容易模糊的"角点"来说，一国是固定汇率还是浮动汇率，并不像原先那样固定且可选了。

像欧元区，成员国已没有自己的汇率政策。即便不是欧元区国家，汇率制度的选择性和实际效能也往往受限。所以法国经济学家海伦·雷（Helene Rey）说，汇率其实并没有太多选择自由，也就由 Trilemma 变成 Dilemma。IMF 前几年也有研究发现，当前央行事实上只能在货币政策独立性和资本自由流动之间选择。相对而言，中国的汇率"角点"稍微清晰些，选择性显著些，但也受国际制约。比如汇率问题一直是中美两国间对话的主要议题之一，因而也并非能够干脆地自由选择。

与汇率相比，外汇管制这一"角点"就显得更模糊了。一方面，当前条件下，不存在绝对的资本项目不可兑换；另一方面，资本项目即使不可兑换，也难以管住资本的流动。从国际经验看，在经常项目可兑换的情况下，资本项目管制很难充分有效。

曾有通过严管经常项目来加强外汇管制的例子：前南斯拉夫较早就扩大与西欧贸易，其总统经济顾问亚历山大·拜特曾告诉我，他们设计了一套报价机制来核查贸易的真实性，当进口商每进行一单进口贸易时，外汇部门就按照同一进口商品也去询价，看达成交易的报价的真实性，防止进口商把外汇挪出去。这种做法只有在贸易量比较小的时候才有可操作性，对于中国现在的贸易量而言，外汇管理部门的工作量是不可想象的。事实上，我们的外汇局曾把区分资本项目和经常项目的方法做到了极致。

还有一个"角点"就是货币政策的独立性。我理解这不是指央行对政府的独立，而是说货币政策的独立有效性。在当前全球化的背景下，货币政策无论如何都不是"要么有效、要么无效"那么简单的角点，也模糊成了一个范围，一国货币政策往往很难单独有效。

一个典型例子就是美国一搞量化宽松政策（QE），全球的货币政策都受传染。另外就是通胀。过去认为各国物价都是各国自己政策选择的结果，相互之间独立。随着全球贸易发展和大宗商品交易等，通胀也可以相互影响和传染。亚洲金融危机之后，先是有人在2000年说"中国输出通缩"，随后2006年又说"中国输出通胀"，所以通胀也变得不那么独立了。不过，这不是通过资本流动产生的影响，而主要通过进出口贸易发生作用。在通胀受影响的情况下，主要针对通胀的货币政策也变得无法独立有效。

因此，在三个"角点"日渐变得模糊的情况下，"不可能三角"在逻辑推理和实际操作效果上就不那么严格成立了。而作为动态演变的转轨经济，作为央行，可以在"不可能三角"中找到一些动态变化的立足点,保持三者的同方向运动。事实上,近年来,我们一直追求这样的方向把握和动态立足,现在看来效果也还不错。

《财经》:近来有不少关于金融机构在市场准入和参与国内金融市场方面扩大开放的讨论,您的"三驾马车"说似未覆盖这个方面,那这二者是否存在联系?

周小川:我认为这是一个综合的问题,市场准入和市场开放与"三驾马车"中的每一"驾"都相关联,并非是"三驾马车"所引领的经济对外开放之外的一个特殊问题。

第一,从贸易自由化和投资便利化的角度来看,金融服务业像工业、农业及其他服务业一样,也面临着放宽市场准入和参与竞争等问题,由此引发的担忧也类似。

按产业政策中保护幼年行业的说法,人们常常会觉得自己行业竞争力还不够,希望再多保护一段时间,等它成长好了,竞争力强了再对外开放。当然,这当中也隐含着担忧:如果外资进来多了,占据市场份额大了,会不会引发经济及市场上的安全问题。这其实是所有工业部门在对外开放过程中都经历过的问题。

想一想,如果希望对外开放,肯定是因为相信对外开放会最终　　国经济的成长和强大。开放是资源配置优化的进程,就是通　　竞争机制带来优化配置,从而走上繁荣。

金融服　　会例外,只不过更敏感一些,对安全的考虑也更多一些,所以　　更复杂一些。1993年十四届三中全会将金融业描述为国民经济命脉行业,但这只是各行业之间相对而言的，三大产业内都存在一些敏感、重要的行业，工业中有，服务业中也不少。这不是二进制中 0 和 1 的关系，大家对各个行业或多或少都会有类似的考虑和担忧。我认为，问题的关键点在于这个行业是否属于竞争性行业，还是归于天然垄断行业。中国从参与关贸总协定谈判，签署了《服务贸易总协定》(GATS)，到后来加入 WTO，都是把金融服务业，包括商业银行、证券和保险业务，视作竞争性服务业。因此，从这一点来看，金融业同样面临需要放宽市场准入和相互参与，以竞争促进优化和繁荣的问题。

第二，人们对金融开放对汇率及汇率形成机制可能产生冲击的问题更为关注，重要原因之一就在于随着金融业开放，外资金融机构准入放宽，境内外市场实现联通，将带动大量资金量进出，从而影响宏观调控，特别是影响汇率和资本流动。事实上，在整个"三驾马车"推动中国改革开放的过程中，人们对汇率和资本流动的担忧始终存在。这与金融业开放引发的担忧实质是一样的，只不过后者的影响及引发的担忧相对更大一些。

第三，金融业开放与外汇管制显然有很大关系。过去，在外汇管制较多时，外资金融机构的业务范围、参与产品和服务客户等都有比较严格的区分和规定：早期外资金融机构只能做外汇业务而不能从事人民币业务，只限于海外承销而不能做 A 股的投行业务，仅限于服务三资企业或非居民，等等。如此，虽然一定程度上减少了对外开放可能带来的冲击，保护了汇率和宏观调控，但在外汇管制情况下，开放程度必然不会很高。

随着一些惯性旧思维问题逐步解决，加上积极汲取其他行业、领域的成功经验，人们越来越明白，对外开放需要继续向前推进，金融机构市场准入和金融市场开放的步伐可以迈得更大些。其实，外资金融机构目前在中国所占市场份额很小，而通过推出沪港通、深港通、债券通等互联互通试点，人们也在不断学习和进步，也发现其实风险并没有原先想象的那么大。

当然，我们对金融安全问题不可能忽视。值得重点关注的是在经济转轨过程中，如果金融机构特别是商业银行，背负了计划经济和转轨中的沉重历史包袱的话，就很可能轻易被外资机构所击垮，这也是以往一些国家所看到的实况。因此，必须要从宏观上抓住以……市场化进行转轨，解决历史包袱问题。在历史包袱化解……说，对外开放引发的担忧就不会那么大，人们看……也会更多。

总之，市场经济有其基本规律，金融业属于竞争性服务业，竞争会带来优化和繁荣，这些规律在对外开放过程中始终是居于支配地位的。虽然亚洲金融危机和2008年全球金融危机触发了不少新的争论，令人们更为忧虑、担心和谨慎，但经济界终会由表及里、去伪求真，找到真正有用的药方。"三驾马车"已将中国经济驱动并取得长足进步，已到了金融服务业实行更高层次的市场准入并在国际国内金融市场更广泛参与的阶段。

（本文原刊载于2017年10月16日出版的
《财经》杂志封面文章）

睿视角

人民币国际化的成就、问题与前景

文 / 张明（中国社会科学院金融研究所副所长、国家金融与发展实验室副主任）

王喆（中国社会科学院金融研究所博士后）

编辑 / 袁满

自2009年启动至今，人民币国际化已经历了10来个年头。目前，人民币已经成为全球第五或第六大支付货币，以及第五大储备货币。人民币国际化呈现出周期性发展历程，推进策略也经历了从旧"三位一体"到新"三位一体"的转变。本文将对人民币国际化迄今为止取得的重要成就、存在的问题进行回顾分析，并对其发展前景进行展望。

成就

2008年全球金融危机爆发后，中国政府开始大力推进人民币国际化,以寻求与经济实力相匹配的国际货币地位。人民币国际化从 2010 年起快速发展,到 2015 年中达到高点,之后回落调整,形成了一个完整的发展周期。

第一,跨境人民币结算快速推进,货币结算功能明显增强。中国政府先后于 2009 年和 2010 年开放人民币跨境贸易和直接投资的人民币结算试点,并于 2011 年逐步推广至全国。人民币跨境贸易规模从 2010 年的 5 063 亿元快速上升至 2015 年的 7.23 万亿元,增长了 13 倍。在 2015 年最高时,约有三分之一的跨境贸易以人民币结算。人民币在跨境直接投资中的结算规模也从 2010 年的 280 亿元上升至 2015 年的 2.32 万亿元,增长了 82 倍。之后,跨境人民币结算规模在 2016 年至 2017 年间出现收缩,并于 2018 起逐渐恢复。截至 2020 年,人民币在跨境贸易中的结算规模回升至 6.77 万亿元,跨境直接投资中的人民币结算创下 3.81 万亿元的新高。自 2009 年以来,人民币作为国际支付货币的地位显著提升。SWIFT 数据显示,2011 年末人民币在国际跨境结算中的市场份额仅占 0.29%,2015 年 8 月最高达到 2.79%,国际排名也从 2010 年 10 月的第 35 位上升至第 4 位。截至目前,人民币在国际支付的货币排名中稳定在第五或第六位。

第二,离岸人民币市场快速发展,人民币计价产品有所丰富。离岸人民币市场建设覆盖香港、台湾、伦敦等地以及新加坡。其中,香港逐渐成为全球最大的离岸人民币中心。据 SWIFT 统计,2017 年以来,香港的离岸清算业务占到全球市场份额的 75% 左右。Wind 数据库显示:2009 年末,香港人民币存款规模仅为 627.18 亿元，至 2014 年末已经快速增长并突破 1 万亿元；人民币贷款规模从 2011 年末的 308 亿元增长至 2016 年 9 月的 3 074 亿元；开展人民币业务的金融机构数量也从 2009 年的 60 家增加至 2015 年 7 月的 147 家。除了存贷款业务之外，债券、基金等以人民币计价的离岸金融产品也逐渐丰富。其中，离岸人民币债券市场发展较快，海外新发人民币债券规模从 2009 年的 164.47 亿元至 2014 年最高达到 3 788.34 亿元；截至 2020 年，海外人民币债券已累计发行超过 2 万亿元。

第三，货币互换等金融合作逐步加深，金融基础设施日益完善。货币互换合作是政府推进人民币国际化的重要举措。截至 2015 年，央行已与 30 多个国家和地区签署 55 个双边货币互换协议，人民币互换规模从最开始的 1 800 亿元，突破 3 万亿元。截至目前，人民币互换存量为 3.61 万亿元。与此同时，服务于人民币的金融基础设施建设也有所推进，逐渐形成以人民币跨境支付体系为基础，以人民币清算行为枢纽，以银行等金融分支机构为依托的清算网络。其中，跨境人民币支付系统（CIPS）一期和二期分别于 2015 年和 2018 年上线，覆盖 160 多个国家和地区；人民币清算行在 2015 年已设立 20 个，至今共有 27 个，覆盖 25 个国家和地区；中资银行的海外分支机构分布广泛，并注重在离岸金融中心、"一带一路"沿线等重点区域的布局。

第四，国际货币地位稳步提升，货币锚定效应得到局部凸显。2016 年，人民币正式被纳入 SDR 货币篮子，这是人民币国际化启动以来具有里程碑意义的进展，标志着人民币成为继美元、欧元、日元、英镑之后第五大国际货币。据中国人民银行不完全统计，目前已有 70 多个央行或货币当局将人民币纳入外汇储备，人民币的国际货币地位稳步提升。COFER 数据库显示，人民币在全球官方外汇储备的份额从 2016 年第四季度的 1.08% 持续上升至 2020 年第四季度的 2.25%。与此同时，在与中国密切经贸往来的周边国家，人民币的货币锚定效应逐渐凸显。特别是在一些东亚国家，有研究表明，人民币已经成为事实上的"锚货币"。

问题

人民币国际化经历了周期性发展。我们将 2009 年至 2017 年视为人民币国际化的第一个周期。在此期间，人民币国际化的推进策略可以概括为"三位一体"，具体包括：第一，大力鼓励在跨境贸易和投资中使用人民币结算；第二，大力发展香港等离岸人民币市场；第三，积极推进中国央行与多国央行间的货币互换合作。尽管在过去以"三位一体"为中心的发展周期里，人民币国际化取得了突出的进展与成就，但这一模式也存在深层次隐患和问题。

第一，更加重视人民币的结算货币职能，而相对忽视了人民币的计价职能提升。从已有的国际经验和有关研究来看，货币的计价职能对于一国货币成为国际货币更为重要。价值储备职能提升则是在货币结算、计价职能得到充分发展的基础上，自然而然的过程。仅依靠贸易结算结合离岸市场发展的模式难以真正取得国际货币地位。从目前来看，在旧有模式下，人民币结算职能作为推进重点，而计价和价值储备职能则明显滞后于结算职能的发展。由于全球价值链分工模式、金融市场发展程度、货币惯性等因素，无论是在贸易、金融还是大宗商品交易的计价中，人民币均无法与美元、欧元等国际计价货币相匹敌。人民币在全球官方外汇储备中的份额虽然屡创新高，但其比重仍然较低，不及美元、欧元、日元和英镑。

第二，更加重视离岸人民币市场建设，而相对忽视在岸金融市场开放。境外流通的人民币目前还缺乏充足且多样的渠道用于投资人民币资产。尽管过去大力推动离岸人民币金融中心建设，但笔者团队在香港等地的调研结果发现，提供给境外投资者的人民币资产在规模、种类、流动性等方面都与其他国际货币存在差距。金融基础设施建设尽管在近年来不断加快，但仍存在总量不足、分布不均衡等问题，难以充分满足境外人民币结算清算的需求。另外，离岸金融市场主要为境内流向境外的人民币资产提供投融资渠道，但人民币回流却缺乏有效途径。这其中一个很大的原因是在岸金融市场的开放不足。长期以来，国内资本项目未能完全开放，境外投资者参与国内金融市场、外资持股境内金融机构仍有国家范围、额度和严格的比例限制。只注重离岸市场建设而忽视在岸金融市场开放，阻碍了人民币形成境内外顺畅的循环机制。

第三，利率、汇率市场化改革尚未完成导致投资需求盛行，而相对忽视培育境外人民币的真实需求。由于利率、汇率市场化改革尚未完成，在岸和离岸市场存在的人民币利率和汇率差异容易滋生投机套利活动。正如在2015年前人民币处于升值周期中，汇率和利率差异推动了境内人民币以跨境贸易或投资结算的形式向离岸市场转移，并最终表现为人民币国际化在2010年至2015年的进展加快。然而，当由于汇率预期变动导致套利机会消失时，人民币国际化的动力也会随之削弱。因此，在推进跨境结算与离岸人民币市场建设相结合的旧有模式下，人民币国际化背后存在一定的投机需求驱动特征，因而缺乏较为坚实的人民币需求基础。目前在贸易结算、金融交易和国家储备中，尚未形成足以支撑人民币国际化可持续发展的真实使用需求。

基于此，在旧"三位一体"推动下的人民币国际化进程和速度容易受到汇率预期、利差变化等周期性因素影响，而不具有稳定性和可持续性。2015年的"8·11"汇改打破了人民币单边升值的预期，使境内外利差收窄，资本管制增强，国内系统性风险逐渐积累并显性化。在这一系列短期因素的冲击下，人民币国际化水平从2015年的高点回落，在2015年至2017年进入下行期，人民币跨境结算、离岸人民币市场规模等指标增速均出现大幅放缓甚至逆转。例如，人民币在跨境贸易和投资结算中的金额分别从2015年的7.23万亿元和2016年的2.46万亿元，降至2017年的4.36万亿元和1.64万亿元，降幅达到40%和33%。香港人民币存款余额从1万亿元的高点回落，2017年3月最低时仅为5 072.72亿元，缩水将近50%。人民币国际化出现的放缓和停滞反映了旧有"三位一体"模式存在的缺陷，对发展思路和策略的转变提出了现实需求。

前景

2018年以来，人民币国际化逐渐复苏回暖。越来越多的迹象表明，人民币国际化正在逐渐进入新的发展周期。2020年，《中共中央关于制定国民经济和社会发展第十四个五年规划和二〇三五年远景目标的建议》提出，"稳慎推进人民币国际化，坚持市场驱动和企业自主选择，营造以人民币自由使用为基础的新型互利合作关系"，明确了未来人民币国际化注重以市场为导向，以培育真实需求为基础的发展原则。伴随着一系列政策措施的出台，人民币国际化在新周期的发展策略也逐渐清晰，可以概括为以"推动人民币计价的大宗商品期货交易＋加快开放在岸金融市场＋鼓励'一带一路'沿线等区域的人民币使用"为核心的新"三位一体"策略。

第一，以大宗商品期货交易为抓手，大力拓展人民币计价职能。2018年3月，上海国际能源交易中心推出了首个以人民币计价、对境外投资者开放的中国原油期货产品（INE）。目前上海期货交易所已经成为全球仅次于布伦特原油和西得克萨斯中油之后的第三大原油期货交易所。2018年5月，以人民币计价的铁矿石商品期货也引入了境外投资者。天然气等大宗商品期货未来也有望陆续推出，上市原油期权也于 2021 年 6 月挂牌交易。推进大宗商品期货交易领域的人民币计价，有利于打破以美元为主导的国际大宗商品计价体系，形成石油人民币机制，从而推动人民币计价职能的有效提升。结合中国当前的对外开放布局，共建"一带一路"国家的能源合作空间广阔。未来，大宗商品期货的人民币计价、石油人民币机制形成有望与"一带一路"建设结合起来。

第二，加快在岸金融市场开放进程，形成在岸和离岸人民币市场的良性互动。在人民币国际化的新周期里，在岸金融市场加快开放主要表现在三个方面。其一，逐渐放宽并取消境外投资者投资在岸金融产品的额度限制。2019 年 9 月，QFII 和 RQFII 的额度限制正式取消。其二，加快境内外股票、债券等金融市场的互联互通，并推进资产价格指数的国际化。2017 年以来，沪港通、深港通、债券通等机制加快建立并完善，2018 年中国 A 股和债市相继被纳入 MSCI 指数（摩根士丹利资本国际指数）、彭博巴克莱全球综合指数等全球流行指数，提升了中国金融市场在国际市场上的认可度。其三，逐渐放宽外资金融机构的准入限制。2020 年，证券、基金等金融机构的外资持股比例限制提前取消。未来，随着进一步加速开放，金融市场应继续完善建设，为境外投资者参与在岸金融市场的投融资活动提供更广、更深、更富流动性的人民币计价金融产品。自贸区、自贸港则有望成为金融开放以及推进人民币国际化的前沿试点地带，区内人民币国际化的创新实践有望取得突破，并结合人民币国际化的海外布局，实现优势互补的分工合作。与此同时，也应注意与离岸金融市场形成良好互动，继续巩固并推进具有战略意义的离岸金融中心建设，丰富创新离岸金融产品，并鼓励政府部门、各类金融机构、国际金融组织以及企业等在内的主体广泛参与。

第三，结合对外开放战略布局，培育境外主体针对人民币的真实需求，提高人民币需求的黏性。从人民币周边化、区域化到国际化的发展路径已经形成广泛共识。因此，在中国周边国家培育人民币真实需求，具有良好的经贸往来和产业链基础，并能获得国家政策的有力支持。

近年来，"一带一路"建设为人民币的跨境流通、结算计价提供了历史性机遇和重要动力，2020年末《区域全面经济伙伴关系协定》的签署也将为人民币国际化带来更广阔的发展空间。在贸易层面，未来应继续拓展在跨境商品和服务贸易中结算计价的基础性需求，同时结合数字经济发展在跨境电商等新形式中增强人民币的使用和认可度。在投资层面，在周边以及"一带一路"沿线的基础设施建设、产业园建设以及能源合作等方面存在巨大的投融资需求。在推动企业"走出去"、在沿线地区进行对外直接投资的同时，能够促进人民币使用，在亚投行、丝路基金、公私合营（PPP）等进行多样化融资的过程中，也为人民币计价结算提供了良好契机。在金融基础设施方面，应进一步完善境外人民币结算清算网络，拓展金融基础设施建设的广度和深度，弥补金融基础设施欠发达地区短板，缓解由于基础设施落后对人民币使用的制约。

新"三位一体"策略是未来推动人民币国际化发展的可行路径，能够具有针对性地解决和弥补过去旧"三位一体"策略存在的问题和不足，推动人民币国际化更加稳慎、持续地发展。2020年以来，在全球新冠肺炎疫情的冲击下，国内外宏观经济形势都发生了很大变化，中国提出构建内外"双循环"新发展格局。作为其中的重要环节，人民币国际化的未来发展前景，应在延续新"三位一体"策略的基础上，尤其注意以下新因素、新变化带来的机遇和挑战。

第一，将金融层面的人民币国际化与贸易层面的东亚乃至全球价值链重构相结合。全球疫情加快了全球价值链、产业链和供应链重构，分散化和区域化可能是未来发展的方向。在此背景下，中国应进一步巩固在东亚地区三链中的枢纽地位，在促进价值链、产业链升级的同时注重安全性和控制力，并将人民币国际化与东亚乃至全球价值链、产业链以及供应链重构和调整相结合，以促进"双循环"的新发展格局。

第二，将人民币国际化与宏观经济金融稳定相协调。境内外疫情防控进展的差异会传导至产出和利率差异，从而引起跨境资本流动，中国可能迎来新一轮短期资本流入。在此情况下，我们应把握好深化利率、汇率市场化改革以及金融开放的节奏和进程，注意防范资本流入与国内地方债、企业债违约等系统性风险叠加，进而影响宏观经济与金融稳定。另外，人民币国际化的发展仍然受到利率、汇率波动影响，因而不得不关注美元走势变化。考虑到美国经济复苏加快、中美经贸冲突的走向不确定以及全球疫情影响下的金融市场动荡带来的避险情绪，美元地位未必会出现明显削弱。

第三，注意数字货币以及绿色金融为人民币国际化带来的新机遇。数字货币的兴起引发各国央行的广泛关注和研究。中国人民银行发行的数字人民币（DCEP）自 2020 年开始进入试点运行。数字货币为人民币国际化的发展提供了新的思路，尽管从目前来看，数字人民币仍定位于 M_0（流通中现金）并主要用于零售端，无法用于跨境交易，但未来如何通过数字化助力人民币国际化，数字货币竞争对国际货币体系产生哪些影响都值得进一步探索。另外，随着中国绿色金融市场的快速扩张，有关金融产品逐渐丰富，碳达峰和碳中和实现进程为人民币国际化提供了哪些崭新的发展空间，也值得有关各界高度关注。

我们认为，如果中国经济能够继续保持中高速增长，中国金融市场继续增强广度、深度与流动性，中国能够避免系统性金融危机的爆发，那么到 2030 年至 2035 年，人民币有望在支付货币、交易货币、储备货币等维度全面超越英镑与日元，成长为仅次于美元与欧元的第三大国际货币。

第五章

抢夺科技先声：
数字人民币试水

时光钟摆移至 21 世纪 20 年代，在金融数字化浪潮下，人民币踏上从纸币向数字货币变身的新征程。老百姓手中的纸币逐步变身为手机中的电子符号。

在中国，这种复杂的技术在问世之初被简称为 DCEP（Digital Currency Electronic Payment）。中国人民银行自 2014 年起对这项技术进行深入研究，并持续研究了近 7 年之久，其更为完整的字面意思是"数字货币电子支付"。

这项技术的更名发生在 2021 年 7 月中旬。

2021 年 7 月 16 日下午，中国人民银行发布《中国数字人民币的研发进展白皮书》，首度将数字人民币的运营模式公告天下，并进一步明确中国法定数字货币，简称数字人民币，字母缩写按照国际惯例暂定"e-CNY"。

自此，e-CNY 开始取代 DCEP 逐渐进入公众视野。

与泛滥的比特币等虚拟货币不同，e-CNY 被认为是唯一的现金终结者，因为其不仅仅拥有中央银行背书的无限法偿性，在其应用探索的背后，还蕴含着深层次的货币体系之变。

这种货币体系之变首先反映在货币供应量的重要指标 M_0 上。

中国人民银行公布的 2021 年上半年金融数据显示，截至 6 月末，M_0 余额为 8.43 万亿元，同比增长 6.2%。2016 年末至 2020 年末统计数据显示，M_0 余额分别为 6.83 万亿元、7.06 万亿元、7.32 万亿元、7.72 万亿元和 8.43 万亿元人民币。

透过上述数据可以看出，虽然老百姓对电子支付的诉求和规模与日俱增，但是 M_0 数量仍然保持一定增长。而数字人民币的目标是实现对 M_0 的替代。

与人民币国际化的追赶之路不同，在全球数字货币探究的道路上，数字人民币已经抢跑。

2017 年春节前夕，中国央行通过数字票据交易平台进行了数字货币测试；2019 年末，数字人民币在深圳、苏州等城市首批试点；2020 年国庆节前后，数字人民币在深圳首次面向公众测试；2021 年 7 月，中国央行首度发布数字人民币研发进展白皮书……数字人民币的每一步进展都引发国际社会高度关注，有人甚至认为，其将重新构建当今国际货币体系。不过，理性来看，人民币的国际地位最终取决于中国经济的实力，并非仅凭技术更新。但在数字金融的角逐赛道上，没有哪个国家或地区可以忽视新货币形态的战略意义。

一、数字化浪潮下的中国速度

最早吸引人们关注的数字货币并非法定数字货币,而是民间"挖矿"兴起的比特币。

2009年1月3日,日裔美国人中本聪创建了比特币世界的第一个区块(block),标志着比特币的诞生。在问世之初,比特币廉价到可以忽略。一则非官方统计数据显示,在比特币问世之初,1美元可以购买到的比特币的数量达千枚,次年(2010年),一枚比特币的价格也不足几美分。

对于这样低价的新事物,当时很少有人会预测仅仅几年的时间,其价格就会发生翻天覆地的变化。这种出人意料的局面发生在2013年,比特币价格在这一年的前四个月以每个月翻倍的速度增长——从1月初的每枚13.16美元,增长到4月的每枚266美元。

正是在这一年,比特币依然作为一个非常小众的事物被引入中国金融圈、学界以及媒体圈。彼时,人们依然对比特币缺少判断,更多的人仅仅认为比特币是新鲜事物,还未曾得知其身上具备怎样的投资价值、储藏价值。

尽管比特币价格一跃而起,但是大多数关注者都没有将其作为稳定的投资资产。相比股市、楼市,人们彼时似乎都相信比特币价格高涨背后的"郁金香泡沫"迟早会破。

时至今日,持续多年关注比特币的那群人则持有不同的感慨:有人说比特币的"郁金香泡沫"早就破了;有人则说,比特币和郁金香不同，因为暴跌后的比特币会慢慢涨回来。

显然，不同的受益者有不同的感慨和认知，而识别受益者身份的关键因素则在于他们以什么价位进入比特币市场。

2017 年，比特币曾经创造过历史最高价格，最高值在 20 000 美元左右，比特币因此成为一夜暴富的象征；2018 年，比特币曾一度跌破 4 000 美元，让很多在高点进入的投资者顿感泡沫破灭；但是到了 2021 年，比特币价格一举突破 60 000 美元。

8 年间，随着新兴技术问世的比特币经历了跌宕起伏的故事。而早在 2013—2014 年，民间虚拟货币的快速升值引起了全球主权货币国家的注意，当时很多国家对比特币持开放的态度。随着价值无限攀升，相关风险不断暴露，中国货币当局开始重视以比特币为代表的虚拟货币的风险。

中国虚拟货币监管趋严是从市场监管逐渐向政策监管演变的，这个时间是在 2017 年。

2017 年 1 月 22 日，火币网、比特币中国与 OKCoin 币行（中国境内的比特币交易所）相继在各自官网发布公告称，为进一步抑制投机，防止价格剧烈波动，各平台将于 2017 年 1 月 24 日中午 12 时起开始收取交易服务费，服务费均按成交金额的 0.2% 固定费率收取，且主动成交和被动成交费率一致。

2017 年 1 月 24 日中午 12 时起，中国三大比特币平台正式开始收取交易费。同年 9 月 4 日，中国央行等七部委发公告称中国禁止虚拟货币交易。

在对虚拟货币交易监管之前，各国货币当局就已经开始重点研发比特币的底层技术区块链，希望透过这项技术能够看到未来法定数字货币的雏形，这个时间节点是在2013—2014年。

在科技浪潮下，区块链技术迅速走红，在全球市场上成为继互联网后的又一热点。一时间，金融机构和IT（信息技术）企业纷纷投入区块链技术的探索和研发中。

2015年初，美联储明确公布其更新货币发行系统的意图。次年，英国央行和荷兰央行则发布了国家发行数字货币的白皮书。

国际主要经济体的布局引起了中国货币当局的高度关注。中国数字人民币研发工作开始低调展开：2014年中国央行成立了专门的数字货币研究团队；2017年，数字货币研究所低调挂牌，现任中国证监会科技监管局局长姚前当时出任首任所长。

2021年4月，姚前撰文指出：可以这样说，目前大多数国家的中央银行数字货币（Central Bank Digital Currency，CBDC）试验都是基于区块链技术展开的。但时至今日，CBDC是否采用区块链技术依然存有争议，一种典型的观点是区块链的去中心化与中央银行的集中管理存在冲突，因此不建议CBDC采用该技术。

在文章中，他指出，区块链作为一种可能成为未来金融基础设施的新兴技术，对于中央银行和商业银行二元模式而言，有助于实现分布式运营，同时并不会影响集中管理。

对于区块链技术本身的发展，中国早在"十三五"（2016—2020年）期间就提出要重视区块链等技术的发展。2018年5月28日，习近平总书记在中国科学院第十九次院士大会、中国工程院第十四次院士大会开幕会上发表的重要讲话中，将区块链与人工智能、量子信息、移动通信、物联网一道列为新一代信息技术代表。

2019年10月24日下午,中共中央政治局就区块链技术发展现状和趋势进行第十八次集体学习。习近平总书记在主持学习时强调,区块链技术的集成应用在新的技术革新和产业变革中起着重要作用。我们要把区块链作为核心技术自主创新的重要突破口,明确主攻方向,加大投入力度,着力攻克一批关键核心技术,加快推动区块链技术和产业创新发展。

中国数字人民币研发工作在2016年开始提速。2016年1月20日,中国人民银行数字货币研讨会在北京召开,会议提出"争取早日推出央行发行的数字货币"的目标。数字人民币的发行和流通体系、各国中央银行数字货币的最新发展情况如图5-1、图5-2所示。

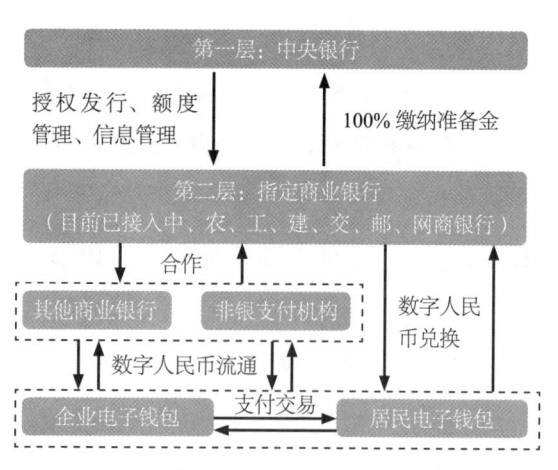

图5-1 数字人民币的发行和流通体系

资料来源:央行、移动支付网、平安证券研究所。

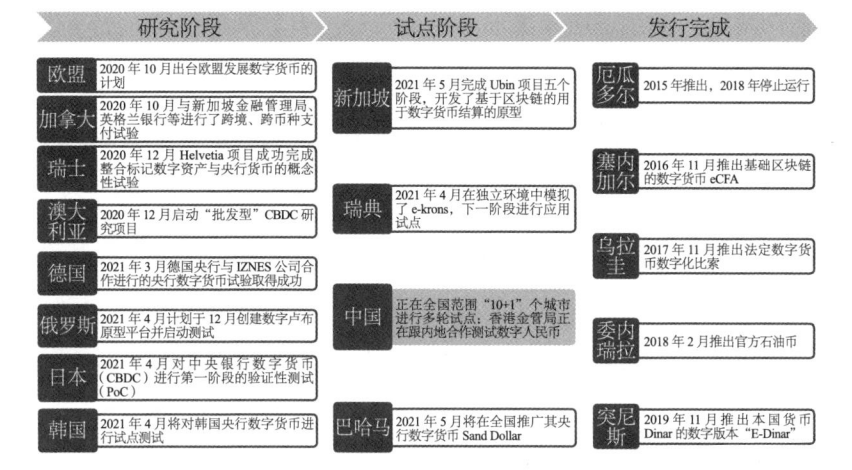

研究阶段	试点阶段	发行完成
欧盟：2020年10月出台欧盟发展数字货币的计划	新加坡：2021年5月完成Ubin项目五个阶段，开发了基于区块链的用于数字货币结算的原型	厄瓜多尔：2015年推出，2018年停止运行
加拿大：2020年10月与新加坡金融管理局、英格兰银行等进行了跨境、跨币种支付试验		塞内加尔：2016年11月推出基础区块链的数字货币eCFA
瑞士：2020年12月Helvetia项目成功完成整合标记数字资产与央行货币的概念性试验	瑞典：2021年4月在独立环境中模拟了e-krons，下一阶段进行应用试点	
澳大利亚：2020年12月启动"批发型"CBDC研究项目		乌拉圭：2017年11月推出法定数字货币数字化比索
德国：2021年3月德国央行与IZNES公司合作进行的央行数字货币试验取得成功	中国：正在全国范围"10+1"个城市进行多轮试点；香港金管局正在跟内地合作测试数字人民币	委内瑞拉：2018年2月推出官方石油币
俄罗斯：2021年4月计划于12月创建数字卢布原型平台并启动测试		
日本：2021年4月对中央银行数字货币（CBDC）进行第一阶段的验证性测试（PoC）		
韩国：2021年4月将对韩国央行数字货币进行试点测试	巴哈马：2021年5月将在全国推行其央行数字货币Sand Dollar	突尼斯：2019年11月推出本国货币Dinar的数字版本"E-Dinar"

图 5-2　各国中央银行数字货币的最新发展情况

资料来源：Wind、平安证券研究所。

对于基于法定货币由国家发行的数字货币，时任中国人民银行行长周小川曾提出了以下要求：央行发行数字货币的目的是替代实物现金，降低传统纸币发行、流通的成本，提高便利性；数字货币发行、运行、管理的原则要保持与纸币相同，必须由央行来发行，基于"中央银行—商业银行"的二元体系运行；在管理上要有利于货币政策的有效运行和传导，保留货币主权的控制力；在技术上，央行发行的数字货币要提供便利性和安全性，保障数字货币的不可伪造性，做到保护隐私与维护社会秩序、打击违法犯罪行为的平衡，尤其针对洗钱、恐怖主义等犯罪行为要保留必要的遏制手段。

从历史发展的趋势来看，货币从来都是伴随着技术进步、经济活动发展而演化的——从早期的实物货币、商品货币到后来的信用货币，都是适应人类商业社会发展的自然选择。作为上一代的货币，纸币技术含量低，从安全、成本等角度来看，被新技术、新产品取代是大势所趋。这亦成为数字人民币研发的必要性逻辑。

什么是二元结构？二元结构意味着央行不直接对个人开放数字货币。之所以选择二元结构，在理论上，央行直接对个人运营是可行的，但现实情况并不容易做到，因为央行没有营业部，发行和经营是必要的，分工的效果更好。

2017年春节前夕，中国央行法定数字货币在数字票据交易平台进行公测，成为全球第一家进行此类试验的国家。当时配合的机构包括中国工商银行、中国银行、微众银行、浦发银行和杭州银行5家金融机构。测试分为两个试验，分别是中国银行、中国工商银行在数字票据交易平台上参与交易。为配合测试准确、顺利完成，参与测试的中国工商银行、中国银行等少数银行修改了核心系统。

事实上，数字货币典型的应用产品并不多，之所以选择数字票据交易平台作为试点应用产品，是因为该平台较零售相对简单、封闭，而且属于央行自己的系统，把控更为容易。从技术角度来讲，在测试试验中，从央行核心系统到商业银行转移、汇款，均采用数字符号；货币配有一个编码，标注金额大小。"规模非常宏大，试验的结果非常过瘾。"一位参与测试的金融人士事后激动地回忆。

事后来看，当时的测试更多是做知识积累、技术储备，与真正发行法定数字货币远不是相同的概念。不过，首次公测之后，在2017—2019年，整个金融界对数字人民币最大的感受是，中国央行数字货币研发工作进入了小步放缓的节奏。

回过头来看，导致上述情况的原因包括两点：一方面，当年整顿币圈乱象，数字货币研发是否采用与币圈密切相关的区块链技术存在争议；另一方面，央行推行法定数字货币，不同于民间数字货币，如若进一步提速，需要考量更多因素。

2019年8月初，央行在2019年下半年工作电视会议中提出，加快推进中国法定数字货币研发的步伐，跟踪研究国内外虚拟货币发展趋势。

2019年末，数字人民币研发工作再次悄然提速，当时由中国人民银行牵头，中国工商银行、农业银行、中国银行、建设银行四大国有商业银行，中国移动、中国电信、中国联通三大电信运营商共同参与的央行法定数字货币试点项目在深圳、苏州等四地落地。

对于数字人民币二次提速，央行数字货币研究所现任所长穆长春在"得到"课程中进行了全方位的解释，他说：首先，为了保护自己的货币主权和法币地位，需要未雨绸缪；其次，现在的纸钞和硬币的发行、印制、回笼、贮藏等各个环节成本都非常高，还需要投入一些防伪技术成本，流通体系层级烦琐，携带不便。

对于数字人民币可以节约的成本，有专业研究人士曾统计，数字货币可以大大节省纸币的运营成本，影响流通环节，并在很大程度上优化现有货币的运行体系。比如：中国国内仅运钞车运输产业市场就有 350 亿元；2010 年欧元区旧币回收耗资 1 000 亿欧元，替换了 58 亿张纸币。

此外，数字货币的作用还体现在以下方面：提升经济交易活动的便利性和透明度，减少洗钱、逃漏税等违法犯罪行为，提升央行对货币供给和货币流通的控制力，更好地支持经济和社会发展，助力普惠金融的全面实现等方面。

2020 年 8 月，商务部明确：在京津冀、长三角、粤港澳大湾区及中西部具备条件的地区开展数字人民币试点。中国人民银行制订政策保障措施；先由深圳、成都、苏州、雄安新区等地及未来冬奥场景相关部门协助推进，后续视情况扩大到其他地区。

2021 年 4 月中旬，中国人民银行举行的 2021 年第一季度金融统计数据新闻发布会公布，2019 年底数字人民币试点、测试相继在深圳、苏州、雄安、成都四地及北京冬奥会场启动。到 2020 年 10 月，数字人民币试点区域增加了上海、海南、长沙、西安、青岛、大连 6 个地区。

业内人士的一个比较统一的认知是，在全球金融数字化浪潮下，数字人民币之所以能够领跑全球，一方面缘于中国布局较早，另一方面缘于中国在新兴科技领域储备的实力。

二、运营模式与零售场景搭建

2021 年 7 月 16 日下午，在全球瞩目下，中国人民银行发布的《中国数字人民币的研发进展白皮书》（以下简称"白皮书"）首次向世人介绍了中国人民银行在数字人民币研发上的基本运营体系，以及数字人民币钱包的设计理念。

透过白皮书，市场看到了一个非常明显的信号：数字人民币研发试验已基本完成顶层设计、功能研发、系统调试等工作，正遵循稳步、安全、可控、创新、实用的原则，选择部分有代表性的地区开展试点测试。

在白皮书发布会上，中国人民银行副行长范一飞首次向媒体界全面介绍数字人民币研发进展。参与数字人民币研发的运营机构主要包括工行、农行、中行、建行、交行、邮储6家银行；移动和工行，联通、电信和中行，分别成立联合项目组参与研发；蚂蚁和腾讯两家互联网企业旗下的网商和微众银行也参与研发。后来，招商银行亦获准加入。

透过白皮书，数字人民币运营模式进一步明确。中国数字人民币采用的是双层运营模式。人民银行负责数字人民币发行、注销、跨机构互联互通和钱包生态管理，同时审慎选择在资本和技术等方面具备一定条件的商业银行作为指定运营机构，牵头提供数字人民币兑换服务。

在理论层面，根据中央银行承担的不同职责，法定数字货币运营模式有两种选择：一是单层运营，即由中央银行直接面对全社会提供法定数字货币的发行、流通、维护服务；二是双层运营，即由中央银行向指定运营机构发行法定数字货币，指定运营机构负责兑换和流通交易。

在数字人民币中心化管理、双层运营模式下，人民银行在数字人民币运营体系中处于中心地位，负责向作为指定运营机构的商业银行发行数字人民币并进行全生命周期管理。指定运营机构及相关商业机构则负责向社会公众提供数字人民币兑换和流通服务。

具体来说，指定运营机构在人民银行的额度管理下，根据客户身份识别强度为其开立不同类别的数字人民币钱包，进行数字人民币兑出兑回服务。同时，指定运营机构与相关商业机构一起，承担数字人民币的流通服务并负责零售环节管理，实现数字人民币安全高效运行，包括支付产品设计创新、系统开发、场景拓展、市场推广、业务处理及运维等服务。

双层运营模式的优势在于可充分利用指定运营机构资源、人才、技术等优势，实现市场驱动、促进创新、竞争选优。同时，由于公众已习惯通过商业银行等机构来处理金融业务，双层运营模式也有利于提升社会对数字人民币的接受度。

在双层运营模式下，数字人民币具有七大设计特性：兼具账户和价值特征、不计付利息、低成本、支付即结算、匿名性（可控匿名）、安全性、可编程性。在匿名性特性中，数字人民币遵循"小额匿名、大额依法可溯"的原则，高度重视个人信息与隐私保护，充分考虑现有电子支付体系下业务风险特征及信息处理逻辑，满足公众对小额匿名支付服务需求。

数字人民币钱包也有自身的设计理念。白皮书对数字人民币的整体设计理念进行了很好的诠释：数字钱包是数字人民币的载体和触达用户的媒介。

在数字人民币中心化管理、统一认知、实现防伪的前提下，人民银行制定相关规则，各指定运营机构采用共建、共享方式打造移动终端 App（应用程序），对钱包进行管理并对数字人民币进行验真；开发钱包生态平台，实现各自视觉体系和特色功能，实现数字人民币线上线下全场景应用，满足用户多主体、多层次、多类别、多形态的差异化需求，确保数字钱包具有普惠性，避免因"数字鸿沟"带来的使用障碍。

在实际应用中，上述设计理念表现为具体的 5 个方面：

1. 按照客户身份识别强度分为不同等级的钱包。指定运营机构根据客户身份识别强度对数字人民币钱包进行分类管理，根据实名强弱程度赋予各类钱包不同的单笔、单日交易及余额限额。最低权限钱包不要求提供身份信息，以体现匿名设计原则。用户在默认情况下开立的是最低权限的匿名钱包，可根据需要自主升级为高权限的实名钱包。

2. 按照开立主体分为个人钱包和对公钱包。自然人和个体工商户可以开立个人钱包，按照相应客户身份识别强度采用分类交易和余额限额管理；法人和非法人机构可开立对公钱包，并按照临柜开立或是远程开立确定交易、余额限额，钱包功能可依据用户需求定制。

3. 按照载体分为软钱包和硬钱包。软钱包基于移动支付 App、软件开发工具包（SDK）、应用程序接口（API）等为用户提供服务；硬钱包基于安全芯片等技术实现数字人民币相关功能，依托

IC 卡、手机终端、可穿戴设备、物联网设备等为用户提供服务。软硬钱包结合可以丰富钱包生态体系，满足不同人群需求。

4. 按照权限归属分为母钱包和子钱包。钱包持有主体可将主要的钱包设为母钱包，并可在母钱包下开设若干子钱包。个人可通过子钱包实现限额支付、条件支付和个人隐私保护等功能；企业和机构可通过子钱包来实现资金归集及分发、财务管理等特定功能。

5. 人民银行和指定运营机构及社会各相关机构一起按照共建、共有、共享原则建设数字人民币钱包生态平台。按照以上不同维度，形成数字人民币钱包矩阵。在此基础上，人民银行制定相关规则，指定运营机构在提供各项基本功能的基础上，与相关市场主体进一步开发各种支付和金融产品，构建钱包生态平台，以满足多场景需求并实现各自特色功能。

设计理念需要借助真实的场景。在场景搭建上，数字人民币迈出的第一步落脚在零售端，并且速度惊人。

《中共中央关于制定国民经济和社会发展第十四个五年规划和二〇三五年远景目标的建议》提出，发展数字经济，推进数字产业化和产业数字化，推动数字经济和实体经济深度融合，打造具有国际竞争力的数字产业集群。

作为金融数字化的重要组成部分，数字人民币正在借助科技浪潮的力量进行零售全场景测试。2020 年国庆节假期的最后一天，"深圳罗湖千万数字人民币红包"的消息揭开了中国法定数字货币试水的序幕。

随着深圳先行测试，数字人民币测试工作开始从票据交易平台对公领域向零售领域拓展。相关统计数据显示，当时完成数字人民币系统改造的3 389家商户场景涵盖商场超市、生活服务、日用零售以及餐饮消费等类型。

2020年12月4日，苏州数字人民币试点，并进行场景升级，从线下消费场景跨越至线上消费场景。苏州数字人民币试点中的一大创新点在于，从参与数字人民币消费红包抽签活动的客户中选取部分人员参与离线钱包体验活动。苏州数字人民币试点的最大价值在于，它反映了中国数字人民币正在寻求新的技术突破。此后，业界达成了一个共识：离线钱包支付虽然在实际生活中很少用到，但是这项技术是非常难得的。

2020年12月29日，数字人民币北京冬奥试点应用在北京地铁大兴机场线启动。花样滑冰世界冠军申雪等活动体验者受邀开通数字人民币钱包，使用数字人民币购买大兴机场线地铁票，并体验了使用数字人民币可穿戴设备钱包——滑雪手套"碰一碰"通过地铁闸机。

截至2020年12月，中国人民银行的数字货币发展之路如图5-3所示。科技浪潮之下，巨头们亦积极参与。

蚂蚁集团旗下网商银行已经在盒马、天猫超市、上海公交等多个场景试点数字人民币；腾讯于2021年1月进行了相关试点尝试；在2020年12月的苏州数字人民币红包试点活动中，京东、美团、滴滴出行等互联网公司作为6家大型运营机构的合作方亮相。

此外，从2019年开始，终端厂商华为开始了数字人民币相关

2014年 成立法定数字货币研究小组

2016年1月 中国人民银行数字货币研讨会在北京召开

2016年 组建中钞区块链技术研究院

2017年1月 上线"区块链电子钱包"iOS版

2017年6月 中国人民银行宣布在五年计划中推动区块链发展

2017年9月 央行等七部委联合发布《关于防范代币发行融资风险的公告》,全面叫停代币发行融资

2018年3月 中国人民银行宣布成功建立区块链注册开放平台(BROP)

2019年7月 国务院已批准央行组织研发央行数字货币

2019年8月 中国金融四十人论坛,央行数字货币"呼之欲出"

2019年9月 央行数字货币已经开始进行"闭环测试"

2019年12月 中国人民银行数字货币基本完成顶层设计、标准制定、功能研发、联调测试等工作

2020年4月 中国人民银行数字货币正式开始内测,采用央行和商业银行的双层运营体制,开始推进农业银行、工商银行、中国银行、建设银行"四大行"大型试点,苏州、雄安、成都以及北京冬奥会场景的"四地一场景"内部封闭试点测试

2020年8月 商务部印发《全面深化服务贸易创新发展试点总体方案》,数字货币在北京、天津、上海、海南、大连等28个地区点范围扩大到

2020年10月 深圳首次开发了数字人民币红包活动,通过发放1000万元红包,测试数字货币在不同交易场景的效率

2020年12月初 中国人民银行数字货币研究所与银联商务股份有限公司正式签署战略合作协议,共同研究数字人民币试点测试在线上线下支付场景等领域的创新应用

2020年12月 苏州推出2000万元的数字人民币消费红包,开展公众测试,深圳工商银行在"融e购"App上实现了使用数字人民币进行公益捐赠

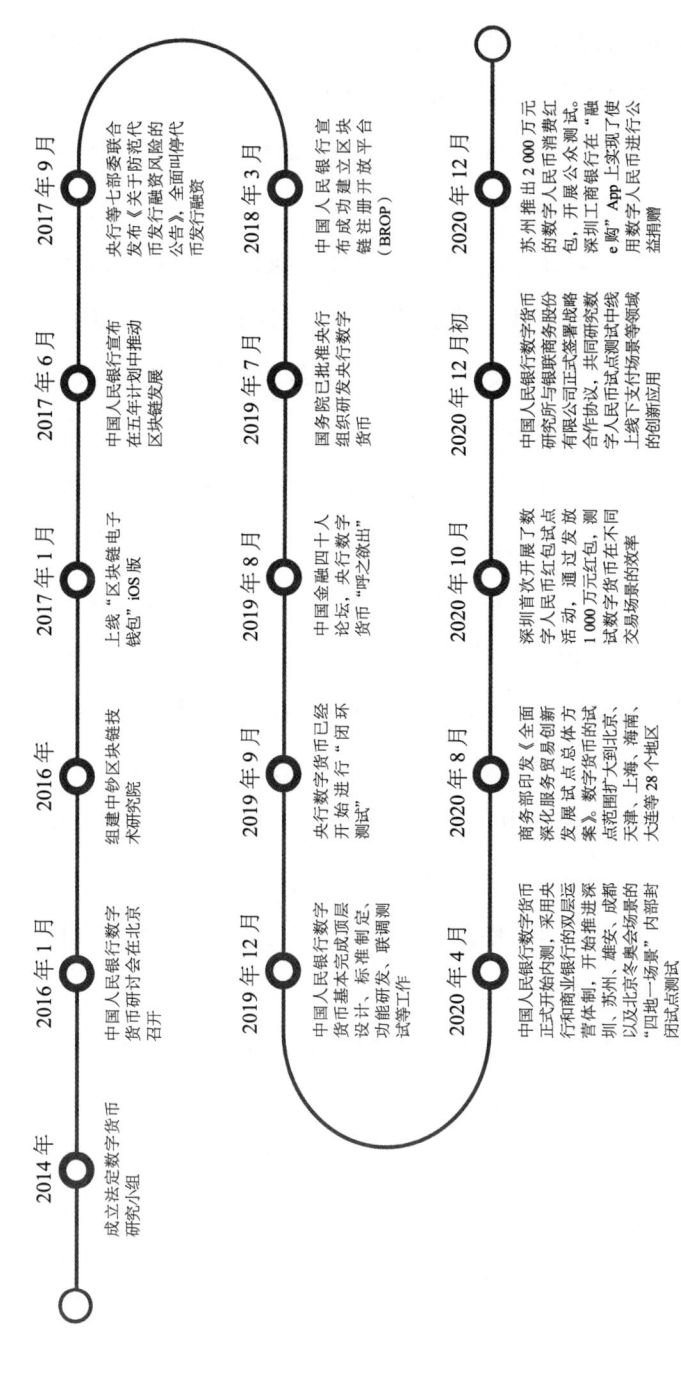

图 5-3 截至2020年12月中国人民银行的数字货币发展之路

注:中国人民银行数字货币简称为DCEP,是数字货币电子支付工具。央行数字货币的功能属性和纸钞完全一致,形态是数字化的,是基于M_0的替代,有国家信用背书,具有无限法偿性。

资料来源:金融博物馆。

技术规范的编写和开发。2020年10月，华为Mate 40系列手机成为全球首款支持数字人民币硬件钱包的智能手机。2021年5月，年度活跃用户超过10亿人的支付宝接入数字人民币模板，被称为最大的数字人民币内测场景。

自2016年扫码支付重启之后，蚂蚁、腾讯借助自身的科技实力，已经在国内开启过全场景支付尝试，积累了丰富的经验和技术储备。业界达成的一个共识是，数字人民币测试场景以零售场景为主。这就需要支付宝及微信的支持，未来也不排除抖音、快手、拼多多等新社交平台和电商平台的加入。

2021年9月，数字人民币测试引入多地联动开展了碳中和公益主题试点。该活动在北京、上海、海南、深圳、苏州、西安、长沙、成都、雄安新区九大数字人民币试点地区同步开展，凡在这些城市工作或生活的社会公众，均可在美团App首页搜索"数字人民币"，报名参与活动并领取相应的数字人民币低碳红包奖励。至此，数字人民币开始进入单车出行场景。

巨头们的科技实力不容忽视。以蚂蚁集团为例，蚂蚁链（由蚂蚁区块链升级而来）全球专利申请数连续4年始终保持在第一名；在应用层面，蚂蚁链已经助力解决了50多个实际场景的信任问题；在商业层面，蚂蚁链目前每天的"上链量"超过1亿次。

一种看法是，数字人民币主要发挥的是货币支付手段、流通手段的职能，追求的是畅通无死角。除了物理局限，纸钞对于收付双方没有任何要求，但在数字人民币的流通和支付过程中，收付双方必须有数字钱包，流通必须借助数字网络渠道。这就是数字人民币发行前要进行大量场景测试的原因。增加运营机构就是为了保证流通和支付无死角。

中国人民银行2021年7月发布的白皮书显示，截至目前，数字人民币研发试点省市基本涵盖长三角、珠三角、京津冀、中部、西部、东北、西北等不同地区，有利于试验评估数字人民币在中国不同区域的应用前景。

白皮书进一步显示，截至2021年6月30日，数字人民币试点场景已超132万个，覆盖生活缴费、餐饮服务、交通出行、购物消费、政务服务等领域。开立个人钱包2 087万余个、对公钱包351万余个，累计交易笔数7 075万余笔、金额约345亿元。

其中，在数字人民币钱包中六大商业银行对接的商户场景数均在30余家。除个别场景，大多数场景已对接六大行数字人民币钱包。

除了搭建零售场景之外，数字人民币也在尝试对公场景。2021年8月，数字人民币在期货领域的首次应用于大连成功落地，意味着数字人民币正在向B端场景应用进一步突破。可以预见的是，数字人民币测试之初将以小额、零售为主，而大额领域仍将具有很大的应用潜力。

数字人民币在上述场景应用中主要发挥了可控匿名、即时结算等优势特点，相较于传统的汇款支付方式进行了转型升级。这种转型升级的主要突破点在于交易零手续费、可实时查询收款进度、业务办理不受大额支付系统启停时段制约。

三、商业逻辑与机构竞逐

在数字人民币现有的运营模式与场景扩展下,中国的商业机构已经嗅到了巨大的商机。

场景项目参与者的商业焦点在于,场景平台参与数字人民币试点不仅聚焦数字人民币本身,而且存在以下商业逻辑:一是通过试点活动来打通线下场景,比如大型商超、文体消费场所等此前就想拓展的商户,此外还可以借此与金融机构、政府建立密切合作的关系;二是借助数字人民币热点,推广自己的营销活动。

事实确实如此,对于各场景或者巨头而言,货币支付结算越畅通,其业务发展就越顺畅。因此,只要是客户喜欢的支付方式,支付巨头就要创造条件、提供一切方便。对于各场景或者巨头来说,其业务既然是数字化的,自然希望有更方便的数字化的支付结算方式。

而业界预期的最大商机则是数字人民币将引发零售支付市场新的变革,在这一过程中,银行、支付机构、互联网平台等与客户之间的关系将被重构。

支付变革自然脱离不了支付宝、微信等两大支付巨头。

对于数字人民币与先前支付体系的关系,央行官员多次公开发声,周小川也曾在公开会上明确表示,e-CNY 的研发队伍是由中国人民银行组织,主要商业银行(包括工农中建等),以及电信运营商和几大第三方支付机构共同参与研发的,"大家都是在一条船上",不存在谁取代谁的说法。

2021年6月11日，在第十三届陆家嘴论坛上，中国人民银行数字货币研究所所长穆长春强调：数字人民币和第三方支付是两个维度的事情。数字人民币是钱、是工具，数字人民币钱包是载体、是基础设施，两者不是竞争和取代的关系。

不可否认的是，如果把数字人民币看成金融领域的新基础设施建设，数字人民币必然会对零售支付市场产生非常大的影响。那么，零售支付市场亦将迎来非常大的商机。在这个商机逻辑下，尽管在目前这个市场中，巨头的份额比较大，但未来数字人民币肯定会占有一定的份额。

随着非银行支付机构条例的出台，以及国家加强平台经济反垄断力度，零售支付市场会有一个重构过程，而数字人民币也将在重构中发挥重要作用。在市场重构的过程中，有些机构会获益，会改善与客户之间的关系，并获取一些新用户。

单纯看渠道和App，有一种分析认为，未来可能形成三足鼎立（支付宝、微信支付、数字人民币）的局面，但不一定是平分，不排除你中有我、我中有你的态势。不过从用户黏度来看，支付宝和微信更有优势，特别是它们嵌入了很多的金融场景和非金融场景，以及年轻人喜闻乐见的一些功能，所以两者与数字人民币不在一个维度上。短期来看，市场呈现的态势和现在相差不会太大。

显然，在可预见的未来，数字人民币将与微信支付、支付宝等新兴电子支付工具并存。数字人民币能在多大程度上替代它们，取决于市场的选择。研究者均认为，影响市场选择的主要因素是，由成本、便捷性、可靠性构成的竞争力，由竞争力造就规模化。

在这个潜在的商机下，作为运营机构的几家大型国有商业银行早已按捺不住，急于收复曾经失去的支付阵地。其中最为明显的便是，自2019年末开始，运营机构便马不停蹄地开展数字人民币推广工作。

从各家银行的反馈来看，目前的四家国有大型商业银行在推广上并无太大差异。在内部推动下，尽管各家银行项目名称不同，但是均有一个主要部门作为项目牵头部门，其他部门配合。

在具体的作用模式上，目前各家运营机构主要采用柔性团队，有的正在规划成立内设机构，有的已成立专项工作组，意在成立子公司。运营机构是否会单独成立子公司，还有待监管进一步明确，如果监管开闸，那么不排除未来所有运营机构均采用统一模式。而监管指向尚未快速明确，缘于两点：一是中国人民银行法等法律修订工作还未完成，二是相关业务管理办法的发布还需要时日。

2020年10月23日，中国人民银行发布了《中华人民共和国中国人民银行法（修订草案征求意见稿）》，规定人民币包括实物形式和数字形式。不得不承认，这为数字人民币发行既提供了法律依据，也在某些方面形成了一定的法律掣肘。

事实上，数字人民币运营机构成立单独子公司的想法由来已久。2019年数字人民币试点提速时，就有人提出设立单独的子公司运营机构。不过，亦有商业银行运营机构的直接参与者将运营机构分为广义和狭义两个层面：广义指中国人民银行指定的商业银行整体，狭义是指商业银行内部再设的数字人民币专营机构。目前有银行筹备的就是专营机构，至于是内设部门还是公司化市场主体，还需要进一步评估论证。

在业务层面，运营机构独立为子公司的必要性是什么？支持独立子公司的逻辑是，运营机构作为商业银行角色，其渠道、产品和服务都需要集成数字人民币功能，但是对于运营机构而言，数字人民币的运营系统是需要全新开发的。

现实情况确实如此。当前，多家运营机构的数字人民币运营系统均在全新开发过程中。这块业务与商业银行传统业务关系确实不大，似乎可以说完全没有关系。

不过，让更多的商业银行人士担忧的是，运营机构成立独立子公司，其难点不亚于银行普通独立部门、子公司的成立。除此之外，运营机构成立独立子公司还需要面对业务发展前景和赢利模式不清晰等问题。

显然，在看不到清晰的商业前景的情况下，商业银行积极拓展业务反映了重拾以往优势的希望。支付本是商业银行的传统优势或者传统的能力，但是却曾经被互联网机构的移动金融弯道超车。商业银行似乎达成一个共识：数字人民币对商业银行而言是一个难得的机会，有望使商业银行重新获取曾经丧失的支付优势，特别是零售移动支付的优势。

当前，在数字人民币推广过程中，政策因素之外的影响因素是竞争，竞争因素的影响甚至大于政策因素。这是因为数字人民币具有行政权威地位优势和脱网交易的技术优势,将成为零售市场最重要、成长最快的支付工具,商业银行只有加大投入,积极创建和扩展数字人民币应用场景,才能更多地触达客户。

尽管这场支付战争已经略见硝烟,但是距离真正的市场切割还很遥远。目前,从参与数字人民币试点的各方来看,大家最先感受到的商机是来自数字人民币对实物人民币的替代以及带来的系统改造市场空间。

根据市场估算,以目前现金流动速度来看,8万亿元现金总量交易额在30万亿到40万亿元。此外,数字人民币替代现金的比例,也会决定数字人民币的交易规模。如果替代率为30%,年交易额在10万亿元;如果替代率为50%,交易额在20万亿元;全面替代的话,规模也就在30万亿元。更有研报推算,央行侧、银行侧和公众侧系统每年因数字人民币系统改造所带动的市场规模将接近2 000亿元。

华西证券研报详细列出了在e-CNY模式下,各类IT方案的对接替代。

其中,央行侧系统替代价值每年高达1 162亿元,但预计以央行牵头、四大行等多主体配合协作研发为主,社会企业参与度有限(至少不会接触核心算法与对应模块),开放的市场规模将是三个环节中最小的;判断认证系统领域将是开放主体,龙头加密商因此受益。因此市场估算央行侧系统针对社会企业的开放率为30%,而对应市场空间每年为349亿元。

银行侧系统替代价值每年高达1 223亿元,预计四大行以外的银行多将开放招标；对于符合资质的银行 IT 服务商和技术商而言，开放的市场规模巨大，是三个环节中最大的增量市场。因此市场估算银行侧系统针对社会企业的开放率为 90%，而对应市场空间每年为 1 101 亿元。

公众侧系统替代价值每年为 382 亿元，整体空间略小，但预计开放规模可观；支付软硬件的市场化程度相对偏高；数字钱包的存储技术已经相对成熟，应用模式创新将成焦点。因此市场估算公众侧系统针对社会企业的开放率为 90%，而对应市场空间每年为 344 亿元。

不过，对标整个行业，IT 供应商对数字人民币新兴领域翘首以盼，市场竞争极为激烈，目前市场做得好的供应商只有三四家。人民币新兴领域的该业务对供应商要求极高，因为这套系统是中国人民银行主导建设的，所以它对机构系统的稳定性、可靠性要求非常严格，客户都需要一些实力很强的 IT 供应商来提供服务。

IDC Leadership Grid（互联网数据中心领导力方格）的报告显示，考虑到深度参与 e-CNY 项目的头部厂商有望分享超千亿元的改造市场及后续每年数百亿元的增量业务，预计银行 IT 绝对龙头将在此孕育，行业分散的竞争格局或将被改写。

资本市场嗅觉敏锐。自 2019 年初以来，Wind 数字货币概念板块整体上涨近 54.96%，其中，科蓝软件（300663.SZ）、楚天龙（003040.SZ）、数字认证（300579.SZ）、恒生电子（600570.SH）、长亮科技（300348.SZ）、四方精创（300468.SZ）6 家上市公司累计上涨超过 1 倍。对此，持有理性认知的投资者的看法是，数字货币推广是一个长期过程，当前二级市场股价变动多为消息刺激的结果。不过，一级市场早已经在等待时机，其关注的主要方向包括底层技术服务商和场景服务商，投资逻辑主要是前沿布局和生态补充，尚未把财务回报作为关注重点。

四、全球对标中的角色定位与挑战

自 2014 年中国央行率先启动法定数字货币研发以来，全球已有近 40 家央行发布了中央银行数字货币计划。

2021 年 8 月 10 日，牙买加央行开始铸造牙买加首批中央银行数字货币，并计划向接受存款机构和授权支付服务提供商发放总额为 2.3 亿牙买加元的中央银行数字货币。事实上，全球主要经济体央行对法定数字货币的态度在 2020 年疫情大暴发之年发生了非常大的变化，因为疫情让这些经济体的央行开始意识到非接触式支付方式的重要性。

2020 年 10 月，美联储主席鲍威尔在国际货币基金组织年会上表示，"美联储正致力于谨慎、认真、全面地评估中央银行数字货币对美国经济和支付系统带来的潜在成本和收益"；欧洲中央银行发布数字欧元报告，表示将在必要时推出数字欧元；日本中央银行也发布数字日元报告，提出数字日元试验计划。

国际清算银行的一则问卷显示，在研究零售型中央银行数字货币的动机方面，发展中国家远比发达国家更为强烈，提高支付效率和金融普惠性是零售型中央银行数字货币的主要动机。

上述情况不难理解。发达经济体的境内零售支付体系比较成熟，能较好地满足公众的零售支付需求，中央银行数字货币对境内零售支付的边际改善相对有限。因此，发达经济体的中央银行数字货币试验目标，更多的是改进与完善国际支付体系以及金融市场基础设施。不少中央银行正积极探索利用中央银行数字货币方案改善跨境支付。图5-4是数字人民币在跨境支付中的应用。

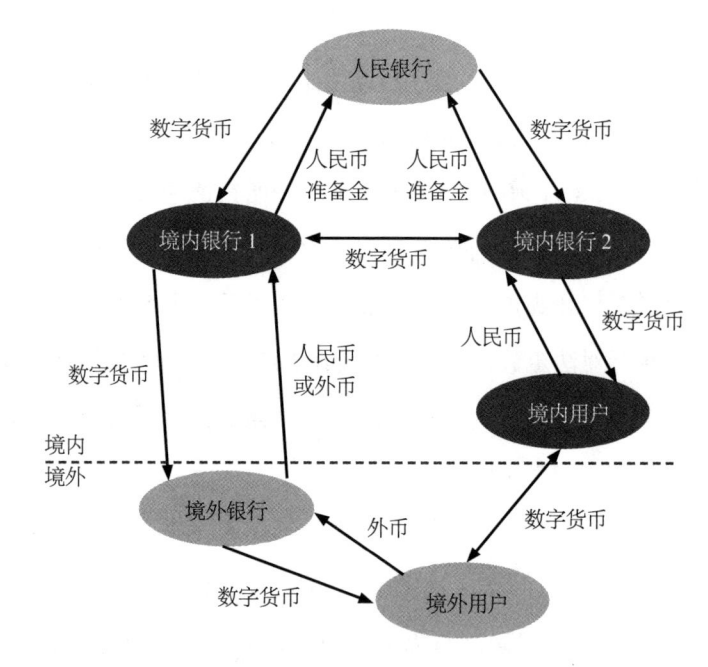

图5-4 数字人民币在跨境支付中的应用

资料来源：零壹智库、平安证券研究所。

数字人民币拥有自己独特的定位。

中国央行官员多次发声称，目前数字化人民币的发展重点，是推进其在国内的使用，就人民币的国际化而言，这是一个自然而然的进程，我们的目标绝不是要取代美元或者其他的国际货币，我们的目标是让市场来做选择，实现进一步的国际化。

2021年2月24日上午，中国人民银行发布新闻称，中国人民银行数字货币研究所加入多边中央银行数字货币桥研究项目，旨在探索中央银行数字货币在跨境支付中的应用。国际货币基金组织副总裁李波说，我们的目标就是要建立一个非常扎实的国内的数字人民币，建立一个健康的生态系统。

周小川的看法是，中国的数字货币发展可以稳步慢慢向前推进。首先建立坚实的零售支付系统。在此基础上，先重点解决跨境旅游等经常项目的支付，同时尊重有些国家防止美元化的心理。

周小川认为，在这个过程中出现人民币国际化，一定不要基于强制，不要让人担心货币人民币化，央行要把主要精力用于维持跨境支付合作的清算环节。未来在跨境支付上，还有很多复杂的问题。这个事实际上不那么简单，因为每个国家有自己的宏观调控的情况，它需要有自己的货币主权，有的国家对于汇率制度上面还与别的国家不一样，有的国家还有一定程度的外汇管制。

数字人民币测试为何在中国首先在零售应用场景遍地开花？这与中国拥有非常大的零售市场密切相关，数字人民币的起始点是做好零售系统，零售系统效率提高，是开展其他业务的基础。

现实生活中，从银行卡、信用卡再到扫码支付，货币电子化程度无论如何提升，人们依然习惯带有少许现金，以备不时之需。M_0 的数字化是否推动现金与数字人民币此消彼长？从当前显示出的概况来看，在较长时期内，数字货币和纸币将并存流通。

不过，至于老百姓是用口袋里的现钞进行支付，还是用手机 App 进行支付，要看具体在什么交易场景以及老百姓的个人习惯和喜好。

尽管在场景应用中，数字人民币取得了先人一步的进展，但前路依然充满挑战。数字人民币在国内能否获得老百姓的青睐，打破此前支付手段已铺就的消费支付习惯，尚有待实践检验；在国外，数字人民币则时刻面临"挑战国际货币体系甚至取代美元"的猜测和压力。

显然，数字人民币在促进人民币国际化和增强中国在全球货币与金融体系话语权的同时，也必然会迎来全方位参与国际货币与金融体系的激烈竞争。英格兰银行前行长卡尼认为，当前以美元为主导的国际货币与金融体系的弊端日益凸显，显示了其不可持续性，人民币最有可能成为新的全球主导货币。然而，历史表明，全球主导货币替代过程一般都充满战争和灾难。因此，更理想的替代方案是由多个 CBDC 组成一篮子合成霸权货币。"合成霸权 CBDC"既有 IMF/SDR 的现实基础，也有各国 CBDC 及 Diem 等私人数字货币实践的支持。卡尼的观点与建议既是对中国国际地位和人民币的肯定，更是针对中国和人民币国际地位不可逆转的增强趋势的柔性阻击和应对之策。

在召开的 2021 清华五道口全球金融论坛上，周小川再次强调，e-CNY 的发展主要是立足于国内支付系统的现代化，跟上数字经济和互联网时代的步伐，提高效能，降低成本，特别是为零售支付系统服务，其设计的目的和努力的方向就没有想取代美元的储备货币地位和国际上支付货币的地位。

现实中，即便定位在零售支付，数字人民币亦不无挑战。以布局的企业为例，2021 年 8 月 8 日，科蓝软件发布了截至 2021 年 6 月 30 日的半年度业绩报告。报告期内，公司实现营业收入 4.47 亿元人民币，同比增长 21.29%。在 2021 年 6 月回复深圳证券交易所的关注函的公告中，科蓝软件明确表示，数字货币业务 2020 年未直接产生营业收入。

显然，C 端用户是否选择使用数字人民币，取决于其便捷度等因素影响，而对于一些布局数字人民币的商业机构而言，其是否继续加大数字人民币布局，则取决于现实的营收和赢利模式。

姚前的看法是，只有正确的战略方向加上开放的技术策略，数字人民币方能具备优秀的品质，在未来与数字美元、数字欧元、数字日元的竞争中脱颖而出。

从货币当局到学界、市场已经形成的一个共识是：打造数字化人民币的基础设施生态系统（包括技术生态系统）非常重要，进一步提升系统的安全性和可靠性，建设一套相应的法律和监管框架来监管数字化人民币业务，等等。

数字人民币区别于虚拟货币和非银行支付工具的三个特点是法偿性、强制性和通用性。有学术研究认为，业界应通过完善数字人民币生态系统来强化这三个特性。

第一，鼓励多主体参与。下一步可以将更多实力较强的商业银行加入运营机构之列。第二，实现多场景覆盖。在线上通过推送子钱包以嵌入更多应用场景，在线下加快对商户拓展和原有机具改造，努力实现小额、零售支付的全场景覆盖。第三，拓展多功能应用。第四，开发多形态钱包。

《中共中央关于制定国民经济和社会发展第十四个五年规划和二〇三五年远景目标的建议》明确提出，加快构建以国内大循环为主体、国内国际双循环相互促进的新发展格局。部分学者认为，这是推动数字人民币发展的新机遇。

在这个过程中，数字人民币有助于提升中国金融服务效率，畅通信息与数据链条，推动经济结构升级与数字化转型，从而促进国内大循环格局的形成。不过也要认识到，相较于美、欧等国中央银行数字货币，数字人民币具有政治和制度优势、先发与场景优势以及竞争与容错优势。但随着数字人民币影响力和穿透力不断扩大，其在发展过程中必然会遇到国内外各种挑战和制约，需要妥善应对。

数字货币开启财富管理新格局

文 / 李礼辉（中国银行原行长、中国互联网金融协会区块链研究组组长）

编辑 / 袁满

采用数字化技术的货币称为数字货币，人们一般把数字货币区分为法定数字货币和非法定加密数字货币。具有法定地位和公共属性、具有国家主权背书和发行责任主体的数字货币构成法定数字货币，亦称中央银行数字货币。商业化市场主体发行的数字货币，称为非法定加密数字货币，亦称私人数字货币，包括以比特币为代表的虚拟货币，以USDT为代表的"稳定币"。

从财富管理的视角来考察，数字货币的创新既是市场，又是工具，既有机遇，又有风险。

第一，中央银行数字货币：支付普惠与清算升级。

据国际清算银行调查，在65个国家或经济体中，60%的中央银行已在进行数字货币试验或概念验证。零售型中央银行数字货币主要定位于大众化的支付工具，可以补充或替代流通中的现金，具有推进数字化普惠金融的意愿。批发型中央银行数字货币主要定位于升级版的清算工具，可以用于金融机构之间直接清算的场景，具有构建数字化金融中枢的意愿。

中国的法定数字货币或中央银行数字货币称为"数字人民币"。一是采用中心化管理和双层运营模式，以保证货币政策传导机制的可靠性，保证货币调控的效率。二是兼具账户和价值特征，兼容基于账户、基于准账户、基于价值等三种方式。三是采用"账户松耦合"加数字钱包的方式，可以实现支付即结算，可以脱离银行账户，实现端对端的价值转移，并按"小额匿名、大额依法可溯"原则实现"可控匿名支付"。四是应用集中式和分布式混合技术架构，采用稳态与敏态双模共存、集中式与分布式融合发展的混合技术架构，应用可信计算、软硬件一体化专用加密等技术，构建多层次安全体系。五是可加载智能合约实现可编程性，执行有条件自动支付，支持业务模式创新。

第二，虚拟货币市场：投机性与去中介。

虚拟货币市场吸引了众多的投资者、投机者。例如：韩国四大虚拟货币交易所统计显示，该国虚拟货币投资者高达581万，如无重复计数，占总人口的比例超过11%。问题在于，虚拟货币市场充斥着投机、欺诈和庞氏骗局。虚拟货币的账户相对集中，关键少数位于食物链顶端，有能力操纵市场，散户往往被"割韭菜"。2021年1—5月，比特币价格在突破6.5万美元高点后，一再崩盘，最低跌破3万美元；众多杠杆交易在暴涨暴跌中被强制平仓，爆仓资金累计超过100亿美元。

以虚拟货币为主体的去中心化金融采用对等网络、智能合约、分布式账本等技术，而不同的去中心化金融工具可以建立自动做市、自动清算机制，形成去中介的链上金融体系，可以脱离银行等金融中介。

在去中心化金融协议的应用中，开放的网络没有准入限制，局部透明的资金流便于交易方跟踪，非中央控制的交易可以拒绝监管者的管控和审查。去中心化的金融交易可匿名、可跨境、难管制，会成为资金非法流动和投机交易的工具。

第三，超主权数字货币：货币替代与金融独角兽。

脸书于2019年启动全球性数字货币Libra研发，2021年明确Libra将精简为Diem，基本架构是：（1）单一锚定美元，将在美国运行基于区块链的支付系统纳入美国监管范围，与中央银行数字货币互补；（2）建立"公有链+联盟链"混合型网络，实现跨系统的兼容性和可操作性；（3）应用可编程智能合约，提供高附加值服务，包括有条件支付；（4）允许商户端自由切换其他支付服务，通过竞争来激励创新；（5）27家创始会员包括Visa（维萨）、Master（万事达）、Uber（优步）等。

必须警惕的是，Diem的创始会员拥有20多亿的全球用户基础，一旦获得批准，Diem很有可能迅速发展成为全球性的超主权数字货币，有可能重构全球的货币体系和金融体系。一是形成超越国家主权的"货币替代"。采用分布式对等架构的数字货币有可能穿透法定主权和传统金融基础设施的屏障，弱小国家容易成为货币替代的目标。二是形成超越商业银行的金融独角兽。从支付清算入手,逐步进入储蓄、融资、投资、保险、资产交易等领域,全面争夺传统金融业务,成为跨国金融独角兽。三是可能强化美元的货币霸权地位。美国的国家实力领先世界。Diem 数字货币系统的基本依托是美元,或将成为数字经济时代美国继续推进美元货币霸权的工具,有可能排斥数字人民币进入国际市场。

如何抓住数字货币创新发展的机遇,开启财富管理的新格局?这里谈几点认识。

第一,把数字人民币打造成全球最佳的中央银行数字货币。

中央银行数字货币在全球数字经济竞争中将居于核心地位。打造全球最佳的中央银行数字货币,不仅有利于推进普惠金融,而且有利于在数字经济时代促进全球货币金融体系的均衡和协调,维护中国的货币主权,保护中国的金融安全,进一步提升中国的国家实力。因此,中国政府必须进一步完善中央银行数字货币的底层技术架构,完善应用场景设计,完善中央银行数字货币运营管理的体制机制,确保数字人民币在高并发市场中的规模化可靠应用。

与此同时,中国政府有必要策划数字人民币的国际化。改善跨境支付环境是 G20 的积极主张,中央银行数字货币有条件成为改善全球支付环境的主要工具。中国的中央银行数字货币试验领先全球,中央银行数字货币在全球化进程中,应力争主导地位,抓紧研发数字人民币的批发型功能,适应金融机构之间支付清算的需求,谋划建设数字化国际金融中心和数字化国际财富管理中心。

数字人民币自身的技术架构能够达到跨境使用的基本要求，但要实现相关国家和经济体之间无障碍、高流量的跨境支付，既涉及技术标准、技术平台的协调，也涉及货币主权、外汇管理、汇兑安排、监管合作等诸多制度性、政策性问题。中国人民银行已经明确，将在充分尊重双方货币主权、依法合规的前提下探索跨境支付试点，遵循"无损""合规""互通"三项要求，并与有关货币当局建立法定数字货币汇兑安排及监管合作机制。

在全球数字金融制度建设中，中国应该主动参与并积极争取话语权，加强国际监管协调，促进达成监管共识，努力建立数字金融国际监管统一标准。

第二，建立管控去中心化金融的安全屏障。

去中心化金融有可能穿透一国的金融基础设施屏障和货币主权及地域金融监管边界。去中心化金融既是未来国际金融竞争的热点，更是未来全球金融监管的热点。

中国作为经济大国，实行更高水平的经济开放、金融开放（包括资本市场开放），是基本国策；维护经济金融稳定大局，主动防范系统性金融风险，是金融底线。

因此，我们有必要深入分析分布式对等架构、去中心化架构等数字化技术已经具备的及潜在的"颠覆性"性能，重点研究基于全新数字技术的去中心化金融工具穿透金融基础设施屏障的可能路径，研究技术对策和政策预案，构建数字金融安全屏障。

第三，建立穿透式数字金融监管。

数字化技术创新正在改变金融服务模式，逐渐形成交互、交叉、交集的金融新业态。例如，数字资产市场将是财富管理市场的主体，既包括数字化的金融资产，也包括资产化的专利数据、著作数据，既有所有权的交易，又有收益权的交易。数字资产市场将形成一个资产所有者、投资者、产权登记、产权认证、金融中介、监管机构、税务机构、仲裁机构等多方交集的复杂架构。

金融创新呼唤监管创新。数字化金融监管系统应该由金融监管部门共建共享，可以对多方数据进行快速解耦合组合，可以共享多方监管数据，可以执行一致化的合规标准，应该覆盖所有的金融机构，应该穿透不同的金融市场和金融业务，实现金融监管全流程、全方位的智能化，超越流程复杂、耗费资源的现场监管，降低监管成本和被监管成本。

睿视角

数字货币与现实货币的距离

文 / 刘晓春(上海新金融研究院副院长、浙商银行原行长)
编辑 / 袁满

货币的基础：共识与信任

货币是一个共识现象。共识是人们共同的认可，当然包含着信任，货币尤其如此。

共识和信任所从何来？

最初应该是民间自然形成，并且这样自然形成的共识与信任，在人类历史上一直没有中断过，只是每一个特定的共识与信任，存在的范围和时间有所不同。在大多数情况下，民间自然形成的货币共识与信任，流行的范围不大，流行的时间不长。

货币的出现，肯定是因为交换的需要。先民们经过相当长时间的交换，认定某一个物品可以作为交换的媒介。比如中国的先民，认定的是贝壳。因为贝壳可以作为媒介物购买货品，那时的人大概都会经常去沙滩、海边寻找贝壳。现在加密货币的"挖矿者",也是这么个意思。只是,与先民不同,"矿工们"上来就觉得这是货币,并且认定挖到的加密货币还能增值,同时市场上又有法定货币在流通,心里还是记挂着法定货币的价值,下意识里是希望"挖"到的加密货币最终可以变为法定货币。所以,加密货币没有成为媒介物,反而成了被"媒介"物。

民间自发的共识和信任,具有不稳定性和游移性。媒介物的不稳定和不确定,会影响商品交换的流畅性。古人早就认识到"货能畅其流"的道理,并且明白货币在商品交换中起到的像流水一样的作用,所以中国古人把货币称作"泉"。于是就有权威出来强化共识和信任,最初的权威或许是部落首领等人物,之后便是政府。中国商代甲骨卜辞中有"朋"字,意思是两串贝币,"朋"是一个货币单位。或许,那时贝作为货币就已经制度化了。但无论如何,春秋时代各诸侯国都开始以国家的名义来发行铸币。

接着为货币的共识和信任加持的是财富与信誉或人品。比如,历史上钱庄或私营银行发行的可用于支付流通的债务凭证,如庄票、支票以及纸币等。但这样的支付货币或凭证一般有特定的流通范围,大多数因为信用和财富的坍塌而崩溃。

最后为货币的共识和信任背书的是强权。布雷顿森林会议就是史无前例的由强权确认世界货币的案例。在此之前,并没有制度化的世界货币体系,国际贸易使用的货币是一种自发的过程或约定俗成。一段时期内是英镑强势,这是英国的经济和军事在国际贸易中的强势造成的,并不是开会确认的。正因为布雷顿森林会议形成的强权规则，即使美元脱离金本位，美元依然是当今世界具有本位地位的世界货币。

由此可见，只要有共识和信任，以什么作为货币的载体，并不是必然的。司马迁《史记》说："农工商交易之路通，而龟贝金钱刀布之币兴焉。"中外历史上，曾经用作货币的物品有很多，物品本身的价值有时重要，有时则不然，比如美元纸币。黄金如今依然是重要的保值物品，但显然已经不能承担货币职能。从中国历史来看，用黄金作为货币的历史几乎可以忽略，其原因是，黄金的供应量不足以支持庞大经济体运转的需要，更关键的是，中国文化中始终把黄金看作财富，但并没有形成货币的共识。

或许是因为认识到这一点，比特币希望以民间发行的方式来形成共识和信任，并在哈耶克理论的指引下最终颠覆现有的官方货币体系。而Libra想以财富实力的方式来形成共识和信任，对现有国际货币体系发起攻击。历史上的许多金融创新确实都是民间发起的，包括货币和各类支付手段。但就货币而言，能持续的不多。至于各类地下经济现象，历来多有，如走私、地下钱庄、各种转移资产的媒介等，都是长期存在的现象，但并不等同于普遍被接受的货币共识。更何况，所有这些现象的存在都是为了赚取阳光下以当时流通货币计价的财富。所以，比特币已经异化为被炒作的资产，Libra则尚未萌芽即被扼杀。奇怪的是，Libra居然被许多专家作为现实存在的一种创新在论述。

现在的国际货币体系，就像历史上的货币体系一样，不可能是永久的存在，目前也确实显露了不少败象。这应该是百年变局的一部分。在这样的时刻，出现各种以数字货币创新为口号的颠覆现有货币体系的理论和行动，确实不奇怪。

货币更替的决定因素不是载体

以一种价值更高的物品作为货币或一种更先进的技术作为货币，是否就一定能战胜原有的货币？实际上，货币的共识和信任并不是由货币的载体所决定的，或者说货币载体不是主要决定因素。

货币理论有所谓劣币驱逐良币之说，确切地说，应该是假币驱逐真币。明清两朝，银与铜钱并行，有说是银钱双本位。究其本质，不可能是双本位。从制度安排来看，银与铜钱有着固定的兑换比例，但政府税收一律用银。在这一制度安排下，并没有出现铜钱驱逐银的问题。让人奇怪的是，到明代，中国已有2 000年左右的铸币史，并且当时还在铸造铜币，却没有铸造银币。我以为，这是一个非常巧妙的安排。不铸造制式统一的银币，就不需要鉴别银币真假，只要对银进行称重和辨别成色即可；因为有银在，铜币只是在小额交易中流通，造假和造次的获益不大，即使有，对经济也不会有太大冲击。在这样的安排下，国家对货币体系运行的管理成本是最经济的。所以，只有在同样面额、同样材料的情况下以次充好，劣币驱逐良币才会发生。这与环保企业与非环保企业生产同样的商品一样，非环保企业的成本低，必然会把环保的企业驱逐出市场。

明代银钱并行最后崩溃，一方面是因为白银外流，市场上流通的白银减少，但政府不改变银钱的兑换比例，税收按原比例收取银两。税收是刚性的，这造成市场上白银兑铜钱涨价，形成货币标准的双轨制，导致市场混乱。另一方面，朝廷由于战争、腐败等，已经失去了重新建立共识和信任的能力。很快，明朝灭亡。

南宋和元的纸币，似乎并没有什么本位，一开始运行得非常不错。南宋和元朝廷是货币主义者，它们明白货币发行数量与市场的关系，因而发行纸币有一定的规则。但是，首先，它们没有独立的中央银行体系；其次，它们放的水只能在中国这个池子里流通，一旦数量控制不好，就会造成田野干涸或洪水泛滥。田野干涸相对容易应付，增发货币即可。洪水泛滥却难以应付：一是因为没有手段或工具收水；二是因为政府本身这块田地旱情严重，无法收水。

当今的美元有点像南宋和元的纸币，没有本位，不同的是，它的水可以漫向全世界。只是我们不知道，地球这个水池子是不是可以无限地容纳美元潮水。脱离金本位的美元刚刚50年，还没有南宋和元朝纸币的流通时间长。美国现任财政部长耶伦说，美元现在面对的是积累了50年的风险。舆论推测，耶伦是不是就是指美元脱离金本位的风险。看来完全可能。以当时西方的货币理论来看，脱离金本位无疑是一个巨大的冒险行为，是无奈的选择。美国的主事者们心知肚明，50年后耶伦说漏了嘴，也是她决定要"干一票大的"的无奈。

中国历史上,秦半两和汉五铢在货币中的地位犹如孔子理想中的周朝和书法中的《兰亭序》。但是,就像后世的政治家虽然重复孔子的语言,却并不做孔子想要做的事一样,后世从来没有哪个朝代试图恢复秦半两或汉五铢,除了短命的新莽政权。其原因就在于货币物质表象背后的一系列制度安排。表面来看,货币是用于支付的,只要支付的一刹那方便快捷就好,背后则是从货币制作、发行到流通管理等一系列满足货币各种功能需求的制度和基础设施安排,以及看不见的共识和信任能力的维护与加强。

货币具体以什么作为载体并不是决定性的。一张印制精良的委内瑞拉货币主权玻利瓦尔是不可能打败一张破旧的美元 dollar 的。当美元取代英镑成为世界货币的时候,英镑和美元都是金本位,美元在制作技术上并不比英镑先进。规定中东石油只能使用美元计价和交易,才是美元成为霸权货币的关键一环。

数字货币的金融技术短板

如果美元体系式微,替代它的将是什么样的货币体系?数字货币给了人们很大的想象空间。不过,数字货币首先必须确认自己是一种什么样的货币。

第一种,数字货币是本身具有价值的媒介物,比如黄金、白银等。数字货币价值的共识和信任,由谁来确认?如果考虑到数字货币要颠覆现有银行体系，那么，在这样的体系中，是否承认或允许信用创造的货币？需不需要召开一次如布雷顿森林会议那样的会议来形成共识？作为"去中心化"的货币，该由谁来发起这样的会议，谁有资格参加这样的会议？矛盾的是，这个会议本身是不是一个中心？这类"去中心化"数字货币理论真正的创新，不是点对点支付，而是货币发行与流通的超主权、民间自发管理。遗憾的是，无政府主义作为理想可以，但几乎不能成为人类社会美好的现实。

第二种，数字货币有如美元这样，没有本身价值和本位支撑，靠一定的权威或民间自发力量形成共识和信任。从逻辑上说，现在的美元和人民币就是这样的货币，这样的货币无所谓使用什么载体，并不一定非要靠数字加密技术才能实现。

第三种，数字货币成为现有货币的载体之一。即将发行的数字人民币就是此种类型。

数字货币的探索者关注的是技术如何解决了点对点支付，即技术本身的特点和优势，并没有顾及货币的各类功能以及相关的制度安排和基础设施建设。当然，它们都关心发行，却没有站在为市场流通服务这个出发点，在考虑发行数量时找到确定市场流通规模的根据。比特币的初衷是为网上交易提供支付手段，教条式地考虑了通货膨胀问题，设定了发行进度和发行数量的极值，根本没有顾及现实交易的流通需求。信仰者们则把它当作投资品，因此，比特币很快被逐出了交易支付领域。就流通支付这个角度来说，比特币是完全失败的。

银行的产生使货币的发行与流通发生了颠覆性变化。银行信用创造货币，银行提供的信用，使得货币在贮藏的同时具有流通和支付职能，因此，货币可以不依赖于任何载体（包括数字加密技术），仅凭银行账户中的数字完成货币的各项功能。必须看到，银行凭借现有的货币创造货币，并不是发行另外的货币。比如银行吸收人民币存款，发放人民币贷款，它创造的是人民币，并不是另外一种货币。数字加密技术是一种载体，可以作为货币，也可以作为其他凭证。数字加密技术作为货币，发行多少就是多少，与纸币、金属货币一样，其本身并不能像银行那样创造货币。一项科学技术可以作为货币载体的功能，但它与银行依靠信用背书创造货币的功能不同，应用的是不同的技术。银行创造货币的功能应用的是金融技术。事实上，数字货币要真正、充分发挥货币功能，除了需要科学技术，还需要金融技术的加持。

经济社会中发生的支付形形色色，并不只有"一手交货，一手交钱"式的交换。点对点支付在社会经济生活中，可能笔数占比比较大，但金额占比很小。新加坡等国家和地区之所以探索区块链技术在证券交易支付结算领域的应用，是因为证券交易"一手交货"不容易，牵涉所有权转移的确认过程，导致交割结算效率低下的真正原因并不在支付这个环节。区块链技术在这样特定的领域或许可以充分施展它的功能。由此可见，许多领域结算环节复杂，并不是支付环节本身的问题，而是各类交易特殊的属性决定的。单纯数字货币点对点支付的特点并不能解决这些问题。在许多非个人支付领域，是排斥点对点支付的。

点对点支付技术的局限性

货币的功能不仅仅是用于商品交易支付。一般货币理论涉及货币的四大职能或五大职能。在现实经济生活中，货币还是企业财务管理的工具。对于企业来讲，货币就是资金。资金是要用来产生效益的，不仅仅是用来支付的。即使是支付，什么时候支付、用什么方式支付，都要从效益出发，并不是企业与企业点对点支付就好。从财务管理的角度来看，使用货币有着安全、效率和效益的考虑。就安全而言，让各个业务部门或采购经理自己带着数字钱包和数字货币去采购，肯定是有问题的。就效率而言，这种方式或许方便了各业务部门和采购经理，但肯定会降低企业整体资金调拨效率。就效益而言，资金的分散管理肯定不如集中管理有效，同时，数字货币放在数字钱包里与现钞存放在保险箱里一样，是不产生利息收入的。

所以，资金不仅应该集中管理、集中调拨，更应该存在银行里，需要支付时直接从银行账户中支出。中国人民银行充分意识到了企业财务管理的需要，专门设计了对公钱包的母子钱包，并且有资金归集和分发、会计处理、财务管理等功能。这样的话，对公母子钱包实际上有账户关系的性质了。不过，该做法还是没有解决效益问题。尽管被接受程度如何尚未可知，这样的创新还是非常值得称赞。其他许多关于数字货币的设计，没有这样深入的思考。

数字货币的点对点支付功能可以在跨境支付中发挥作用、提高效率。这是数字货币探索者的一个重点，其原因在于现在银行体系的国际结算环节多、效率低。上文已经说到，许多业务结算环节多，实际上不是支付环节本身有什么问题，而是贸易交割方式的问题。像期货、期权、股票分红、股票买卖、大宗商品等，都因为有着不同的交割方式，才配以相应的结算支付方式。

以国际贸易结算为例，在当前中国的国际贸易结算中，信用证结算的占比已经非常小了。其原因是：过去进出口双方的贸易关系比较松散，互相了解不够、信任不够，所以用信用证结算，加上双方银行的增信。现在由于全球化，产业链上下游关系紧密，进出口双方不需要银行增信，直接用TT（电汇）汇款方式结算。当然，区块链技术可以用智能合约来解决信任问题，但是，到结算支付时，付款人数字钱包里没有数字货币，或者付款人银行账户里没有存款，智能合约也是巧妇难为无米之炊的。

跨境支付环节多、效率低，还有一个原因是各国货币的兑换、各国外贸政策和外汇政策的限制，这些都不是数字货币可以突破的限制。

最后，数字货币的支付、流通，需要借助于数字钱包、特定网络等基础设施，这是数字货币的局限。正因为如此，数字人民币发行前要进行一轮又一轮大规模的测试。发行纸币和金属货币，根本不需要做这些测试。所以，只要一国政府禁止外国数字货币使用本国基础设施，或禁止外国数字货币基础设施进入本国，则外国数字货币就不能进入本国。由此可见，数字人民币不可能是人民币国际化的重要推手。只有人民币国际化了，数字人民币才能走出国门。

货币背后的制度安排与基础设施

货币不仅仅是你我面前的一个钱币，无论是金币、银币、纸币，还是数字货币，背后都有一整套制度安排和基础设施。

目前，中国人民银行所进行的数字人民币测试，希望打通所有可能的应用场景，让数字人民币在任何场景、任何情况下都能无障碍地支付使用。这个规划是宏大的，也是非常必要的，因为今后数字经济的发展，还有许多我们想象之外的可能，我们不能让数字货币的使用局限在有限的范围内。至于数字货币最终会更集中于哪些领域使用，市场会给出答案。

不过，支付流通只是货币功能作用的一个重要环节；作为制度安排和基础设施，发行环节同样是决定数字货币流通是否顺畅的重要环节。前文说到的历史上一些货币体系崩溃的情况，问题并不出在支付流通环节，都出在发行环节和管理环节，比如基础设施的安全性不足、滥发货币、未能及时补充市场流动性缺失、货币调拨过程中的损耗与贪污等。目前数字人民币发行的双层架构，似乎与纸币的发行类似，但好像又有所不同。市场希望双层架构简洁明了，不要在双层之下搞出三六九等，叠床架屋，发行的效率、管理的有效性和公平性应该优于目前的纸币发行体系。

第六章

中国资本市场三十年：
破茧而飞

在建党百年的历史长河中，中国资本市场的建立和发展成为其中一项重大实践，不仅为中国金融史添上浓墨重彩的一笔，成就斐然，更为中国经济的腾飞贡献了不可忽视的积极力量。

回溯中国资本市场的成长过程，从1990年沪深两大交易所建立到2020年，历经30年，中国资本市场从无到有、从小到大，实现了历史性突破和跨越式发展。目前，中国股票、债券市场规模均已跃居全球第二，商品期货交易额连续多年位居世界前列，国际影响力与日俱增。

对于中国资本市场30年来取得的成就，中国证监会主席易会满在2021年指出，这主要得益于始终坚持党对资本市场工作的全面领导，始终坚持服务实体经济发展的根本宗旨，始终坚持市场化、法治化、国际化的改革方向，始终坚持人民立场。

大国经济离不开大国金融。近年来，随着中国经济从高速发展转向高质量发展，金融体系面临升级和重塑。中国需要逐步构建和完善符合新时代要求的金融体系，以提升中国金融业的国际竞争力和影响力，更好地服务实体经济，并在全球经济金融治理中争取更多的话语权。

而在大国金融的构建和完善中，资本市场的发展是重点，也是基石。如今业界已基本形成共识：只有发展以多层次资本市场为基础的现代金融体系，才能逐步改变以银行为主导的金融体系风险特征，并促进经济金融协调发展。

2020年以来，"构建多层次资本市场体系"成为监管层提到的高频词。国务院副总理刘鹤指出，要大力发展多层次资本市场，优化市场结构；易会满亦提出，要完善更具包容性和适应性的多层次资本市场体系，不断强化直接融资对实体经济的支持。这是推动形成以国内大循环为主体、国内国际双循环相互促进的新发展格局的客观需要，也是推动高质量发展的必然要求。

2021年9月，中国多层次资本市场改革发展再次迈出关键一步：北京证券交易所（以下简称"北交所"）宣布设立。

2021年9月2日，中国国家主席习近平在2021年中国国际服务贸易交易会全球服务贸易峰会上指出，我们将继续支持中小企业创新发展，深化新三板改革，设立北京证券交易所，打造服务创新型中小企业主阵地。此后，北交所制度建设快速推进。历经两个多月的筹备，同年11月15日，北交所正式开市交易。设立北交所是中央为促进中小企业创新发展做出的重要决策部署，是完善多层次资本市场体系的制度安排。

多层次资本市场的建设是中国资本市场改革的一大重点。回望资本市场30多年的发展过程,从制度变革的角度来看,主要有三座丰碑。正如中国人民大学原副校长、中国资本市场研究院院长吴晓求总结的:第一座丰碑就是沪深交易所的设立,这开启了中国资本市场的起点,是开天辟地的大事;第二座丰碑就是股权分置改革,它开启了中国资本市场的制度规范的时代;第三座丰碑就是股票发行的注册制改革,它开启了中国资本市场市场化的时代。

2005年4月,中国证监会启动了股权分置改革试点工作。曾深度参与这一改革的中国政法大学商学院院长、资本金融研究院院长刘纪鹏总结道:中国资本市场的发展就是中国改革成功的缩影,它渐变、稳定地往前推进;当时机成熟的时候,中国资本市场就要从股权分置走向全流通。

注册制的落地,则是中国资本市场发展史上又一重要改革。中国资本市场发展30年来,股票发行制度先后经历了审批制、核准制,终于在2019年迎来科创板注册制试点,并在2020年顺利推广至创业板。

资本市场在不断深化改革的同时,亦在为中国经济腾飞做出积极贡献。尤其是在注册制推行后,资本市场促进科技、资本和产业高水平循环的枢纽作用持续增强。

中国证监会原副主席高西庆评论称,中国股市在几十年里发展得这么快,这在全世界历史上是没有的。别的市场都是自下而上发展,中国则是自上而下发展,这对于中国人来说是非常伟大的一个历史事件。

展望资本市场的未来，当前业界普遍的共识是，只要坚持市场化和法治化的原则，10年以后中国资本市场有望成为全世界最大、最有效、最令人向往的市场。未来资本市场仍面临诸多重大变革，业界最为期待的两大改革是全面注册制的推进和资本市场的对外开放。

一、从零起步

从零起步成长至全球第二大证券市场，中国资本市场仅用30年就跨过了全球资本市场的百年历程。

1990年12月1日，深圳证券交易所（以下简称"深交所"）开始营业。同年12月19日，上海证券交易所（以下简称"上交所"）正式开业。

尉文渊是上交所第一任总经理，他在1990年7月接到任命，同时接到了上交所于1990年底开业的任务。

据其回忆，5个多月的时间，从找场地、定规则、起草各种办法，甚至包括各种单证，他和所有的同人没日没夜全身心地扑到筹建工作上，直到（1990年）12月18日晚上都来不及做模拟交易。开业当天下午，他就住进了医院。

上交所的建立是中国资本市场起步的标志，参与上交所筹建的尉文渊每每回想起来都感慨良多。从他们这代人的视角来看，资本市场取得如此巨大的成就是一代人的努力，怎么评价都不过分。

参与深交所筹建工作的禹国刚在 1988 年进入深圳市政府成立的资本市场领导小组，此后任深交所第一任副总经理。禹国刚一度感慨，中国资本市场 30 年的发展历程不简单。中国资本市场当前的成就与党和国家领导人的先见之明、做出大力发展资本市场的决定密不可分。

而中国资本市场当前的成就，从中国和美国资本市场总市值的变化可窥一斑。中国沪深交易所的总市值，经过 30 年积累，已达 10.3 万亿美元，而美国的资本市场发展了 200 多年，总市值不过是 47 万亿美元。

万事开头难。在资本市场创设之初，还曾经历多重磨难。如中国企业的股份制，就曾面临着股份制是否属于私有化的意识形态之争。

当时，这场争论的核心问题是：鉴于中国完成社会主义经济改造之后，债券和股票交易被普遍视为资本主义的象征，一直是中国经济的禁区，因此股份制企业的性质是否符合社会主义的经济要求？

关于股份制企业的性质当时主要有两种截然不同的判断。一种认为，实行股份制就是将公有制变为私有制；另一种则认为，股份制的实行不会改变企业的公有制性质，该观点的代表人物有厉以宁和刘诗白。

转折发生在 1986 年 12 月，当时国务院发布《国务院关于深化企业改革增强企业活力的若干规定》，提出"各地可以选择少数有条件的全民所有制大中型企业，进行股份制试点"，自此拉开了大中型企业"股份制试点"序幕。这也为此后证券市场的建立奠定了基础。

1992年1月19日，邓小平第二次视察深圳，他当时讲了一段话："证券、股市，这些东西究竟好不好，有没有危险，是不是资本主义独有的东西，社会主义能不能用？允许看，但要坚决地试。看对了，搞一两年对了，放开；错了，纠正，关了就是了。"[《邓小平文选（第三卷）》P373,《在武昌、深圳、珠海、上海等地的谈话要点》]禹国刚回忆，此话一讲，当时深圳股市发展得非常好。

时光如梭，上交所和深交所成功筹建后，中国资本市场开始逐渐成长。历经30年风雨，从沪市"老八股"和深市"老五股"上市开始，中国A股市场发展到现在，上市公司已超过4 500家。自2016年开始，中国就成为全球第二大资本市场，成就斐然。

其间，上市公司数量、股市总市值等均保持了上升趋势，证券总市值在全世界的占比稳步上升。一组数据可以显示，30年来，上海、深圳两家证券交易所的市场规模扩张速度惊人（见图6-1）。

从规模指标来看，Wind和国家统计局的数据显示，上市公司数量从上交所开业之日（1990年12月19日）的8家发展到2020年12月31日的4 140家，30年年均净增加近140家。

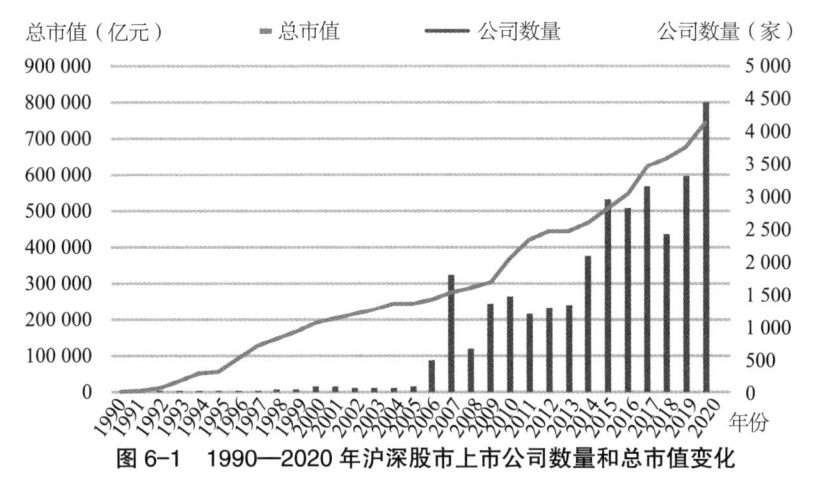

图 6-1　1990—2020 年沪深股市上市公司数量和总市值变化

注：数据参照沪深股市总市值表格。
资料来源：《财经》记者根据 Wind 数据整理。

从市值规模来看，上市公司总市值则从 1990 年末的 23.8 亿元增加到 2020 年末的 79.79 万亿元，增幅高达 3.3 万多倍。与此同时，中国资本市场也成长为全球第二大证券市场。

而横向对比世界、中国、美国证券市场总市值可见，中国证券市场总市值在全世界的占比总体来说稳步上升，到 2018 年末已经达到 9.206%。

除此之外，历经 30 年风雨，中国资本市场在公司治理、金融资产增长、居民财富管理、信息披露、市场透明度等方面亦取得了很大的进展。

历史的发展总是曲折的。在取得斐然成就的同时，我们也走了一些弯路。这些弯路与我们对理论认识不清有密切关系。在很长的时间里，我们对三个理论问题的认识一直不清楚，处在混沌状态，进而使中国资本市场在实践中付出了一些代价。

这三个理论问题在相当长的时间里是以下问题：第一，我们没有深刻认识到中国为什么要发展资本市场；第二，我们不清楚如何发展好中国的资本市场；第三，我们不清楚中国资本市场究竟向何处去，目标在哪里，彼岸在何处。

随着中国资本市场不断发展，业界专家认为，如今我们对这三个问题都有了正确的认知和比较明确的答案。譬如，对于中国为什么要发展资本市场，现在业界已经有了一个正确认知：正在从以融资为主甚至以纾困为主的落后认知，转向资本市场是现代金融体系的基石和核心的认知。构建以资本市场为基石的完善的现代金融体系非常重要，中国经济的持续增长需要金融的结构性改革，并由此取得源源不断的动力。

二、砥砺前行，改革向上

自创设之初，中国资本市场就在改革创新中不断进行自我完善。其中，建立"多层次资本市场体系"成为近年来监管层提到的高频词。

从中国资本市场的发展现状来看，最突出的问题之一是层次结构不合理。与成熟市场层次多样、板块有效连通互动的情况相比，中国股票市场结构偏于单一，多层次市场体系尚未形成。

从海外市场来看，国外经济总量较大的国家，大多建立了多层次资本市场体系。例如：美国有纽约证券交易所和纳斯达克证券交易系统，日本有东京证券交易所和大阪证券交易所，英国有伦敦交易所主板市场和服务于国际中小企业的 AIM 证券交易系统，等等。

2003 年 10 月，十六届三中全会通过《中共中央关于完善社会主义市场经济体制若干问题的决定》（以下简称《决定》），明确提出要建立多层次资本市场体系。这被视为中国在发展多层次资本市场体系方面的重大理论突破。

《决定》指出：大力发展资本和其他要素市场。积极推进资本市场的改革开放和稳定发展，扩大直接融资。建立多层次资本市场体系，完善资本市场结构，丰富资本市场产品。规范和发展主板市场，推进风险投资和创业板市场建设。

此后，建立多层次资本市场体系被提上日程。2004 年，深交所中小企业板率先成立。2004 年发布的《国务院关于推进资本市场改革开放和稳定发展的若干意见》（以下简称"国九条"）提出，要分步推进创业板市场建设，完善风险投资机制，拓展中小企业融资渠道。

为落实"国九条"，2007 年，建立创业板再次被提上日程。2009 年 10 月，经国务院同意，证监会批准深交所设立创业板。同年 10 月 30 日，首批 28 家创业板公司集中上市。创业板的推出标志着中国多层次资本市场体系建设取得实质性进展。

为拓展资本市场的广度和深度，在创业板设立时期，各地陆续批设了一批区域性股权交易市场。2013 年，全国中小企业股份转让系统（俗称新三板）正式揭牌运营。

由此，历经 10 多年的发展，中国多层次资本市场体系初具规模。

总体而言，从 20 世纪 90 年代发展至今，中国资本市场体系不断完善，目前主要由场内市场和场外市场两部分构成。场内市场的主板（包含中小板）、科创板、创业板（俗称二板），以及场外市场的新三板、区域性股权交易市场、证券公司主导的柜台市场，共同组成了中国多层次资本市场体系。

2021 年 9 月，北交所的设立标志着中国多层次资本市场改革发展迈出关键一步。在北交所扬帆起航之时，中国证券交易所也有望形成三足鼎立格局。

证监会披露的信息显示，北交所建设的主要思路是总体平移新三板"精选层"各项基础制度，维持新三板基础层、创新层与北交所"层层递进"的市场结构，并同步试点证券发行注册制。由此可见，新成立的北交所脱胎于新三板"精选层"。

新三板于 2013 年正式运营，主要服务创新型、创业型、成长型中小企业。新三板在正式运营后，虽进行了多次改革，但一直活力不足。在资金端，市场流动性较差，市场活跃度不足；在资产端，公司质量良莠不齐，破发、退市现象屡屡出现。这导致投资者无法获得高收益，企业融资难问题得不到解决，逐渐令整个新三板市场对优质创新型中小企业及投资者均失去吸引力。

脱胎于新三板"精选层"的北交所被寄予厚望。从设立北交所的顶层思路来看，北交所要坚持服务创新型中小企业的市场定位，尊重创新型中小企业发展规律和成长阶段，提升制度包容性和精准性。同时，北交所的设立也被视为提升直接融资比重的重要举措。

北交所正式运营后，有望在培育一批专精特新中小企业的同时，形成创新创业热情高涨、合格投资者踊跃参与、中介机构归位尽责的良性市场生态。

在致力于建立多层次资本市场体系之外，中国资本市场还历经多次"里程碑"式的改革，其中最为关键的便是股权分置改革与注册制改革。业界人士认为，这两项改革是中国资本市场发展30年历程中的两座丰碑。

在资本市场发展初期，在当时的历史条件下，规则制定者经过反复权衡，最终设计了股权分置制度，将股票分为流通股和非流通股，上市公司国有股、法人股暂不流通。这一特殊安排促进了资本市场早期的发展。

随着市场规模扩大，这一制度慢慢暴露出制约性。当时A股非流通股比例远超流通股比例，由此带来市场定价机制扭曲、不同股东之间存在利益冲突、公司治理上存在弊端、国有资产难以保值增值等问题。因此，要恢复资本市场的价格发现、资源配置等功能，改革迫在眉睫。

但是，股权分置制度的改革并不容易，早前两次尝试均因为市场剧烈波动而停止。

1998年至1999年，为了解决推进国有企业改革发展的资金需求和完善社会保障机制，监管层开始进行国有股减持的探索性尝试。2001年国务院颁布《减持国有股筹集社会保障资金管理暂行办法》。这两次国有股减持探索均因股市波动而停止。

曾参与这场改革的证监会原副主席屠光绍回忆道,股权分置改革的推进,既需要勇气,也需要智慧。

2004年1月,国务院出台的《国务院关于推进资本市场改革开放和稳定发展的若干意见》提到要积极稳妥解决股权分置问题。2005年4月29日,证监会正式发布《关于上市公司股权分置改革试点有关问题的通知》,股权分置改革正式开启。

2005年5月9日,伴随着股权分置改革试点正式推出,A股迎来调整。时任证监会主席尚福林明确表态:"股权分置改革开弓没有回头箭。"

当晚,首批四家试点企业公布,之后三家方案获得通过。最终,形成非流通股股东与流通股股东通过协商来平衡预期收益的改革方案,仅用两年时间就顺利解决1 333家上市公司股权分置问题。

2018年11月5日,股权分置改革启动13年之后,中国资本市场另一项重要改革——注册制改革的"发令枪"正式打响,设立科创板并试点注册制的号角从上海发出。

改革的道路并不容易。2020年,中国资本市场正式从注册制增量改革迈入存量改革的时代。此时距离注册制在2013年十八届三中全会上正式提出,已经走过了7年时间。

2013年,十八届三中全会首提"推进股票发行注册制改革",此后两年注册制均被写入了政府工作报告。2015年股市异常波动之后,注册制推进暂缓。直至2018年底,最高层发声力推注册制试点，资本市场改革重新启动。

2019年7月22日，科创板正式开市，全新的股票发行及交易制度迎接市场的考验，资本市场基础制度改革在这片试验田上开启。

在科创板平稳运行一周年之际，注册制改革进入存量市场。从板块定位到股票发行交易等一系列制度，创业板注册制试点在科创板的成功经验上做出了差异化安排。

在吴晓求和刘纪鹏两位对资本市场研究颇深的学者眼中，注册制改革已经开始慢慢触及资本市场的核心与灵魂。同时，退市制度与中小投资者保护制度仍有待完善。

在注册制改革春风下，2020年A股市场共有396家企业完成首发上市，IPO融资规模近4 799亿元，同比增长超八成。截至2021年5月30日，科创板上市公司已达282家，IPO合计融资3 615.38亿元。创业板通过注册制发行的上市公司已有129家，IPO合计融资1 107.48亿元。

2020年8月24日，刘鹤副总理在深交所创业板改革并试点注册制首批企业上市仪式上发表致辞时指出，资本市场各项改革开放政策正在逐步落地，注册制改革和交易、常态化退市、投资者保护等各项制度建设正在有序推进，资本市场也从增量改革深化到存量改革，整个市场正在发生深刻的结构性变化。

注册制能够推进直接融资规模进一步扩大。中泰证券首席经济学家李迅雷将国内企业IPO发行制度进行了对比。我们过去的直接融资最初采用审批制，后来采用核准制。在这种背景下，上市要求比较高，使国内很多优秀企业或者潜在优秀企业难以通过 A 股市场获得融资。注册制的推出意味着大量公司可以在 A 股市场上市。

李迅雷还呼吁，在推行注册制的同时，必须严格执行退市制度。只有这样，优胜劣汰的良性循环才能够在 A 股市场上出现，从而有利于资本市场长期健康地发展。

三、服务实体，推动经济

发达的资本市场可以显著提升经济增长效率。不断发展的中国资本市场在服务实体经济方面取得的成效得到多方认可。

从宏观层面来看，自新中国成立以来，中国金融改革与发展一直秉承着金融服务实体经济、金融体制改革与经济体制改革相依的内在逻辑。尤其是近年来，金融为实体经济服务的定位被逐渐强化。

2017 年召开的第五次全国金融工作会议要求：金融要把为实体经济服务作为出发点和落脚点，全面提升服务效率和水平，把更多金融资源配置到经济社会发展的重点领域和薄弱环节。

2019 年 2 月，习近平指出："金融要为实体经济服务，满足经济社会发展和人民群众需要。""经济是肌体，金融是血脉，两者共生共荣。""要围绕建设现代化经济的产业体系、市场体系、区域发展体系、绿色发展体系等提供精准金融服务，构建风险投资、银行信贷、债券市场、股票市场等全方位、多层次金融支持服务体系。"（新华社北京 2019 年 2 月 23 日文章《习近平主持中共中央政治局第十三次集体学习并讲话》）

"十四五"规划纲要提出，健全具有高度适应性、竞争力、普惠性的现代金融体系，构建金融有效支持实体经济的体制机制。完善资本市场基础制度，健全多层次资本市场体系，大力发展机构投资者，提高直接融资特别是股权融资比重。深化新三板改革。

在 30 多年的发展中，资本市场在服务实体经济方面取得了显著成效。

易会满在 2020 年底总结了过去 30 年资本市场的成就，他指出：30 年来，资本市场累计实现股权融资超过 21 万亿元。科创板开板以来，IPO 融资金额已占同期 A 股的近一半，资本市场促进科技、资本和产业高水平循环的枢纽作用持续增强。稳步发展交易所债券市场，存续余额近 16 万亿元，融资工具品种不断丰富，有效拓宽了实体企业特别是中小民营企业融资渠道。平稳推出了 90 个期货期权品种，基本覆盖国民经济主要领域，价格发现、风险管理等功能有效发挥。

融资是资本市场最主要的功能之一。近年来，中国资本市场的直接融资总额持续攀升。Wind 数据显示，2015—2020 年，沪深两市股权融资额连续 6 年超万亿元，其中，2016 年最高，达到 2.07 万亿元，2020 年融资额为 1.72 万亿元（见图 6-2）。

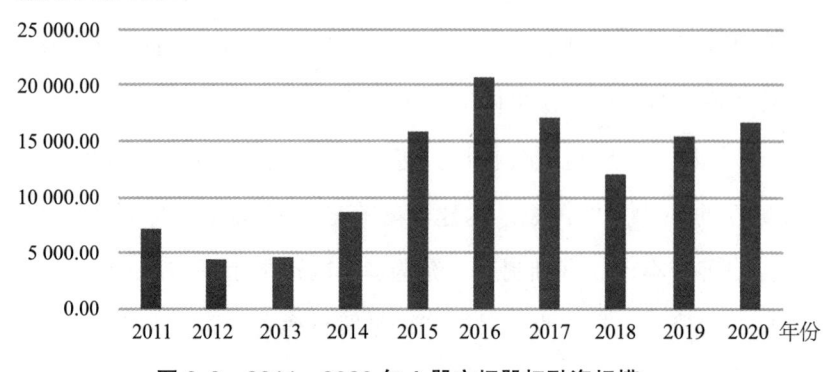

图 6-2　2011—2020 年 A 股市场股权融资规模

资料来源：《财经》记者根据 Wind 数据整理。

随着 2019 年以来注册制改革的落地，一大批新兴产业公司借助 IPO 实现融资并上市。Wind 数据显示，自 2019 年科创板开板以来，截至 2021 年 6 月 20 日，总计有 294 家科创板企业上市，IPO 融资总额达到 3 670 亿元，平均每家企业融资约 12 亿元。其上市后总市值达到 4.32 万亿元。

近年来，多层次资本市场体系的协调发展，为不同规模、不同行业、处于不同发展阶段的企业提供了融资服务，对提升资本市场服务实体经济的能力、提高直接融资比重起到了良好的推动作用。

从市场构成角度而言，多层次资本市场体系中主板（含中小板）主要为大型成熟企业服务，创业板主要为高成长性中小企业和高科技企业服务，新三板主要为创新型、创业型、成长型的中小微企业服务，区域性股权市场主要为特定区域内的企业提供服务。

2021年北交所的设立被视为直击中小企业融资"痛点""难点"的重要举措,其有望激活新三板的融资功能,补足资本市场在支持中小民营企业方面的短板,为"专精特新"中小企业提供更多的直接融资机会。

曾任第十二届全国人大财经委员会副主任委员的黄奇帆曾总结道,资本市场对中国经济和社会发展具有6方面的重要功能:极大地推动了国民经济健康发展;实现资源优化配置,推动经济结构、产业结构高质量、有效益的发展,资本市场的独角兽制度、风险资本投资机制能极大地促进企业科技创新;完善法人治理结构,推动企业实施现代企业制度;健全现代金融体系;让老百姓增加致富途径,将改革开放、经济发展的成果惠及老百姓;为社会主义公有制探索了高质量有效益的实现形式。

吴晓求等著的《中国资本市场三十年:探索与变革》一书中提道,中国资本市场给经济增长带来的影响可以从三个角度来看。

首先,以四大国有商业银行为主要案例,在资本市场的支持下,中国银行、证券以及保险业资产质量和规模都得到了稳步增长,经营效率明显提升。

其次,伴随资本市场的发展和健全,中国上市公司的公司治理制度也发生了重大变化,完善的法律体系和各种内外部治理框架初见雏形。机构投资者的快速发展、以企业家为核心的新型公司治理范式的形成以及独立董事制度等的建立和完善,均有效提升了中国公司治理水平。

最后，科技创新是经济增长效率提升的主要动力之一，中国资本市场为企业的科技创新提供了稳定的融资环境，从而有效提高了中国的经济增长效率。

资本市场在服务实体经济方面的成就有目共睹，但前路依然任重道远。这从国民经济的证券化水平上可管窥一斑。

中国资本市场的发展，从直观上看，直接提升了国民经济证券化程度。尽管在过去30年中实现了长足进步，但中国国民经济的证券化率还有待进一步提高。

上市公司股市总市值与GDP的比率是衡量国民经济证券化程度的一项重要指标。一国或地区的证券化率越高，意味着证券市场在该国或地区的经济体系中越重要。

Wind数据库统计的历年年末股市总市值以及国家统计局历年GDP数据显示，以当年末股市总市值/当年GDP计算，1990年末这一比率为0.13%，2019年末达到了66.42%。总体来看，这一比率呈上升态势。

金融专业人士朱云来曾做过分析，30年来，我们进行了一系列的企业改革，累计实现了几千亿美元的融资，现在这些公司总计有几万亿美元的市值，跟我们庞大的经济总量相比还是不够。目前上市公司总市值占GDP的比例还未到100%，股票发行占比仍然较小，机构化程度较低，资本市场的发展还有很大潜力。

四、改革创新，破茧而飞

在历经 30 年风雨后，中国资本市场正日臻成熟。未来改革任重道远，而全面推行注册制和坚持对外开放，则是业内诸多权威专家的共同心声。

2020 年 10 月 31 日，刘鹤主持召开国务院金融稳定发展委员会专题会议，其中最重要的一条内容就是，全面实行股票发行注册制，建立常态化退市机制。易会满也曾提到，这是"十四五"时期资本市场实现高质量发展的战略目标和重点任务。

2021 年 1 月，《中国资本市场三十年：探索与变革》正式出版，该书的最后专设"中国资本市场的开放与未来目标：构建新的国际金融中心"一章。在这一章中，证监会分析了资本市场未来发展的机遇、挑战和远景展望，首次系统性地提出了下一时期中国资本市场改革发展的九大远景。这九大远景包括：多层次资本市场的包容性、覆盖面进一步提升；资本市场基础制度更加成熟更加定型；资本市场法治体系进一步完善；资本市场监管效能显著提升；资本市场高水平双向开放持续拓展；市场主体竞争力显著提升；投资者合法权益得到有效保护；市场生态更加良性健康；守住不发生系统性金融风险的底线。

该书在第二大远景"资本市场基础制度更加成熟更加定型"中写道，要全面推进股票发行注册制改革，统筹推进交易结算、再融资、持续监管、投资者保护等关键环节制度创新，增强交易便利性、市场流动性和活跃度，把好"入口关"，畅通"出口关"，加快补齐制度短板，等等。

全面推进注册制也是业界诸多专家对未来中国资本市场的期待，也是禹国刚对中国资本市场未来10年憧憬的一部分，他希望全市场都实行注册制，坚持市场化、法治化、国际化的道路，这样中国的证券市场一定会有一个质的变化。

这个质的变化表现在，我们的"软件素质"需要好好提高。这些软件包括证监会、交易所、上市公司、证券公司、会计师、律师、评估师、各种新闻媒体等。如果软件的素质大大提高，与硬件相匹配，那么10年后，我们的证券市场一定会在质量上变得更好。只要坚持向市场化、法治化、国际化的方向前进，我们的前途就是光明的，但要做到是很不容易的，需要下大力气才能做到。

对于注册制的落地，中国证监会原副主席高西庆评价道，全世界最好的市场、最大的市场都是用注册制的方式。经过很多人不断努力，中国的资本市场终于走到了一条相对更正确的路上，也就是开始实行注册制，这是重大的进步。

对比世界资本市场现行制度可见，目前世界主要经济体的发行审核制度基本以核准制和注册制为主：美国、日本、中国台湾等经济体实行注册制；中国香港、德国、英国等经济体实行的是核准制与注册制并行的混合审核机制。中国很长一段时间停留在核准制，2019年以来随着科创板的推出，核准制与注册制并行。目前，中国资本市场已经进入向注册制过渡的阶段（见表6-1）。

表 6-1　三种发行审核制度的代表性经济体

发行审核制度	代表性经济体
审批制	中国（1996 年以前）
核准制和注册制并行	英国、德国、中国（2019 年在科创板开启注册制）
注册制	美国、日本及中国台湾（2006 年至今）

资料来源：《财经》记者根据公开资料整理。

注册制如何继续向前迈进？"十四五"规划纲要指出，全面实行股票发行注册制，建立常态化退市机制，提高上市公司质量。2021 年政府工作报告提出，稳步推进注册制改革，完善常态化退市机制，加强债券市场建设，更好发挥多层次资本市场作用，拓展市场主体融资渠道。

易会满曾在 2020 年 3 月举行的中国发展高层论坛上指出，注册制改革涉及利益复杂、影响深远、敏感性强，各方面都高度关注；各参与方应共同努力，支持改革、呵护改革，把改革条件准备得更充分一些，推动这项重大改革平稳落地。

步入 2022 年，全面注册制受关注程度再度提升。2022 年两会期间，国务院总理李克强在做政府工作报告时提出，全面实行股票发行注册制，促进资本市场平稳健康发展。业界普遍认为，这意味着全面注册制大概率将在 2022 年得以实现。

全面注册制时代的开启，将对中国的金融市场、产业与经济发展产生深远影响。

中信证券根据全面客观的研究结果，剖析了全面注册制时代将带来的变化。例如在股权融资方面，主板审核平均耗时有望由

490天缩短至60天。预计5年后A股上市公司总数将达到6 000家以上,每年IPO数量将由超600家下降至300家,每年退市将由不足50家提升至200家。在股票市场特征方面,预计5年后A股科技和消费类市值占比将由40%提升至60%,预计放宽主板涨跌幅不会显著加剧市场波动。在产业与经济发展方面,预计5年后直接融资比重将由20%提升至28%,非金融企业部门杠杆率可稳定在160%~180%。信息技术、绿色和大健康等产业有望成为经济支柱产业,可使未来15年的年均经济增速提高0.6个百分点。

除了全面推进注册制,资本市场坚持对外开放也是业界专家所重点期待的改革方向。

以吴晓求为代表的观点认为,开放可以引进市场和竞争机制,催生资源配置的优化过程。各国经验都表明,保护易导致懒惰、寻租、预算软约束等问题,结果反而降低市场竞争活力,损害行业发展,出现不健康、不稳定的局面。

2001年中国加入世界贸易组织时,社会上存在一些争议。事实证明,这项开放举措对中国经济产生了深远的积极影响。过去较早参与开放和全球竞争的行业企业最终都快速发展壮大,形成了强劲的竞争力,正向全球产业链的中高端迈进。这些成功经验告诉我们,资本市场不是例外,同样适用于开放与竞争规律。资本市场在对外开放过程中,通过竞争机制带来压力、动力、进步和繁荣,会发展得更好。

李迅雷对境外机构占A股市值的比重曾做过研究。当前境外机构所持有的A股市值占比还是比较小，按流通市值估算不到4%。但像中国香港和中国台湾地区市场及韩国市场，它们的外来资金占当地股市的市值在20%~30%。从这组数据可以看到，A股市场虽然开放的力度在不断加大，但是开放程度还比较低，还有很大的提升空间。

现实中，虽然中国A股市场的规模位居全球第二，但境外的上市公司数量非常少，这意味着A股市场的国际化程度仍比较低。A股市场目前对海外公司的开放度还有很大的提升空间。

对于中国资本市场的远景，《中国资本市场三十年：探索与变革》中提道："到2035年，中国将形成股权与债权、场内与场外、现货与期货、公募与私募有机联系、错位发展的多层次现代资本市场体系。"

在政府主导构建的蓝图之下，业界对中国资本市场的未来发展前景充满期待。

以尉文渊的观察来看，当前中央对资本市场的重视程度、提到的高度，以及发展的力度，均超过历年，有这样一个政治的保障、资源的支持、发展的决心，再加上坚持改革发展，这个市场一定会做"飞"。所谓"飞"，是指能够以更快的速度成长，发展到更大的规模。当前中国资本市场的技术体系、业务体系、市场效率都是全球一流的。中国的证券市场有望成为全球最大、效率最高、财富管理功能最好的市场，它的经济功能完全能够支持中华民族伟大复兴，因为从对30年发展经验的总结中可以看出，它完全具备这个能力。

如何发展资本市场，走市场化的道路，我们的彼岸在哪里？这个曾经长期困扰中国资本市场的问题，现如今答案似乎正逐渐清晰——构建 21 世纪新的国际金融中心，为建立与大国经济相匹配的大国金融贡献"资本力量"。

中国资本市场的三座丰碑

文 / 吴晓求（中国人民大学原副校长、中国资本市场研究院院长）
编辑 / 陆玲

从20世纪90年代初沪深交易所设立以来，中国资本市场已经运行了30年，上市公司市值从23亿元增长到现在的80万亿元，上市公司数量从12家增加到现在的4 000余家，投资者开户人数达到1.6亿。

中国资本市场为中国经济发展提供了强大动力，金融资产、社会财富总量迅速增长。更为重要的是，资本市场的发展让上市公司更加遵循法律法规，履行法定义务和社会职责，让社会更加明白透明度的重要性。

资本市场的基础是透明度，现代社会健康运行的基础也是透明度。如果没有透明度，什么事情只有少数人知道，这不符合一个现代社会的基本要求。而资本市场告诉我们：透明度特别重要，透明度是实现公开公正公平的基础。为什么把公开放在首位？就是因为信息披露的透明度是制度的根基，对中国社会的改革发展非常重要。

中国资本市场在30年的发展中究竟做了什么？在笔者看来，中国资本市场树立了三座丰碑。

第一座丰碑是沪深交易所的设立，标志着新中国资本市场的诞生，由此开启了中国金融现代化的征程。

第二座丰碑是股权分置改革，意味着新中国资本市场制度规范的时代来临。

第三座丰碑是试点注册制，开启了中国资本市场真正市场化的时代。

设立沪深交易所

20世纪90年代初，沪深两大交易所开始营业，标志着新中国资本市场的诞生，由此开启了中国金融现代化的征程。

中国在没有资本市场之前，企业的融资都通过金融机构特别是商业银行来实施。实际上，商业银行有它的重大缺陷——"嫌贫爱富"。当你非常好的时候，所有的银行都愿意提供授信；当你不好的时候，或者有一点风吹草动，所有银行都去封你的账。这是一个非常有风险的制度安排。

所以，很多企业希望到资本市场融资。资本市场融资有一定周期的安排，不会因为货币政策周期的变化而使融资受到影响，我们将此称为"金融脱媒"。一个国家金融的现代化是从"金融脱媒"开始的。

为什么资本市场发展会如此生生不息呢？就是因为有脱媒的力量。无论是个人还是企业，只有通过资本市场来完成整个金融活动，才能造就资本市场的不断发展和繁荣。

尤其是随着人民收入水平的不断提高，在完全覆盖消费的支出后还不断有剩余，剩余部分构成了存量部分，产生投资需求。

早期因为市场不发达，金融资产总值也很少，很多人在收入剩余之后把钱存到银行，希望通过储蓄存款的方式来防范未来的不确定风险。

不过，在这种模式下，人们会发现把越来越多的剩余收入存进银行并没有太大意义，因为储蓄存款的收益非常低，而且银行利息这种收益并非投资形式所得，该收益和经济增长没有直接关系，只是现金消费约束后的一种补偿。社会要创造一种机制，让越来越富裕的人进行投资。正是基于这种需求的不断增长，资本市场的出现和运营也就具备了条件。

当然，新中国资本市场的出现，并非直接出于这一目的，而是要解决当时企业融资非常困难的现实问题。随着资本市场的诞生和不断发展，市场化竞争不断提升，资本市场也陆续提供了丰富多样的金融资产和产品组合，以满足居民收入水平提高所产生的需要。从这个角度来看，沪深交易所的出现对中国金融现代化进程起着非常重要的作用。

股权分置改革

在沪深交易所设立后较长一段时间里，资本市场被定位为融资的市场、融资的平台，对这一定位的固有认知持续了20多年。

然而，这对资本市场是一种认识上的误区，也造就了中国资本市场存在着基因上的缺陷。不太重视金融财富成长平台的作用，不太重视企业选择标准的改变，不太重视企业成长性这一重要的选择标准，正是由认识的误区所导致的。在过去相当长时间里，资本市场定位的误区导致后来出现一系列问题。而这些问题的演变也促使此后很多基础制度的改革，包括IPO发行上市制度由行政审批制变革为核准制等。

2000年，学界已经意识到一个问题：为什么中国经济蓬勃发展，而资本市场却没有任何的成长性？总市值一直徘徊在一两万亿元，最高不超过3万亿元，这其中约1万亿元是流通市值，约2万亿元为非流通市值。

后来发现，这是因为制度平台存在问题，制度设计有问题，而且从一开始就有。但是"娘胎"里面带出的先天性问题，必须在后天进行改革，由此股权分置改革拉开大幕。

在股权分置之前，对上市公司而言，资本市场的平台是"倾斜"的。在一个倾斜的平台上站都站不稳，还要去"跳舞"，那是非常危险的动作，而且倾斜的平台上还藏着诸多陷阱和漏洞。所以资本市场就要想办法把这个平台修正成一个好的平台，让上市公司等主体在平台上"把舞跳好"，把公司发展好。这就是推动股权分置改革的内在动力。

股权分置改革就是要让非流通股股东和流通股股东的利益诉求最终达到一致。在改革之前,流通股股东不仅享受着分红,还有流动性带来的资本溢价,而非流通股股东只享受分红,最多通过增发等方式实现资产增值,两者在风控方面的诉求显然不一致。

2005年5月,股权分置改革正式启动,意味着新的中国资本市场制度规范的时代来临。在2005年5月到2007年3月将近两年的时间里,中国资本市场基本上完成了98%的上市公司股权分置改革。

此外,彼时还处于一个过渡期,即从以融资为主逐渐过渡到财务管理和风险分散并重的时代。中国资本市场需要创造一个激励机制,从而让上市公司有动力把市场做好,把经营做好。只有公司的股份、资产与市场的股价产生密切联系,上市公司才会想尽一切办法去创新,提高企业竞争力,进而提高企业的利润、市场份额等。而在股权分置改革之前,作为控股股东的非流通股股东对此并不关注。

试点注册制

股权分置改革之后,虽然资本市场开始进入良性发展的轨道,但增长仍然有限,没有出现根本性的变化。这背后的原因是资本市场的发行标准、指引、理念等方面还存在大量的问题。

十八届三中全会明确提出要使市场在资源配置中起决定性作用。改革思路开始进行调整，才有了今天的科创板试点注册制，进而在创业板改革中也进行了注册制的更大范围推广试验，以推动注册制改革，开启了中国资本市场真正市场化的时代。市场化才是资本市场本来的面目。

事实上，并购重组也是市场发展的一大核心动力。注册制推出之后，也要更加重视并购重组的作用。与此同时，监管重点逐渐由事前向事中事后转移。

过去的监管是前移的，实行注册制之后，监管开始移向中后台，尤其是对上市公司的市场表现、信息披露、内幕交易加强监管，重点关注是否达到上市标准，是否严格执行退市，等等。而在以前，监管是全覆盖的，这实际上并不符合资本市场的发展要求。

把透明度这一监管的核心监管好，一切问题就都迎刃而解了。监管机构只有确保制定的各项规则标准得到贯彻落实，信息披露充分，才能开始向公众说"投资有风险"。

为什么要进行投资？投资是财富的唯一来源。投资为什么能够使财富迅速增长？通常来看，财富积累大都是通过投资来完成的，无论是实业投资还是股票投资等，都是如此。

既然监管重心要移到透明度上，就要保证投资者的起点是公平的，结果会怎么样则不能保证。在起点公平的基础上，投资风险需要投资者自负。

构建新时期的国际金融中心

在创立三座丰碑之后,我们的资本市场发展要实现的目标是什么呢?

构建新时期的国际金融中心,这是中国金融的梦想所在。中国资本市场必须进一步推动改革开放。

开放是中国经济发展的关键一招,没有开放就没有今天的中国。开放让中国资本市场有了信心,有了国际视野,让产业有了巨大的提升。中国资本市场在开放的竞争中提升了产业的竞争力,开放也让中国资本市场在世界舞台上找到了正确的方法,知道该怎么前行。中国一定要走继续开放的道路,特别是在金融和资本市场领域。

近期大家都在热议"双循环"新发展格局。笔者认为,"双循环"不是要回归自给自足的自然经济,小而全、大而全都不是目标。中国有远大的目标,不是走计划经济的老路,不要与计划经济相混淆。一个伟大的制度,一定要让所有人产生积极性,让所有人有梦想。中国现在的成就来自改革开放,改革开放释放了中国人的积极性。邓小平同志提出解放思想,实事求是,团结一致向前看,以经济建设为中心。这是中国改革开放40多年来最宝贵的经验。

然而,国际金融中心不会从天上掉下来,而是要经过更加艰苦卓绝的努力才能完成。如何达到梦想的彼岸?笔者认为需要有三大硬性条件。

一是保持经济的持续增长。特别是要激活市场主体的积极性，包括国有企业和民营企业，让其释放自身的能量。市场化改革是保持中国经济持续增长最重要的制度安排。

二是坚持走开放的道路。所有国际金融中心都是和国际贸易连在一起的。无论是早期的威尼斯还是16世纪的阿姆斯特丹，抑或17世纪至19世纪前半叶的伦敦，以及后来的纽约，这些国际金融中心城市的发展均与其国际贸易地位密切相关。

三是要有持续的科技创新能力。没有科技创新能力，市场是无法健康成长的。市场成长的一个重要动力来自科技进步和科技对产业的渗透以及制度的推动。当前有些企业业绩很好，但市值上不去，主要原因就是缺乏科技的力量，缺少了市场对科技部分的定价。只有插上科技的翅膀，公司才能得到市场的认可和价值重估。

在不断改善上述三大硬性条件的同时，我们还要不断增强三大软实力。

一是坚实的法治基础。让依法治国的理念深入人心特别重要，法治基础不筑牢，外资是不愿进来的。外资是有预期的，而市场预期的第一保障就来自法治。现在境外投资占总投资的比例约为3.5%，未来要实现15%左右的份额，法治基础不坚实，就无法吸引外部投资者。

当前中国的法治建设取得了很大的进步，特别是加入WTO之后，在保护知识产权等方面开始与国际接轨。相对而言，目前中国距离成为国际金融中心所应具备的法治环境仍有一定的差距，在建设国际金融中心的目标下，要不断改善法治基础，努力朝着依法治国的道路前行，让全世界投资者相信中国的发展前景。

二是契约精神。契约是现代社会的基本原则，公平的关系是社会秩序的基础。中国要想真正走向现代社会，契约精神非常重要。

三是透明的信息披露，这是市场发展的基础。

中国资本市场要走的路还很漫长，但是道路很清晰。要构建新时期的国际金融中心，上市公司等各市场主体对实现这个目标均负有很大责任。

第七章

**人民币财富：
从储蓄为王走向大资管时代**

一部中国财富管理行业发展史，亦是居民资产飞增、金融行业波澜起伏、资产管理规模几何级扩张的历程。

从20世纪八九十年代的储蓄为王，到2001年以后财富管理市场初现，再到银行理财、股票、信托、基金、保险等金融产品轮番登场、交互组合，大资管时代悄然而至。伴随财富管理市场走向多元化、全球化，新的监管挑战也不断出现。

针对花样翻新的金融市场乱象，2018年4月，中国人民银行联合多个金融监管部门发布《关于规范金融机构资产管理业务的指导意见》（以下简称"资管新规"），财富管理市场正式迈入规范发展的新时代。

"资管新规实施两年来，市场秩序实现了根本性的好转。"中国人民银行原副行长吴晓灵在《资管大时代：中国资管市场未来改革与发展趋势》一书中指出。2020年上半年，新冠肺炎疫情席卷全球，引发了国外金融市场的剧烈动荡，对中国的资产管理行业也是一次巨大的考验。如果没有两年来"破刚兑，降杠杆，治乱象，强基础"的整顿工作，那么无序发展的"大资管"业务很可能将在疫情引发的市场震荡中引爆系统性风险。

改革开放以来，伴随着经济发展、收入增长及金融转轨，中国财富管理格局不断被改写，居民财富理念亦被重塑，从无到有，从单一到丰富。

一、储蓄为王

1993年，在中部小城一个炎热的下午，年仅8岁的王鑫（化名）跟着母亲来到即将开业的某银行门外。王鑫回忆道："当时排了很长的队，大家都是冲着银行开业揽储送出的'大礼包'去的。"

根据中国人民银行的数据，1993年时1年期存款的利率就高达10%以上，三年期存款利率为12.24%（见图7-1）。

不过，当时储户获得的实际利率其实还不止这些。

1988年9月10日，中国人民银行向全国银行机构下发了一则通知，开启了人民币长期保值储蓄存款业务。针对居民个人3年期、5年期、8年期的整存整取定期储蓄、华侨（人民币）定期储蓄、存本取息定期储蓄，在储蓄期满时，银行除按规定利率支付利息外，还要把存款期间物价上涨幅度和利率之间的差数补贴

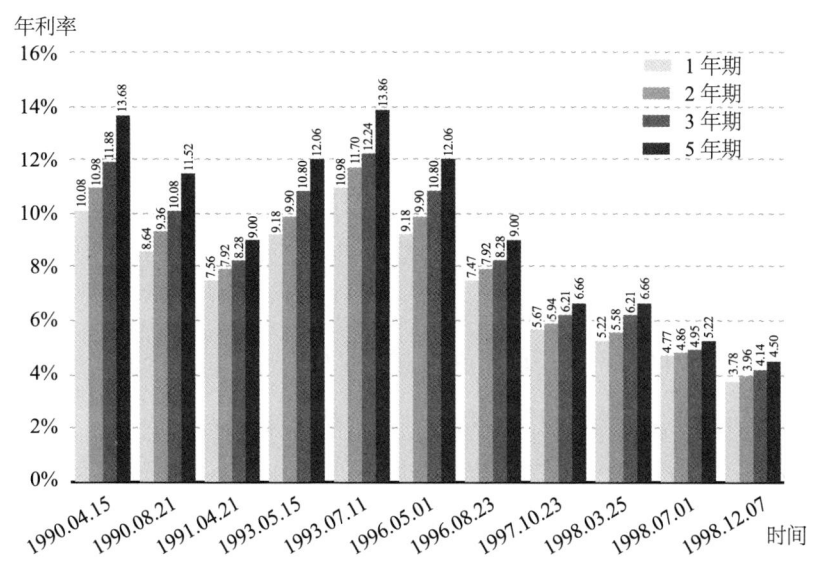

图 7-1　金融机构人民币存款基准利率（1990—1998 年，年利率）

资料来源：中国人民银行官网。

给储户，以保证储户不因物价上涨幅度大而蒙受存款损失。

这是特殊时期的特殊政策。彼时，高利率同步对应宏观经济周期的高通胀，为了吸引储户存款，银行推出"保值储蓄"，并加送"大礼包"。

1988 年 8 月，中央决定价格闯关，放开绝大多数商品价格，由市场调节。各地迅速出现抢购潮，导致 20 世纪 90 年代初出现了严重的通货膨胀。从 1993 年到 1995 年，连续 3 年 CPI（消费者物价指数）均高于 GDP 增速，1994 年更是创下了 24.1% 的纪录。

据王鑫回忆，"在银行开业当天，母亲存了 2 000 元 3 年期的定期存款，预期收益可观。此外，还领回了被子、红盆等不少生活用品"。的确，对比当时这座小城普通公务员每月不到 100 元的薪资,这样的存款"大礼包"可谓非常诱人。

那时,对中国普通老百姓来说,身处改革开放初期,基本生活需求之外的收入结余有限,他们并没有额外的积蓄去考虑理财,有了些许闲钱,首选便是存入银行。这种略显单调的方式,就如同当初路边围墙上"存款储蓄,利国利民"的标语一般,在老百姓的生活中持续了很长一段时间。

此后,随着中国居民家庭财富的逐步增长,居民对理财的需求不断攀升,国债、股票等新的理财产品相继涌现。

1981年7月,中国恢复了中断22年的国债发行,发行对象以企事业单位为主、居民个人为辅。开放国库券转让后,可以流通的国债变成了可以赚钱的有价证券,这打破了新中国成立以来银行存款一统天下的局面,为居民提供了储蓄之外的选择。

1987年1月,中国人民银行上海市分行公布《证券柜台交易暂行规定》,开创了债券流通的先河。1990年12月以后,上海证券交易所、深圳证券交易所和一些城市证券交易中心相继建立。1990年12月,中国人民银行和财政部发出通知,允许所有对个人发行的未到期国库券上市转让。由此,中国形成了债券场内交易和场外交易并存的格局。

有"中国第一股民"之称的"杨百万",便是在1988年从事被市场忽略的国库券买卖,赚取人生第一桶金的,并因此成名,成为上海滩第一批证券投资大户中的一员。

"1988年4月21日,上海开放国库券买卖,那个日子我记得很清楚。我一早赶到西康路101号,以开盘价104元买了2万元年利率 15% 的 3 年期国库券,而当天下午发现涨到 112 元了,我害怕跌,赶紧把手上所有的国库券卖了。这一次交易赚了 800 元,相当于我在工厂一年的工资。""杨百万"接受媒体采访时回忆说。

公开数据显示,中国国债年发行规模从 1981 年的 49 亿元增加到 2005 年的 7 042 亿元。2005 年底,国债余额已超过 3 万亿元,约占当年 GDP 的 17%。另外,先于上交所、深交所的成立,新中国的第一代股民于 20 世纪 80 年代出现。1984 年冬天,上海飞乐音响公司"小飞乐"股票发行,股票再度登陆上海滩。

身为上海人的王鑫的姨父回忆说:"发行股票的那天,很多上海居民早早来排队购买股票,队伍一眼都看不到头,盛况空前。"自此,王鑫的姨父便成为新中国第一代股民中的一员。

"小飞乐"股票出现后,新中国股票在神州大地上如雨后春笋般到处落地生根、茁壮成长起来,千万国人开始投身股海。

不过,由于金融市场发展的机制不完善,市场投机性严重。股市低迷后,金融市场又相继出现炒期货、炒外汇的热潮,甚至在 1995 年酿成了轰动一时的"327 国债期货事件"。这些投资并未让普通老百姓从中获益。

2000 年以后,悄然步入了房地产时代,"炒房"成为大众参与度最高和真正带来财富增值的重要方式。

从房价来看,全国新房销售均价在过去 10 多年上涨了数倍,部分区域涨幅甚至超 10 倍,而且其间几乎没有明显的回调。

那个时候,大部分国人还没有买房的概念。但就在浙江,一些精明的温州人已经敏锐地意识到房子的价值,这些人最后获得了"炒房团"的"响亮"称号。

或许很多人都没能料到,在此后的 10 多年时间中,房产在中国家庭财富中占据的比重如此之大。《中国家庭财富调查报告(2017)》显示,到 2017 年,在全国家庭的人均财富中,房产净值的占比为 65.99%,在城镇和农村家庭的人均财富中,房产净值的占比分别为 68.68% 和 55.08%。

二、客户分层:财富管理初起

2001 年 12 月 11 日,中国正式加入世界贸易组织。伴随中国入世一锤定音,中国财富管理市场迎来发展新篇章。

部分国内商业银行发现,国外银行在服务高端客户时有所差异。要想拉到更多的存款,商业银行肯定得瞄准那些财富更多的人。针对这部分人,应该提供怎样的差异化服务呢?

2002 年,就中国居民财富管理来说,这是一个不得不提的重要节点,因为国内银行首次对客户进行了分层。

从储蓄账户金额为零,到几百元、几千元,再到几万元、几十万元,甚至百万元……在居民财富稳步增长的同时,2002 年,招商银行正式针对中高级客户(拥有金融资产超过 50 万元的客户)推出综合理财服务"金葵花理财",在中国银行业拉开客户分层服务大幕。此后,部分商业银行亦陆续开始进行客户分层。

虽然那个阶段的客户分层服务主要对应的是客户经理帮助用户存取款、转账等基础服务,但此举为之后中国商业银行开展财富管理业务奠定了基础。

正式的商业银行财富管理始于 2003 年。那时,中国银行推出了"汇聚宝"外汇理财产品,这是国内第一次使用"理财产品"这一名称。

在此前的 2000 年 9 月,中国人民银行改革外汇利率管理体制,为外汇理财业务创造了政策通道。其后几年,外汇理财产品一直处于主导地位,但是总体规模不大,没有形成竞争性的市场。

事实上,外汇理财业务只是银行对理财业务的最初探索,真正意义上的银行人民币理财业务始于 2004 年。2004 年 9 月,光大银行推出投资于银行间债券市场的"阳光理财 B 计划",开了国内人民币理财产品的先河。此后,外币、本币的银行理财产品开始在中国金融市场繁荣发展起来。

《中国共产党领导下的金融发展简史》记载,自 2006 年以来,随着客户理财服务需求的日益旺盛和市场竞争主体的多元化发展,银行理财产品市场规模呈现爆发式增长。2005 年,中国的银行个人理财产品发行规模为 2 000 亿元,2006 年达到 4 000 亿元,2007 年则达到 8 190 亿元,2008 年更是历史性地达到 3.7 万亿元。

2006—2007 年,中国股票市场出现了罕见的牛市行情。2007 年 10 月 16 日,上海证券综合指数以一根小阳线完成了 6 124 点的历史传奇。

在源源不断的开户人群和高涨的炒股热情之外，基金市场也得以发展。显然，这轮牛市非常重要，因为它把整个财富管理市场都搞活了，银行也开始大规模做基金业务。也正是在这个时候，银行理财的资产配置结构由债券、存款转向一些权益类资产。甚至在2007年下半年2008年初的时候，很多银行理财中已经出现了一些纯权益类投资产品。

基于此，2007年亦被不少财富管理行业人士视作"财富管理市场萌芽之年"。这个阶段，居民银行存款开始"大搬家"到股市，银行出现排队买基金风潮，中国老百姓家庭财富中的金融类资产逐步从单一走向多元。

也是在2007年，中国的商业银行开始相继推出私人银行业务。2007年3月，中国银行在北京成立了第一家私人银行部，开了国内私人银行业务的先河。紧随其后，招商银行、中信银行等亦推出私人银行服务。

由于后续公募市场表现一般，为了给客户提供不一样的服务和产品，私人银行开始尝试接入信托、私募基金、PE（私募股权投资）等类型产品。当时，市场还出现了不少另类投资产品。从整个财富管理市场发展来看，2008—2009年市场的整体活跃度非常高，这两年也可以说是商业银行财富管理的起步。一方面，产品不断丰富；另一方面，银行理财经理的专业服务能力不断提高。至此，商业银行客户分层基本完成。

值得注意的是，在这个阶段，进入中国的外资银行，其高端理财业务虽然有一定发展，但所占市场份额依然有限。

一方面，尽管外资银行旗下也有资产管理公司，但是并没有渠道上的优势，在中国的网点很少，线下获客成本高。想做理财业务却没有线下网点，仅靠线上获客，效率不高。

另一方面，外资银行理财业务在中国市场遭遇滑铁卢。2007年，某外资银行客户经理向王鑫的父亲推荐了一款境外理财QDII产品。高端和专业，是王鑫父亲对外资银行的印象，于是他果断"出了手"。在将持有的大部分股票变现后，王鑫父亲在某外资银行购入5万欧元的QDII产品。在他内心的杠杆中，"赚"的概率似乎要大于"赔"的概率。

但随后而来的全球金融危机将王鑫父亲的美梦击碎。随着全球经济走弱，炙手可热的外资银行理财产品光环渐失，高额亏损、风险判断失误等一系列问题接踵而至，QDII产品更是遭遇大溃败。

"2009年时，产品已亏损了近40%。"王鑫父亲说。当时很多投资人到该外资银行"讨说法"，但最终只得到一句"海外市场环境不好，非常体谅大家的心情"。由于持续亏损严重，外资银行开始与投资者沟通，建议将剩余资金转购其他产品，期望通过之后的产品收益来弥补投资人损失。王鑫父亲没有选择转购，得到了少量的补偿金。

这个阶段，与王鑫父亲一样陷入亏损旋涡的投资人不在少数。外资银行意图通过QDII产品急速占领更多市场份额，最终却演变成了一场大败局。

据不完全统计，截至2008年11月底，花旗银行、汇丰银行、东亚银行、渣打银行以及德意志银行等推出 QDII 开放式海外基金的外资银行，其产品在近一年内全线亏损，有 42 只基金的亏幅在 50% 以上。其中，8 只基金的亏幅达到 70% 以上。不过，2007 年集中出海的银行 QDII 产品大幅亏损并非外资银行独有现象，多家国内大行也陷入同样的窘境。

三、蓄势大资管：爆发式增长

此后几年，财富管理市场稳步发展，并逐步进入大资管时代。虽然大资管时代更多强调的是资产端，但财富管理强调的是资金端。从广义上看，财富管理业务亦包括资产管理。

吴晓灵等金融专业人士在其所著的《资管大时代：中国资管市场未来改革与发展趋势》一书中指出，1997 年国务院证券委员会发布了《证券投资基金管理暂行办法》，拉开了中国资产管理行业发展的序幕。2002 年中国人民银行颁布《信托投资公司资金信托管理暂行办法》，开启了多种金融机构共同参与的资产管理市场发展进程。2012 年《证券投资基金法》的修订，使私募证券投资基金获得了合法参与资产管理市场的地位。

至此，由商业银行、证券公司、保险公司、信托公司、基金管理公司、私募基金管理人等机构共同参与的资产管理市场格局形成。这些机构共同推动了中国"大资管"市场的壮大。

大资管时代的"大"，主要体现在三个方面：一是进入市场的机构主体越来越多，除了早期的银行、非银行机构，一些准金融机构也可以提供多样化的财富管理产品；二是从需求者来看，最早的财富管理主要针对高净值人群，之后慢慢吸纳中产阶级，甚至普通百姓；三是产品、服务变得越发多元化，不仅有融资类、财富管理类产品，风险管理、咨询、支付等附加功能也逐步融入服务环节当中。

2012年前后，在市场需求和政策推动的共同作用下，特别是随着一系列监管制度的调整，中国的资产管理业务迎来了爆发式增长，形成了所谓大资管的业务体系。

数据显示，中国资产管理业务规模由2012年底的19.99万亿元迅速发展到2015年的78.32万亿元，增长近4倍（见表7-1）。

表7-1 2012—2019年中国资产管理业务规模变化情况

单位：万亿元

年份	银行理财	信托计划	证券资管	公募基金	基金专户	基金子公司	保险资管	私募基金	合计
2012	7	7.47	1.89	2.87	0.76	—	—	—	19.99
2013	10.24	10.91	5.2	3	1.35	0.94	0.37	—	32.01
2014	15.02	13.98	7.95	4.54	2.13	3.74	0.75	1.49	49.6
2015	23.5	16.3	11.89	8.4	4.16	8.57	1.34	4.16	78.32
2016	29.05	20.22	17.31	9.16	6.38	10.5	1.65	8.25	102.52
2017	29.54	26.25	16.88	11.6	6.43	7.31	2.07	11.5	111.58
2018	22.04	22.7	13.36	13.03	6.04	5.25	2.53	12.71	97.66
2019	23.4	21.6	10.83	14.77	4.34	4.19	2.99	13.74	94.64

资料来源：《资管大时代：中国资管市场未来改革与发展趋势》、中国银行业协会、中国信托业协会、中国证券投资基金业协会、中国保险资产管理业协会。其中，保险资管规模是网站上公布的历年注册规模的加总累计数据，基金专户不包括养老金规模。

此后，中国资产管理业务规模更是一度攀升至2017年的111.58万亿元峰值，超过当年GDP的总额。

虽然在统计方式上有差异，但中国财富管理市场发展趋势基本与资管业务保持一致。据艾瑞咨询统计，自2015年以来，中国财富管理市场规模整体呈增长趋势，2017年达到峰值126.1万亿元（见图7-2）。

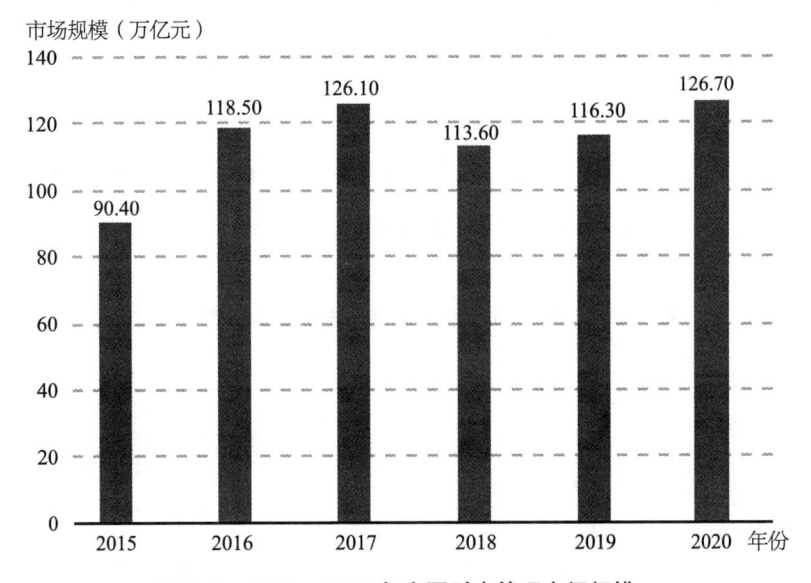

市场规模（万亿元）

年份	2015	2016	2017	2018	2019	2020
规模	90.40	118.50	126.10	113.60	116.30	126.70

图7-2　2015—2020年中国财富管理市场规模

注：1.这里指一般意义上的财富管理，也可称为"泛资管""大资管"，与资管相比是一种相对广义的概念，包括以基金经理为代表的资产管理业务，也包括以财富顾问为代表的狭义财富管理业务两个方面；2.数据口径：银行理财、信托、券商、保险、基金及其子公司专户、公募基金、私募基金和期货；3.此处为存续规模。

资料来源：艾瑞咨询。

财富管理市场为何发展如此迅速？有金融监管人士直言，除了金融机构自身利益驱动和抢占业务市场份额的原因，主要还是因为实体经济在深化改革、快速发展中产生的融资需求，拉动且迎合了社会大众对不断累积财富的保值增值需要。亦有不少财富管理行业人士认为，这得益于金融信息化的发展，其中的典型案例便是"余额宝"的出世。

2013年，移动互联网时代悄然而至，王鑫突然发现自己的微信朋友圈出现了有关"余额宝"的文章。余额宝实际是阿里巴巴推出的一款理财产品，按天计算收益、实时赎回、无手续费等，打破了基金业在短期小额投资需求领域的空白。

凭借着比银行存款更高的收益、更便捷的用户体验等优点，余额宝几乎一夜间爆红，大量民众将钱从银行转至余额宝中。截至2013年12月31日，余额宝的客户数达到4 303万人，规模达到1 853亿元，对接余额宝的增利宝货币基金一跃成为中国规模最大的公募基金。

余额宝爆火之后，中国的互联网巨头们相继推出了自己的"宝宝"类金融产品。有"互联网金融概念之父"之称的中投公司原副总经理谢平特别指出，余额宝推出后，适逢银行间市场资金紧张，利率高企，甚至几度出现"钱荒"的局面。这是余额宝能取得较高收益的宏观背景，但这种情况不可能一直持续下去。

不管怎么说，那一年中国普通百姓发现，原来可以如此简单、便捷地享受到财富管理服务，他们的理财习惯亦由此发生改变。

在信息化理财铺开之外，市场、监管环境亦是助推财富管理业务迅速发展的重要动因。一方面，市场化加速，特别是在2012

年之后，除了银行业，保险业、证券业也有很多市场化的放松，互联网金融进一步推动大资管市场走向繁荣；另一方面，财富管理走向国际化，全球化的资产配置受到热捧。

值得注意的是，借着互联网金融创新的东风，P2P网贷平台也乘势而起，巅峰时期网贷平台的数量甚至超过了5 000家。

这个阶段，中国金融市场的理财产品种类已经得到极大丰富，国民的家庭理财也逐渐来到了多元化配置以分散风险的时代，对新兴理财产品的尝试成为部分投资人可接受的选项。

中国P2P网络借贷市场在那几年迎来蓬勃的发展势头。艾瑞咨询发布的研究报告显示，中国网络借贷交易规模在2013年还不足1 000亿元，但2014年已达2 500亿元，2015年达到近万亿元，2016年则达到1.5万亿元。

王鑫由于日常工作较为繁忙，没时间分心去研究股市及其他银行理财产品，索性将部分资金投入P2P网贷平台上。在朋友的推荐下，王鑫将资金分散投入三家有投资机构或者知名企业背书的P2P平台中。但P2P网贷的发展势头随着部分平台风险的暴露戛然而止。自2018年起，P2P平台风险事件频发。王鑫投资的一个头部P2P平台也出现了风险。"我在这个平台上还有几十万元，这么多年投P2P的收益都没这么多，现在基本上是打水漂了。"王鑫称。

残酷的现实让投资者意识到无风险收益时代已经远去，即便是银行理财产品、信托产品等都已经失去了刚性兑付的"金钟罩"。对投资者而言，理财需要更多的理性态度和专业技能，分散投资变得异常重要；同时，大多数人昔日短期投机的财富观急需端正。

在上述 P2P 平台出事后，王鑫立即把他在其他两个网贷平台上的投资全部提现，转入活期存款里。

在那个被改写的财富新时代，财富观亦逐步被重塑。学者秦朔在他 2016 年所写的《从四十年的路找五千年的根》中提出，应该把改革开放作为中国"根文明"的逻辑起点。他说，今天谈财富观，也可以秉持同样的思考路径。新的财富观强调义利统一，强调"厚德"与"财富"结合。

四、"资产荒"与风险积聚

伴随市场发展，"财富管理"一词开始深入城市和乡村，财富管理机构也如雨后春笋般出现。这其中，除传统的银行、基金、证券、信托公司外，还有不少第三方财富管理公司、互联网金融平台、私募基金等。

在那个阶段，金融机构的非标影子银行及其通道业务，以及互联网金融和私募市场发展也非常迅猛。通过金融机构销售渠道，互联网和代销机构渠道销售的产品、集资项目也数不胜数。

毋庸置疑，银行依然是重要的市场主体。这得益于银行业具有线下销售渠道的优势，客户主要在银行手中。一方面，银行理财产品销售规模最大，另一方面，公募基金或其他产品的销售很多时候也是通过银行渠道来实现的，所以长期以来，银行在整个财富管理市场中占据着重要的地位。显然，这种情况在短期内还不会彻底改变。

不过，一些值得关注的变化正在发生。

2015年上半年，进入股市者众多，但到了下半年，股市出现大幅回撤，很多人期望逃离股市。在这个阶段，让很多财富管理行业人士印象颇深的是市场开始出现"资产荒"。

"资产荒"本质体现在经济周期下行，下行之后经济增长方式调整，大部分资产需求是萎缩的。那个时候，市场资金充裕，只要发一款固定收益产品，收益率稍微高一些，就会被市场疯抢。

于是，财富管理行业开始从过往重视用户规模，逐渐转变为重视资产。市场参与者清楚地感受到资产配置的难度正在加大。

曾几何时，市场上可选择的高收益理财产品比比皆是。具有刚性兑付性质的信托、银行理财、资管产品收益颇为可观，比如信托产品收益一般都在8%~10%，其中基本隐含着刚性兑付的性质。

作为中国家庭进行资产配置的传统大类房地产资产，在房地产市场仍然能够寻找到结构化的投资机会。比如一线城市的房地产资产，在随后政府逐步放开房地产行业调控的背景下，也出现了一轮上涨。

随着A股市场的赚钱效应破灭，资产配置的方向开始变得模糊起来。彼时多家机构认为，随着中国经济的调整、人民币资产的收益率降低，资金寻找高收益理财产品的难度越来越大。总体来看，资产配置的策略逐渐从"牛市"中的积极主动，变成"熊市"中的保守稳健、由攻转守。

从大类资产配置的选择来看，"现金为王"的策略开始成为主流。那个阶段，A股市场的动荡还在持续，债券收益率明显下行，大宗商品仍处于漫漫"熊途"，新一轮新兴市场货币贬值潮再起，数以万亿计的资金似乎无处可去，以至越来越多的投资人认为"现金为王"或许是最好的资产配置策略。

可以看到，2013年至2015年，资本市场完成了从货币牛市到债券牛市，再到股市牛市的小周期，后来又回到货币牛市、"现金为王"的阶段。

与此同时，在全球货币政策分化以及预期未来人民币汇率将有所波动的局势下，海外资产的吸引力正在提升。王鑫透露，当时他的客户经理便一直强烈建议他将部分资金配置到海外资产中，既有海外的房产，也有权益类的投资产品。

选择逻辑很简单。受到国内经济周期的影响，人民币贬值压力未来仍会持续，经济增长放缓，国内回报率高的资产难寻，而美国经济复苏和美元加息预期越发强烈，使得海外资产的安全性大增且有进一步上涨的空间。从分散风险和追求收益的角度来说，配置海外资产的必要性大大提升。

总体来看，虽然从2015年进入"资产荒"后的日子让市场参与者直呼"日子不好过"，但财富管理市场规模依然在迅猛发展。

除了业务规模增长数据，我们也可以从理财经理的薪资中窥得端倪。王鑫的一位在第三方财富管理机构做理财经理的朋友，

2017年月薪（底薪＋提成）能达到4万~5万元，高的时候一个月可以拿到20万元。这让在金融机构工作的王鑫艳羡不已。

不过，在市场爆发式增长背后，多名金融专业人士透过现象看到了更深刻的本质。

原银监会主席尚福林曾撰文指出，金融机构自身逐利的特性客观上刺激了资产管理行业发展。一方面，在分业监管而资产管理业务还没有统一监管规则的环境里，资产管理业务被银行选为规避资本占用和信贷规模控制、实现规模扩张、获取超额利润的重要监管套利手段。另一方面，正规金融体系供给难以充分满足高涨的投融资需求，也客观上刺激了资产管理市场中"类信贷""类存款"等影子银行现象的出现。

"中国资产管理规模从2012年的19.99万亿元，到2017年跃升至峰值111.35万亿元。同期宏观杠杆率高企，从不足180%跃升到255%。"财政部原部长楼继伟亦曾撰文指出。这期间乱象丛生，银行、信托、证券、保险、基金等机构开发出多种类型产品，相互交织，互加杠杆。各机构之间加速混业，都发展资产管理业务，金融风险快速积累。

五、资管新时代：规范下的百花齐放

中国高层逐步意识到市场狂飙突进背后的风险。2015年，全国经济工作会议将"去杠杆"作为今后的重要任务。此后，在2017年7月召开的第五次全国金融工作会议上，习近平总书记明确指出，金融要回归本源，把为实体经济服务作为出发点和落脚点。同时，要推动经济去杠杆，有效处置金融风险点，防范道德风险，坚决守住不发生系统性风险的底线等。

十八大以来，党中央准确把握和平、发展、合作、共赢的时代潮流和国际大势，从实现中华民族伟大复兴的中国梦的历史维度出发，以开放促改革、以开放促发展、以开放促创新，加快推进建设开放型经济强国，由此中国对外开放逐步迈上了新台阶。

基于金融开放大背景，2018年4月，资管新规出台，拉开了资产管理行业转型发展的序幕。此后，银行理财、证券期货资管、保险资管等配套细则相继落地，基本形成了中国百万亿级资产管理市场的监管制度和规则体系。

2019年7月，国务院金融稳定发展委员会发布了金融业对外开放的11条措施，内容包括：允许境外资产管理机构与中资银行或保险公司的子公司合资设立由外方控股的理财公司，允许境外金融机构投资设立、参股养老金管理公司，将原定于2021年取消证券公司、基金管理公司和期货公司外资股比限制的时点提前到2020年，等等。

毋庸置疑，这些措施释放了一个有自信、有进取心的传统金融大国向现代化金融强国迈进的强烈信号。但由于中国资产管理市场尚处于转型与规范发展的探索阶段，境外机构在进入中国市场时面临着来自政策和市场环境两方面的挑战。

"因此，在更高水平对外开放的大背景下，厘清中外资产管理业务的内涵与理念，借鉴境外资产管理业务成熟的监管规则，并结合我国的实际情况加以吸收和优化，是当前中国资产管理市场监管人员和从业人员应当思考和探索的话题。"吴晓灵强调。

船到中流浪更急，人到半山路更陡。随着资管新规的深入实施，深层次的矛盾日渐凸显，资产管理业务回归本源的目标也遇到了新的挑战。

吴晓灵等金融专业人士此前就指出，化解"大资管"业务存量风险，防范增量风险，保障实体经济融资，实现平稳过渡，是资管新规的迫切任务。但是，市场投资者对类似刚性兑付的预期收益类产品仍然有很强的需求，市场主体对老产品也存在路径依赖，符合资管新规标准的新产品难以扩展市场规模，不符合资管新规标准的老产品规模难以持续压降，社会融资需求因为融资结构改变和新老产品衔接转换不畅而受到较大影响，行业出现了延长过渡期的呼声。

在不符合资管新规标准的老产品中，带有刚性兑付性质的银行理财既占大头，又是源头。截至 2019 年 6 月末，净值型非保本银行理财产品的余额为 7.89 万亿元。虽然资管新规的过渡期已经过半，但是净值型产品仅占全部非保本银行理财产品存续余额的 35.56%，剩余老产品的规范转型难度很可能更大。

考虑到诸多现实问题，2020 年 8 月，央行会同多部委宣布，按照既有工作安排，资管新规过渡期将于 2020 年底结束。考虑到 2020 年以来新冠肺炎疫情对经济金融的冲击，金融机构资产管理业务规范转型面临较大压力，因此将资管新规过渡期延长至

2021年底。

我们能够看到,在资管新规和后续配套细则的指导下,同类资产管理业务监管标准逐渐统一,刚性兑付被有序打破,金融风险得到有效防控,金融服务实体经济的能力进一步增强。

与此同时,在市场迈入规范发展的新时代,财富管理格局渐被改写。银行理财、保险、信托、基金专户、券商资管、公募基金、私募基金等均经历了不同程度的调整,"大资管"业务规模更是在2017年触顶回落,到2018年已经不足100万亿元,2019年持续压降。

同时,资产管理业务的结构得到优化,具有刚性兑付、监管套利性质的老产品规模明显下降,净值型理财产品规模不断提升,公募类基金中的权益类基金在2019年下半年迎来拐点。

其中,银行理财更是发生着深刻的变化。2018年12月2日,《商业银行理财子公司管理办法》颁布,标志着银行理财业的变革正式启动。截至2021年6月25日,中国获批筹建的银行理财子公司总数达到27家,其中包括3家中外合资机构。

随着商业银行存续理财产品逐步向理财子公司转移,理财子公司市场份额不断扩大。银行业理财登记托管中心(以下简称"理财托管中心")发布的《中国银行业理财市场年度报告(2020年)》显示,截至2020年末,中国共有331家银行机构有存续的理财产品,存续余额为19.19万亿元;24家理财公司(含2家外资控股理财公司)已获批筹建,其中20家已正式开业,产品存续余额为6.67万亿元(占全市场的比例达25.79%)。而在2019年末,理财子公司产品存续余额仅为 0.8 万亿元。

总体来看,进入后资管新规时代,虽然银行仍是中国财富管理市场最主要的参与主体,但一家独大的时代已经过去。诸如信托、保险、证券公司、基金公司、阳光私募、互联网金融平台等,均占据了一定的市场份额,百花齐放的市场格局正在形成。

中国证券投资基金业协会(以下简称"基金业协会")、中国信托业协会、理财托管中心数据显示,截至 2020 年底,中国的银行理财规模达 25.86 万亿元,同比增长 6.90%;信托资产规模为 20.49 万亿元,同比下降 5.17%;保险资管业资产管理规模达 21 万亿元,同比增长 19%;公募基金资产管理规模达 19.89 万亿元,同比增长 34.66%;私募基金规模达 16.96 万亿元,同比增长 20.45%;券商资管资产规模为 8.55 万亿元,同比下降 21.05%。

可以很明显地看到,市场格局出现了一些很有意思的变化。比如:2020 年公募基金的规模已经接近银行理财的规模,如果加上私募基金,基金行业的规模已经远超银行理财的规模。

虽然这样的变化能否持续还需观察,但这意味着金融市场直接融资占比正在上升。与此同时,随着金融业开放持续深化,外资保险资管公司、外资公募基金公司、中外合资银行理财公司等相继出现,通过引入外资机构及成熟的投资经验、理念等,将极大地推动整个财富管理行业的真正转型。

基金业协会公布的 2021 年第一季度代销机构的公募基金保有规模前 100 强榜单显示:在股票 + 混合公募基金保有规模排名方面,蚂蚁基金仅次于招商银行,位列第二(5 719 亿元);在非货币市场公募基金保有规模排名方面，蚂蚁基金则位列第一，保有规模达到8 901亿元。

一个值得关注的现象也同步出现：近年来，通过互联网金融平台，以"90后"为代表的非专业年轻投资者开始蜂拥入市，基金走出火热行情。然而，随着后续股市震荡回撤，部分投资者还没来得及体会赚钱的快乐，便遭遇市场的重击。

可以看到，在这个财富管理格局被改写的新时代，中国居民的财富观重塑正在加速。市场上的教训让投资者意识到无风险收益时代已经远去。当银行理财产品、信托产品等都已失去刚性兑付"护体"时，他们开始明白理财需要更多的理性态度和专业技能，短线投机将越发不可持续。

最明显的一个转变，是大家从亲自下场到寻求专业人士帮助。大家不再觉得自己是"股神"了，也逐渐意识到刚性兑付不复存在，这是理财观念的一大进步。在更多行业人士看来，这些转变正是中国财富管理市场规范发展的开始。

中国财富管理市场将会走向何方？有一种观点是，未来或许可以看到更多的互联网、金融科技元素应用到财富管理行业中，这可能会推动行业进入资管业务转型结束后的下一个新阶段，即以金融科技为支撑的财富管理市场格局重塑阶段。届时，恐怕有很多东西都会出现新的变化，但到底会怎样变化，还需进一步观察。

吴晓灵基于更高的观察视野进一步指出，在全球化时代，由于国家间经济和金融交往日益密切，人民币资本项目下的扩大开放是大势所趋，资本最终会选择制度高地，风险则会留在制度洼地，大国竞争的决胜点就是制度。全球资产管理业务的发展趋势对中国的资产管理业务回归本源和创新发展提供了借鉴及指引。深化资产管理业务监管制度改革，建设现代化的资产管理业务体系，应当成为深化金融供给侧结构性改革的切入点和发力点。

基于此，吴晓灵认为应当优化影子银行治理方案，坚持新老划断，实现平稳过渡；同时要深化监管"放管服"改革，切实防范风险，释放市场活力。通过完善市场环境，加强基础性制度建设，补齐短板，全力推动中国的资产管理业务迈向现代化，使资产管理业务成为中国深化金融供给侧结构性改革，尤其是资本市场发展的重要推动力量。

睿视角

货币霸权的兴衰

文 / 郑磊（宝新金融首席经济学家）
编辑 / 臧博

人民币国际化一直是个热门话题。人民币国际化的起点是经济总量已经排世界第二位的经济大国和仍未完全可兑换的货币，终点是成为国际通用的具有清算、储备和投资功能的"硬通货"。正如《嚣张的特权：美元的兴衰和货币的未来》作者巴里·埃肯格林所说，一国经济和军事实力与其他国家使用该国货币之间可能会存在某种联系，但决定一国货币国际地位的是该国的世界强国地位。一种货币之所以具有吸引力，就在于发行该货币的国家是一个大国、富国，且处于不断发展之中。它之所以具有吸引力，还在于它背后的这个国家是强大的、安全的。所以，人民币国际化是中国崛起于世界民族之林过程中的重要一环。

日渐衰弱的美元霸权

巴里·埃肯格林从历史发展的角度深入解读了美元崛起的过程及其正在衰落的事实和原因，并对未来的国际货币体系中的主要竞争对手——欧元、人民币、特别提款权、黄金等做了对比和预测。埃肯格林的结论是，美元将继续衰落，但是美元既不会崩溃，也不会被取代。美元的未来取决于美国依然强大的国力、世界最大的金融市场、良好的流动性和"在位"优势。埃肯格林认为，在诸多决定美国世界地位的因素中，美国的经济表现以及其能否避免严重政策失误（比如导致 2008 年全球金融危机的政策失误），将决定美元的命运。

世界货币史给出的演进主线是从黄金、信用货币、国际信用货币、霸权货币到现在的区域性国际货币。这也是一条货币领域的国际政治路线，其中伴随着世界经济全球化和金本位制的消亡。英镑、美元、欧元是其中的典型代表。美元直到 20 世纪 70 年代才最终与金本位制脱钩，而欧元则完全不依赖黄金储备和单一国家的主权信用。因此，美元必须由美国强大的政治、经济和军事实力背书，而欧元则依靠欧元区各国和欧盟的支撑。从美元替代英镑开始，国际货币的信用基础发生了本质改变（不再以贵金属储备为依托），而美元和欧元的竞争，背后则是国家信用和非单一主权信用的博弈，后者显然是一种有待时间检验的创新。

美元仍是一种被世界各国普遍认可和使用的硬通货，至今具有霸权地位。我们看到英镑曾在 1815 年拿破仑战争结束后到 1914 年的一百年中占据了这一霸主位置。在英镑逐渐衰落的过程中，1870 年，美国的商品生产和服务规模超过了英国。到 1912 年，美国的商品出口超过了英国。在第一次世界大战前夕，美国已是世界最大的经济体。在 1925 年以后，美元就已经超过英镑的国际货币地位，并于 1944 年布雷顿森林体系确立之后彻底取代了英镑。

到今天为止，美国已经享有近 80 年的霸权收益。这一地位并非永恒不变的，货币霸权的基础是坚实的国力、广泛的对外贸易、良好稳定的信用，以及庞大的离岸、在岸金融市场和完善的金融体系。

我们可以看到，尽管经历了多次经济危机的打击，美国目前仍能保持世界第一的经济总量和最大的外贸进出口规模，具有发达的金融市场和金融体系，其政治和军事力量丝毫未损，美元仍是全球广泛使用的贸易和金融市场计价货币。不过，美国的国家信用正在被质疑，而其金融体系无疑具有很多制度漏洞。美元自越南战争以后就走了下坡路。20 世纪最后 10 年的新技术产业在 2000 年初成为破灭的泡沫，之后美国采取了金融刺激手段，直至次贷危机爆发，引发了全球金融危机。

德国"证券教父"安德烈·科斯托拉尼说过这样一句格言："一种货币只会死在自己的床上。"眼下，对美元霸主地位构成威胁的主要国家就是美国自身。埃肯格林警告称，可供美国缩小财政赤字、避免债务危机的时间"或许比普遍设想的要短"。美元已不可逆转地失去霸权地位了，在未来一段可见的时期内，取而代之的将是以美元、欧元、人民币为代表的多极货币区，之后也许是超主权货币的世界。

美元的竞争对手

在区域性货币中，最有竞争力的是欧元和人民币。

欧元的诞生，除了大欧洲主义和西欧各国出于经济利益的考量，尽量避免美元汇率剧烈波动带来的损失是一个重要原因。欧元兴起的时点，正是20世纪70年代初期布雷顿森林体系瓦解、美元汇率波动加剧的时刻。当时西欧国家为避免美元汇率大幅波动对经济的冲击，放弃了钉住美元的固定汇率机制，建立"蛇形"汇率机制，采取钉住当时币值稳定的德国马克，以实现西欧区域内汇率稳定。从欧洲煤钢联营、欧洲经济货币联盟到欧元区，欧元和美元背后的经济力量对比发生了明显改变：2008年初欧元区15国的GDP总量已超过美国，成为世界上最大的经济体；截至2011年3月底，在全球央行外汇储备中，欧元所占比重上升至26.6%；在世界范围内，以欧元计价的国际债券总值在2004年就超过了以美元计价的国际债券。尽管时常会受到欧元区解体的质疑，欧元目前无疑仍是除美元之外最有竞争力的国际货币。

随着国力增强，人民币汇率表现稳定，越来越多地承担起主要国际贸易结算货币的功能。2015年11月30日，国际货币基金组织宣布正式将人民币纳入国际货币基金组织特别提款权货币篮子。这距离2009年启动人民币国际化，只有六七年时间。人民币国际化是中国参与建设后金融危机时代国际金融新秩序的一个重大举措。张明在《穿越周期：人民币汇率改革与人民币国际化》中回忆：2009年3月23日，中国人民银行行长周小川指出，"此次金融危机的爆发并在全球范围内迅速蔓延，反映出当前国际货币体系的内在缺陷和系统性风险"。此后，中国人民银行开始推动人民币国际化进程。人民币国际化主要围绕三条主线进行：一是跨境贸易与投资的人民币结算；二是离岸人民币市场的培育与发展；三是与其他国家或地区央行签署双边本币互换协议。

2015年之后，人民币国际化进程陷入停滞，境外人民币存款持续减少，跨境人民币收付的规模缩小幅度加大，这既有经济全球化环境发生了较大改变的原因，也与中国主动改变策略有关。在国际化进程中人民币应注意吸取马克、日元的经验教训，在与美元捍卫自身"在位"优势的博弈过程中，要避免被货币霸权扼杀在襁褓中。人民币国际化存在多种路径选择，而中国人民银行在传统路径下仍需选择正确时机，继续推进资本项目开放、汇率管理等配套市场化改革。

超主权货币的起源可以追溯到比特币，但其思想来自奥地利经济学派经济学家哈耶克的"货币的非国家化"。其实，欧元也可以被看作目前唯一使用范围较广的超主权货币。Libra是最接近这个理念的加密数字币。2019年6月，脸书带着27家巨头加持的盛威，正式发布Libra白皮书，激起币圈轩然大波。如果它能走进27亿脸书用户的日常生活，对国际货币秩序将产生难以估量的冲击。而这件事一出现就开始受到各方打压，不到半年，先后有 6 家支付机构退出了 Libra 协会。

国际货币基金组织前总裁克里斯蒂娜·拉加德曾表示，区块链的革新者正在撼动传统金融世界，并对现有参与者产生明显的影响。Libra 想成为超主权货币，需要一个能够协调主要国家的超主权主体，即各国财政政策和货币政策要在超主权层面达到统一。这比在欧元区统一财政政策还困难。欧元区国家内部的经济发展不均衡，客观上要求建立一个货币政策和财政政策集中的超主权政体，目前毫无进展迹象。货币和财政永远是具有中心化特征的国家制度结构。显然，对 Libra 协会这类松散的商业组织来说，这都是一个无法完成的使命。

IMF 的降生是二战后大国间竞争和妥协的结果。英美当时都提出了自己的超主权货币方案，但都未得到足够多的支持。在 20 世纪 60 年代发生美元危机时，IMF 尝试推出了与主要国家货币挂钩的超主权世界货币"SDR"，但最终由于难以得到在 IMF 有一票否决权的美国的支持，无法成为广泛使用的世界货币，只是作为政府间一种补充性质的官方储备资产。SDR 的境遇反映了一个事实：在国际经贸往来中，哪种货币能够成为计价清算货币，取决于货币发行国家的综合国力和国际影响力（或者霸权地位），以及强大的金融体系。

Libra 的设计与 SDR 相似，可以看作一个 eSDR（电子 SDR）。尽管 Libra 成为超主权货币的概率非常小，但依靠其庞大的商业网络，其发行量很可能超过 SDR。SDR 由于分配数量远小于国际经贸往来资金量,而且主要在少数发达国家分配,所以其实际影响力非常有限。Libra 协会就像一个民间的 IMF,试图取得未来数字经济世界的全球货币霸权,这件事本身就对现有国际金融秩序构成了不小的挑战。IMF 自然无法掉以轻心。也许未来一段时期会出现两个系统,一个是纸币体系,一个是数字货币体系,其中就包括了一些国家的数字法币,以及类似 Libra 这样的 eSDR。这两种体系既共生又竞争。

Libra 可能会分流、替代一部分主权货币的使用,与后者形成此消彼长的竞争关系;主权货币的使用量可能逐渐下降,将降低主权货币的调节能力,影响货币政策的有效性,扭曲货币政策传导机制。当 Libra 发行量大到一定程度时,其一篮子储备货币国家的货币政策效果都可能会被削弱。非储备货币国家的货币政策的独立性受到的影响更大,在国际货币体系中的地位将岌岌可危。

数字人民币:国际化新路径

笔者在 2010 年参加一个讨论人民币国际化的论坛时,提出人民币国际化之路可能坎坷不平,10 年之内难以成功。之所以做出这个判断,一个主要原因是金融深化和开放进程必须与金融体系的成熟程度及稳健性相匹配。人民币国际化如果采取传统的方式和路径,将面临来自美元、欧元等强势货币的直接挑战。尽管我们近年来看到人民币在国际大宗商品市场和国际贸易结算方面取得了长足进步，但提升占比的过程将会相当漫长，在国际货币基金组织、国际清算银行、环球银行金融电信协会等全球金融基础设施掌控在欧美国家之手的情况下，面临的挑战是巨大的。

在《百年来中美经济对比与预判——基于康波周期的大历史视角分析》中，笔者分析了中美国力的变化情况发现，目前我国正处于国力发展起步不久的阶段，竞争力从1900年开始触底回升，已经具备较好的基础，其他指标在1950年之后开始回升，科技创新在20世纪90年代末开始重新攀升，目前开始进入高位阶段（以100~120年时间计算，这种状态可能持续到2120—2140年），但中国目前在金融中心和储备货币地位方面较弱。而美国技术创新、竞争力、产出在1910年至2010年左右处于增长高位，储备货币地位面临日益走弱的趋势。

美元霸权的削弱和区块链加密数字币以及人民币国际化几乎是同步发生的，新的国际金融秩序正在孕育之中。但是，由于个人发行数字货币具有难以克服的困难，由各国中央银行推出数字法币越来越成为一个重要的替代方案。目前中国在这一领域遥遥领先。截至目前，数字人民币已经在深圳、苏州、北京、成都、上海、长沙等地陆续进行12轮较大规模应用场景测试。数字人民币有望在不久的将来与纸币一同流通使用。

央行发行的数字人民币不是采取完全去中心化的结构，只是部分采用区块链技术，以提高金融系统的安全性、效率和鲁棒性，更好地发挥货币政策作用，等等。数字人民币是数字经济时代的货币，笔者认为各国央行都将逐步跟进推出自己的数字法币。国际货币基金组织的监管部门官员也撰文，提议以公私合作方式发行合成型CBDC。我们可以想象，未来的国际金融可能出现两种主要的货币体系，一个是现有的美元体制，一个是由各国数字法币构建的新的货币框架；在国际贸易清结算和融通中，以国际储备货币为核心的纸币和某些主要国家的数字法币并行不悖。

未来将不仅仅存在SWIFT，一些经济大国也正在扩大自主控制的国际结算系统的使用范围，比如中国的CIPS、俄罗斯的SPFS（金融信息传输系统），越来越多的跨境金融机构正在加入。另一个标志性事件是SWIFT与4家中资机构合资成立金融网关信息服务有限公司，向用户提供金融网关服务，包括建立并运营金融报文服务的本地网络集中点、建立并运营本地数据仓库等服务。类似合作可能也会在其他国家和SWIFT之间展开。各国不仅可以加快学习成熟的国际结算体系经验，也可以加快各个结算系统之间的兼容性，加快构建覆盖更多国家的数字货币金融体系。

数字人民币给了中国一个新的人民币国际化路径。在这个领域里，目前不存在霸权国家，各国基本站在同一起点上，而中国略微领先。构建一个不受美元霸权主导的国际贸易清结算体系，符合绝大多数国家的利益。

结　语

全球治理模式演变下的人民币崛起前路

文 / 沈建光（京东集团副总裁、京东数字科技首席经济学家）
编辑 / 袁满

全球经济发展历史告诉我们，大国崛起必然伴随着大国货币的成长。经历了40余年改革开放，中国经济迅速崛起，人民币作为大国货币也正加速迈向全球舞台，未来之路如何选择将至关重要。

自2008年全球金融危机至今，全球宏观治理模式发生了深刻变化。一方面是"逆全球化"思潮逐渐兴起。2008年开始，全球商品和服务贸易额占GDP的比重已停止上升，其中商品贸易出现明显下滑；2018年中美贸易摩擦升级则成为标志性事件，全球化进程呈现出明显倒退趋势。

另一方面是现代货币理论（MMT）政策付诸实践。2020年以来的新冠肺炎疫情大暴发成为全球宏观经济政策分水岭。面对历史罕见的疫情危机，以美国为首的主要发达经济体纷纷突破传统政策思维限制，采用货币超宽松与财政大扩张协同的现代货币理论政策，推动经济快速恢复的同时，也不可避免触发了通胀致命伤。

时代变化对人民币国际化提出了新的要求，也带来了新的机遇和挑战。2020年以来，中国提出加快形成以国内大循环为主体、国内国际双循环相互促进的新发展格局。美元本位制国际货币体系的内在缺陷和系统性风险频繁暴露，越来越多的国家开始质疑美元霸权。人民币国际化这一命题不仅是服务"双循环"新发展格局、统筹中国自身发展与安全的内在要求，也面临着越发强烈的外部需求。从这一角度看，当前人民币国际化再逢良机，加速提升人民币的国际使用和储备货币地位正当其时。

开辟大国货币崛起的中国道路

新中国的成立开启了人民币成为大国货币的伟大历程，但过程并不平坦，直到20世纪70年代末期改革开放以来，伴随经济的迅速崛起和逐步融入经济、金融全球化进程，人民币方才真正重新迈向大国货币的舞台。

随着中国改革开放的深入推进，特别是逐步深度融入经济、金融全球化进程，人民币与其他国家（或经济体）主权货币，特别是几种主要国际货币之间的关系越来越紧密。由于人民币在周边国家和地区流通的扩大，以及中国加入WTO后更紧密地融入国际经济和金融事务，人民币国际化话题开始引起各方广泛关注。

2015年8月11日,为顺应国际经济金融形势的新变化,中国人民银行决定综合考虑外汇供求情况以及国际主要货币汇率变化,完善人民币汇率中间价报价机制。紧接着,中国外汇交易中心发布人民币汇率指数(CFETS),标志着人民币汇率机制开始转向钉住一篮子货币。一开始篮子货币为13种,美元占据主导地位,2017年起增加至24种,随后经过2020年和2021年两次调整,目前CFETS的货币权重,美元从一开始的26.4%下调至18.79%,欧元先降后升至18.15%,显示出减少对美元等主要货币的依赖、增强人民币对外独立性的总体趋势。

2015年以来,人民币跨境使用的政策框架逐步成形,业务领域基本覆盖,人民币的国际使用范围逐步拓展,国际影响力日益增强。2015年11月,人民币被纳入特别提款权货币篮子,权重超过日元和英镑,位列美元与欧元之后排第三。2016年10月,IMF在其"官方外汇储备货币构成"中,首次扩展货币范围,单独列出人民币。截至2020年末,据不完全统计,全球已有70多个国家的中央银行或货币当局将人民币纳入外汇储备。特别是截至2021年二季度末,俄罗斯外汇储备中人民币占比高达13.1%;2021年6月,俄罗斯财政部表示将其主权财富基金中的美元份额清零,同时增加欧元与人民币的份额,其中人民币份额将由15%增加至30%。

2014年以来,在国际主要支付货币中,人民币已排进前五。需要指出的是,尽管外部接受人民币的程度明显提高,人民币也已进入国际支付市场并获得一定角色担当,但人民币作为跨境支付结算和国际储备货币仍然处于起步阶段。国际货币基金组织的最新数据显示，截至2021年底，人民币在全球各国、地区外汇储备中的规模达到3 361亿美元，是人民币自2016年正式纳入特别提款权货币篮子以来的峰值，但占全球外汇储备总规模的比重仍然仅为2.79%，相比美元、欧元等主要国际储备货币，仍有较大差距。中国金融机构提供人民币跨境金融服务的能力也依然较弱，大多还只是国际市场上的价格接受者（price taker），尚未成为价格制定者（price maker）。

这意味着，在经历了40余年的改革开放以及深度融入经济、金融全球化进程之后，相对于全球第二大经济体的体量而言，作为主权货币的人民币的国际使用仍处于偏低水平。尽管人民币早已具备币制统一、币制独立和币值稳定三大条件，但要成为真正的大国货币，人民币国际化仍需做出长期努力。

服务"双循环"的必然要求

2020年以来，中国提出加快形成以国内大循环为主体、国内国际双循环相互促进的新发展格局。加快推进人民币国际化，推动人民币跨入主流国际货币，尤其是统筹好发展和安全，已成为服务"双循环"的必然要求。

在发展方面，中国经济转型升级需要加快推进人民币国际化。

一是助力畅通国内大循环，释放内需潜力。IMF研究表明，随着资本项目开放，本国经济将更有效地促进跨期消费平滑，从而达到资源的有效配置。人民币国际化能够配合扩大内需政策的影响，有效降低外贸及依靠外国原材料进口企业的成本，提高企业盈利水平和从业人员收入水平，最终抬升国内居民购买力。

二是助力服务业扩大开放，提升服务贸易水平。自2014年以来，中国服务贸易规模已经连续7年稳居世界第二，成为全球经济和服务贸易增长的重要推动力量。但相对于制造业，中国服务业开放水平仍有待提升，特别是在金融、电信等敏感领域以及数字服务等新兴领域。人民币国际化将为跨国技术服务、知识产权交易提供便利，有利于出口结构向高附加值服务贸易的转移。

三是助力"一带一路"建设和中国企业"走出去"。当前"一带一路"建设进入既是收获期又需要更多投入的时期，而人民币国际化对中国对外投资的影响重大，主要体现在：推动更多私人企业进行海外投资，增加海外投资存量；消除外国企业和政府在定价权、结算程序等方面的限制，提升中资企业在海外的竞争力。

四是助力中国金融市场化、与国际接轨。中国金融市场与国际市场接轨的最大障碍便在于市场化程度缺乏。在人民币国际化进程中，中国境内的金融机构和企业与国际金融市场之间的联系将更加紧密，境外的金融机构和企业也将更多地参与中国境内的金融市场中。这些力量将成为中国金融改革的额外推动力。

在安全方面，日益严峻的涉外金融安全形势需要加快推进人民币国际化。

一方面，美元金融制度本身存在巨大的风险。2021年底中国外汇储备仍超3万亿美元，其中持有美债超1万亿美元，超大规模的美元资产多次面临美元体系的危机隐患。20世纪以前的所有危机都与美元制度有关，但基本发生在美国之外，而21世纪以来的危机都发生在美国本土，全球金融危机已经从外围走向中心。面对次贷危机和疫情危机，美国、欧洲采取量化或无限量化的宽松货币政策，将成为未来引爆危机的又一个重要原因。包括美国在内的主要发达国家中长期经济增长趋向下行，无限制地继续扩张货币政策，持有的美元资产将面临大幅贬值的可能。

另一方面，美元霸权导致中国涉外金融缺乏安全。从全球流动性安全网架构来看，以美国为首的西方发达经济体已经构建了一张以美元货币互换为核心的流动性有效覆盖网。全球货币 ibor 换锚后作为国际媒介货币（vehicle currency）的美元定价权返归美国，其货币政策的全球传导影响力将更大。一旦大国博弈引起金融摩擦或地缘政治摩擦加剧，美国可以利用美元制度下的账户和支付体系，对账户上的资金资产交易、支付等进行限制、冻结、挪用等制裁，甚至剔除出支付结算系统。当前中国金融市场已进入全面开放阶段，但整体来看，内生脆弱性依然存在，围绕资金的价格形成机制还在改革磨合成形中，抗外部冲击的防御能力还有待提高。

国际货币环境新变化

2008年全球金融危机至今,全球宏观治理模式发生了深刻变化,一定程度上已对美元体系造成冲击,削弱了美元的国际地位,尤其疫后现代货币理论政策付诸实践,正推动国际货币环境发生重大变化。

"逆全球化"思潮愈演愈烈,以美元结算为核心的国际贸易体系越发脆弱。2008年以来,全球商品和服务贸易额占GDP的比重已停止上升,其中商品贸易额出现明显下滑。瑞士苏黎世联邦理工学院经济研究所简·斯特姆(Jan Sturm)教授团队发布的KOF全球化指数显示,近年来经济全球化基本停滞(截至2018年)。2018年,中美贸易摩擦升级则成为标志性事件,全球化进程已呈现出明显倒退趋势。新冠肺炎疫情暴发后,欧美发达经济体的制造业空心化风险暴露,为保障自身产业链完整和摆脱对中国供应链的依赖,上述国家已开始行动、推动本国企业迁出中国,也将加速产业链在中长期的逆全球化趋势。

现代货币理论政策付诸实践直接冲击美元信用体系。2020年以来,面对新冠肺炎疫情造成的严重经济衰退,发达经济体在美国引领下,开启一场全新的政策试验,财政货币协同性空前加强,现代货币理论从理论走向实践,突出体现在以下三个方面。

一是平衡预算理念被打破,债务利息负担可持续成为更重要指标。以往政府杠杆率、赤字率高低往往被视为衡量财政是否稳健的指标,在很长一段时间内,3%的赤字率和60%的政府债务率被广泛理解为财政健康程度的警戒线。但是,近年来发达国家债务率不断攀升,上述指标的现实意义受到质疑,特别是新冠肺炎疫情之后,各国采取扩张性财政政策应对,疫后该比例更是达到空前高位。截至 2020 年,美国、欧元区债务占 GDP 比重已分别达到 127%、97%,日本债务率更是高达 256%,创全球之最。然而,发达国家债务率不断攀升,并没有刺激经济走向高增长与通胀,特别是日本,反而深陷近 30 年的通缩泥潭。美国财长耶伦上任以来多次主张,当美国利率处于历史低位之际,最明智的举措是采取"大动作"(act big)。在她看来,美国债务率尽管不是低水平,但也没有高到令人担忧。相比于债务率本身高低,债务利息支付占 GDP 比例是更好的衡量标准。近年来伴随发达经济体低利率甚至负利率,债务率上升的同时,利息支出反而出现趋势性下降。根据 IMF 测算,疫情下发达经济体债务率从 2019 年的 103.8% 升至 2021 年的 122.5%,而利息支出与 GDP 之比同期从 2.1% 降至 1.7%。

二是央行持有政府债务显著攀升,财政赤字货币化大规模实施。疫情以来有关财政赤字货币化争议不断。一般而言,央行在一级市场与二级市场购买政府债券渠道与影响显著不同,央行在一级市场直接认购国债被称为"直升机撒钱",会等量扩大央行资产负债表、等量增加基础货币供应。而通过二级市场购买政府债券,是央行公开市场操作的重要内容,购买金额、期限、时点可根据央行自行决定,保持货币政策独立性。然而,从 2013 年日本安倍经济学,再到美国疫后的"大动作"新实践,美日央行虽然没有直接在一级市场认购国债，但通过量化宽松大量增加基础货币，购买本国政府国债规模显著攀升。2013—2020年，日本央行持有日本政府债券规模7年内翻了5倍多，所占份额从2013年的11.4%提升至2020年的48.5%，日本央行成为日本政府的最大债权人；新冠肺炎疫情暴发以来至2021年底，美联储持有美国国债份额达到24%，2019年这一比例仅为13%。

三是货币政策框架改变，短期内通胀为增长让路。美联储2020年推出平均通胀目标制（AIT），对通胀容忍度上升，更加关注就业和增长目标。2021年以来，美国CPI持续快速上升。但在美国新的货币操作框架下，通胀更加强调中长期水平，直到2021年12月美国CPI上升到7%，美联储主席鲍威尔才在议息会议上提出删除"暂时性通胀"的表述。与此同时，欧洲央行2021年7月结束长达18个月的战略评估（2003年以来的第一次），亦将通胀目标从"接近但低于2%"调整为"2%，允许暂时超过2%"。对于欧洲央行来说，这一改变非同寻常，毕竟先前以德国央行立场为主导的欧洲央行，一直将平抑通胀作为货币政策的首要目标。

随着现代货币理论政策的深入实施，通胀问题已成美元最大隐患。回顾历史，通胀往往对美元计价外汇储备造成冲击。例如，20世纪70年代全球外汇储备中美元份额一度达到了85%的峰值，但随着美国国内物价水平迅速上升，各国开始抛售美元计价资产，外汇储备中美元份额持续走低。如今美国正在面临类似的困境。最新公布的数据显示，美国3月CPI同比增长8.5%，创40年来新高。为了抑制物价过快上涨，美联储3月已重新启动加息周期,并可能在 5 月开始缩减资产负债表。

债务问题同样值得关注。最新数据显示,美国政府债务已经突破 30 万亿美元,2021 财政年赤字率(12.4%)与 2020 年财政年赤字率(14.9%),都是 1945 年以来的最高值。在疫情暴发后的现代货币理论实践下,财政赤字货币化不仅是高通胀的直接推手,也大幅加重美国背负的债务压力,联邦政府债务占 GDP 比例连续两年在 120% 以上,处于历史峰值。为避免政府债务违约,2021 年 12 月 15 日美国国会众议院将联邦政府债务上限调高至 31.4 万亿美元。债务违约对储备货币地位具有重大影响,近年来市场已开始担心美国无力偿还持续快速膨胀的巨额债务。

上述情况下,近年来美元在全球储备中所占比例再度下降。IMF 公布的最新官方外汇储备货币构成数据显示,2021 年第四季度全球美元计价外汇储备为 7.087 万亿美元,市场份额从第三季度的 59.15% 进一步下降至 58.81%,为 1996 年以来新低。这在一定程度上体现了其他货币、黄金等资产对美元形成竞争,使后者在全球经济中的作用减弱。IMF 指出,随着新兴市场和发展中经济体的央行寻求实现储备货币构成的进一步多元化,美元在全球储备中所占比例将继续下降。

人民币国际化再逢良机

全球治理模式演变带来的国际货币环境新变化,无疑为推动人民币国际化提供了良好机遇。与此同时，疫情以来中国在逆全球化风险加大、中美关系复杂多变的背景下，强势保持了人民币币值的基本稳定，同样为人民币国际化提速创造了条件。

正如央行行长易纲在《金融助力全面建成小康社会》一文中提到的，保持币值稳定对成功经济体十分必要。过去几年，在人民币贬值与资本流出的压力下，人民币国际化进程受到了影响。疫后人民币则长时间保持了强势姿态，一度突破6.3关口。主要得益于如下基本面因素。

一是全球率先实现经济反弹。疫情之下，中国政府采取及时有效的公共卫生政策，用最短的时间控制住疫情，并在2020年第二季度率先走出疫情冲击，当年成为全球唯一一个正增长的主要经济体，这对市场看好人民币走势提供了有力支持。

二是出口强劲，经常项目顺差扩大。疫情之下，中国经常项目顺差显著扩大，支持人民币升值。从货物贸易来看，受疫情影响，海外防疫与在线设备需求加大，凭借稳定的产业链供应链，中国成为防疫用品、居家办公学习电子设备等商品的主要出口国。海关数据显示，2020年中国对美出口逆势增长7.9%，2021年更累计同比增长接近30%，美国重新成为中国第一大出口目的地，与中美贸易战期间中国对美出口不断下滑形成鲜明对比。

三是逆势开放，获得全球投资者看好。疫情给全球经济带来挑战，中国作为第二大经济体，始终是经济全球化的积极捍卫者和守护者，经济与金融市场稳定，货币政策稳健，对外开放步伐仍在加大，对外资具有巨大吸引力。2021年，中国实际利用外资以人民币计首次突破万亿元，达到 11 493.6 亿元，增长 14.9%；以美元计，达到 1 734.8 亿美元，同比增长 20.2%，和 2019 年相比，两年平均增长 12.1%，高于全球平均水平 6.4 个百分点。

除了上述基本面因素，当前中国资本管制并不对称，即整体上呈现鼓励流入、限制流出的态势，也一定程度上助推了人民币上涨态势。

"新阶段"稳慎推进的战略考量

《中共中央关于制定国民经济和社会发展第十四个五年规划和二〇三五年远景目标的建议》指出，"建设更高水平开放型经济新体制……稳慎推进人民币国际化，坚持市场驱动和企业自主选择，营造以人民币自由使用为基础的新型互利合作关系"。考虑到中国经济转型升级、外汇储备资产安全、全球贸易投资便利化等需要，人民币国际化提速在现阶段已是大势所趋。

中国人民银行在《2021 年人民币国际化报告》中给出了下一阶段的总体方向，即"稳慎推进人民币国际化，统筹好发展和安全，以顺应需求和'水到渠成'为原则，坚持市场驱动和企业自主选择，进一步完善人民币跨境使用的政策支持体系和基础设施安排，推动金融市场双向开放，发展离岸人民币市场，为市场主体使用人民币营造更加便利的环境，同时进一步健全跨境资金流动的审慎管理框架，加强对跨境资金流动的监测分析和预警，守住不发生系统性风险的底线,更好服务'双循环'新发展格局"。

关键问题仍然在于如何提升人民币的国际使用和储备货币地位,以及在开放过程中的风险防范,特别是充分借鉴国际经验防范短期资本流动和金融制裁的冲击。鉴于此,以下战略方面应引起高度重视。

一是建设高标准的国内金融市场。与加快推进人民币国际化的要求相比,无论从市场组织还是从运行状况来看,国内金融市场发展仍不完善。应通过建立和完善相关制度、法律及规则,充分发挥资本市场的重要作用。例如,完善企业上市和退市制度;构建完善的破产清算机制;建立投资人分红保障机制,强化投资人风险自担的投资意识;重视保护中小投资者;加快发展多层次资本市场体系,更好地为非上市企业服务;等等。

二是扩大人民币跨境使用。在"一带一路"建设中的资金融资、设施联通、贸易畅通等方面坚持本币优先,推动人民币跨境使用。加快数字人民币和CIPS建设,推进CIPS与俄罗斯SPFS及欧洲贸易往来支持工具(INSTEX)之间的合作。推动主权货币结算、双边货币互换,开展相关制度设计。

三是扩大金融开放,加速资本双向流动。持续推进改革开放,稳慎放松管制措施,创造吸引外资进入的稳定制度环境,稳定国际投资者预期,推升外商直接投资和证券投资,同时鼓励企业"走出去",形成"你中有我、我中有你"的局面。加大人民币离岸金融中心建设力度,有序扩大离岸人民币市场的资金和资产规模。

四是通过央行数字货币提升人民币国际地位。考虑到新技术在国际化中的应用场景，加强对央行数字货币和人民币国际化的联动推进，探索在"一带一路"沿线打造推进法定数字货币和人民币离岸市场，提供服务投资和贸易合作的支付、结算、信贷等基础性金融服务。同时在反洗钱、反垄断等方面加强国际合作，提升国际社会对数字货币和人民币跨境使用的认可度。

红色金融的历史初心与时代使命

文 / 张红力（中国工商银行原副行长、《红色金融》主编）
编辑 / 袁满

纵观近代中国，从鸦片战争到甲午战争的一败再败，破落受辱是国家机器长期腐坏下旧王朝的命运归宿；从抗日战争到解放战争的一胜再胜，从国家新生、改革开放到社会主义新时代的一进再进，共产党的攻无不克是理想信念星火燎原的力量使然。

从诞生之日起，红色金融在中国共产党领导下，立足服务党的政策方针和人民军队的发展斗争路线，在争取民族独立、人民解放、国家富强过程中发挥了无可替代的作用，成为中华民族复兴道路上的关键力量。习近平总书记在中共中央政治局第二次集体学习时强调："历史、现实、未来是相通的。历史是过去的现实，现实是未来的历史。"从历史视角研判未来，可以明白我们从何而来、为什么出发、将走向何方。在中国共产党诞辰 100 周年的今天，我们有必要回望历史，回溯党领导红色金融走过的那段浴血抗争的道路，缅怀老一辈金融人以汗水和生命铸就的红色金融历史，重新审视中国金融的初心和使命（见图 8-1）。

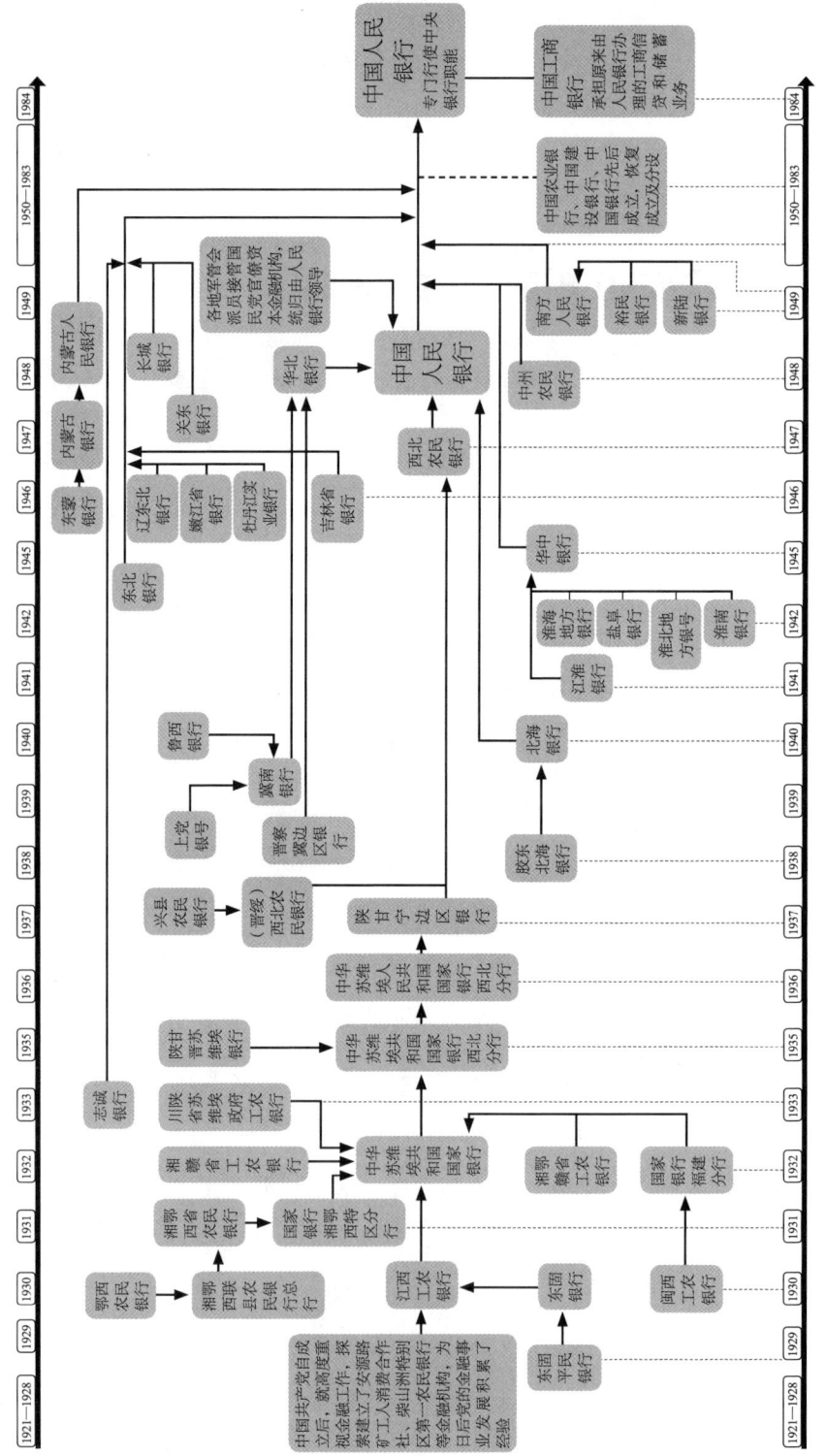

图 8-1 红色金融脉络图

红色金融于民族危难中诞生

毛主席的诗词里写道,"长夜难明赤县天"。1840年,腐朽僵化的封建统治难以抵御帝国主义的"坚船利炮",三座大山的重压给中国人民带来无尽苦难。在血雨腥风的战争年代,国民党执政下的银行成为官僚买办的钱庄,以四大家族为首的官僚资产阶级四处搜刮民脂民膏,而背后掌握中国金融命脉的却是帝国主义列强,旧中国金融主权实际已经丧失。

在中国共产党的坚强领导下,红色金融应时而生,成为中华民族复兴道路上的关键力量。中国共产党成立于上海,红色金融也随之诞生。在中国共产党的领导下,红色金融从星星之火逐步发展为革命胜利的重要保障力量。

1922年春成立的广东潮汕铁路工会集资创办了汕头米业消费合作社,作为党领导下组织的全国第一家工人消费合作社,集资初期规模为1 500余元;南昌枪响之后,革命根据地金融机构艰难草创,巩固了"工农始有兵"的新生红色政权,1932年中国历史上第一个红色中央银行——苏维埃国家银行在江西瑞金成立;漫漫长征路上,红色金融人用扁担挑起"红色的银行",播撒了革命的燎原火种;在抗日硝烟中,金融工具的灵活使用遏制了日寇的经济掠夺;解放战争之际,中国人民银行应运而生,为中国共产党领导下的货币金融体系奠定了重要基础(见图8-2)。

红色金融发展的历史,是中国共产党领导下的马克思主义

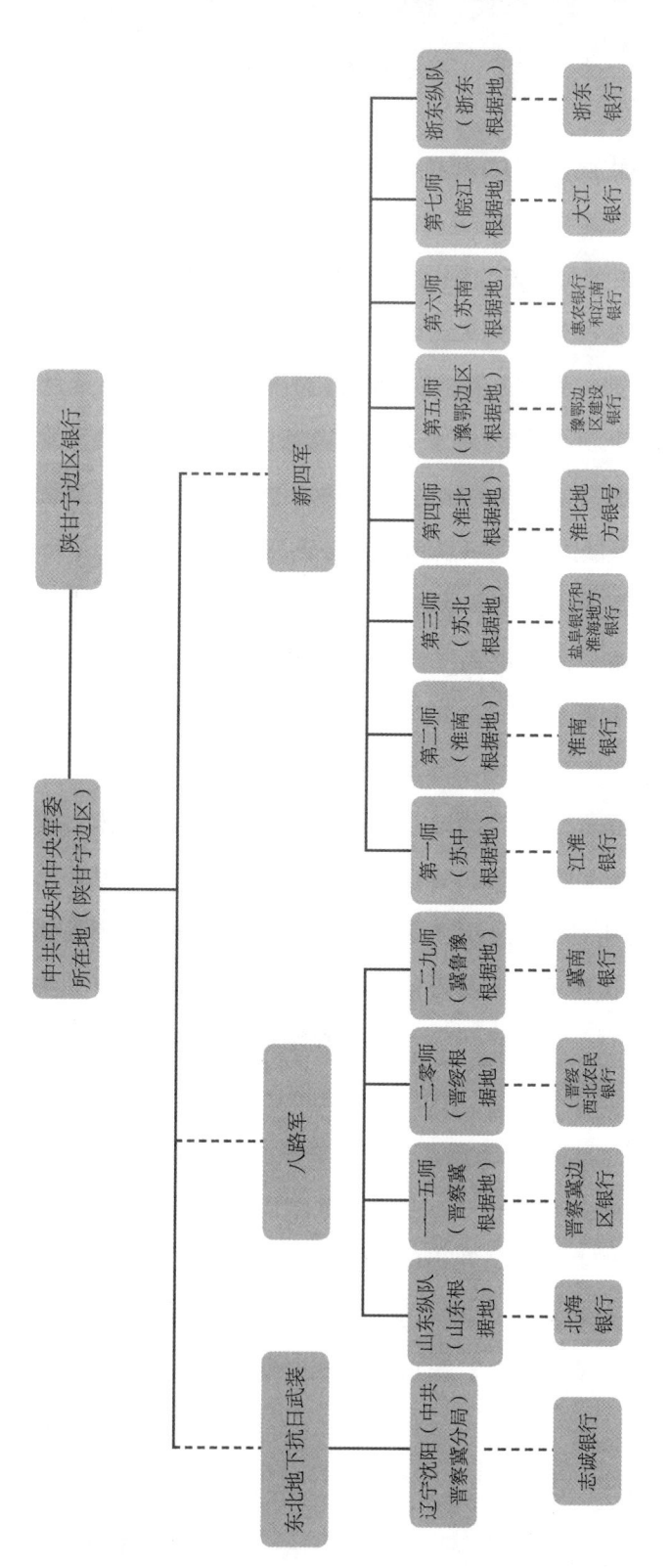

图 8-2　抗日战争时期红色金融架构图

与中国金融实践相结合的探索过程。党领导金融机构深入工农群众，将马克思列宁主义理论与中国革命实际紧密结合，指导推动红色金融发展，不断总结经验教训。红色金融人活跃在金融战线，是敢于牺牲、甘于奉献的战士群体。1934年10月第五次反"围剿"失败后，中央主力红军被迫长征，苏维埃国家银行工作人员有14人被编入中央纵队第十五大队，长征路途艰辛，有6位同志牺牲，却没有丢失一两金银。在残酷的战争环境中，红色金融人用肩膀挑、用马背驮，随军开展金融业务；穿山越岭，奔走于村镇与田埂间，支持根据地工农业生产与经济建设，为贫苦农民纾难解困；竭力维护金融稳定，灵活运用货币斗争策略，确保了金融战场的最后胜利。

助力人民军队走向胜利与辉煌

在战火纷飞的岁月里，中国共产党一手紧握"枪杆子"，一手抓牢"钱袋子"，两者须臾不可分离。红色金融是中国军备资源的输送器，军队战力的倍增器，军事改革的加速器。积极发挥金融体系的资源配置作用，有利于最广泛地调动社会资源和群众力量，最高效地突破军队发展的资金瓶颈和后勤障碍，最优化地平衡经济发展和国防建设，从而助力人民军队从胜利走向辉煌。

大革命、抗日战争、解放战争时期，红色金融力挺人民军队，通过货币斗争、金融手段促生产等各种金融工作，助其渡过难关,赢得胜利。可以说,对于人民军队而言,红色金融的强盛是军队发展的必要基础,也是军队壮大的物质前提;对于红色金融而言,货币信用需要军队的支持,而强大的军事实力是币值稳定的有力保障。货币斗争的胜利使根据地的财政工作得以健康发展,生产建设得以全面展开,金融事业随着革命力量的发展而不断壮大。在抗战期间,中国共产党领导的抗日民主政权成功地运用毛泽东思想中的货币金融思想,保障了经济的发展,有效抵御了侵略者的经济掠夺,并摆脱了国民党当局的控制,在根据地内摧毁了旧式的封建主义货币金融体系,建立了新民主主义的货币金融体系,构建了新中国金融事业的雏形。而解放战争中战场上和金融战线上的胜利,正说明在政治上代表光明和进步的中国共产党的领导下,红色金融事业才能战胜极其腐朽黑暗的旧金融业,为新中国的诞生贡献重要力量。

百年砥砺前行,既检验了红色金融与人民军队的血脉联系,又夯实了军银合作、强军安邦的经验基石。以此为基础,新一代的红色金融人正高效运用现代化金融工具,构建具有中国特色的军银合作体系,加快军民融合的深度发展。近年来,中国金融在业务种类上准确满足了人民军队多样化的金融需求,在服务范围上全面覆盖了青藏高原、南海三沙等边疆要地。这些不懈努力充分展示出当代金融人心系家国、实干兴邦的责任感,释放出金融血脉中红色基因的恒久热度。

服务新中国社会经济发展大局

在中国共产党领导下，中国革命推翻了帝国主义、封建主义、官僚资本主义这三座大山，也令我们告别了"积贫积弱"的旧中国。站在新的历史起点上，我们需要牢记中国共产党人的使命。习近平总书记在十九大报告中指出，中国共产党人的初心和使命就是"为中国人民谋幸福，为中华民族谋复兴"，并且强调这个初心和使命是"激励中国共产党人不断前进的根本动力"。革命战争年代的红色金融事业正是贯彻了这一初心和使命，才取得了光辉的成就。在社会主义建设的新时期，面临百年未有之大变局，我们迫切需要从老一辈金融工作者身上汲取经验、坚定信仰，让金融工作更好地支持中国经济改革和发展。

第一，只有坚持中国共产党对金融事业的领导，才能取得伟大斗争的最终胜利。党始终坚持把马列主义有关货币金融理论与中国革命和建设不同阶段的具体实践相结合，因地制宜、因势利导创造性地开展工作，保持金融发展、革命斗争及经济建设之间协调统一。第二，红色金融始终坚持根植人民、服务人民。从大革命时期创建的农民银行，到抗日战争时期各根据地建立的工农银行，始终不变的是以民为本、解民之困、为民理财、支持革命与建设的理念。第三，在中国共产党领导下，红色金融始终与经济、财政和军事斗争保持高度一致，共同保证了革命事业最终取得胜利，始终伴随着红色政权的壮大而成长。

中华文明传承五千年，红色金融历经革命烽火的淬炼，具有光荣的传统和优良的作风，在中国特色社会主义进入新时代的历史大背景下，形成了富有特色的金融核心价值观。老一辈金融人以汗水和生命铸就了红色金融历史，奠定了新中国金融体系的基石，而他们的价值观应在中华民族伟大复兴的过程中一以贯之。社稷兴亡，匹夫有责，这种需要恰是金融人抖擞精神、不懈奋斗的最大动力。

对革命先驱的最好纪念，是站在他们的肩膀上，创造更加辉煌的明天。当下，我们回顾红色金融事业、缅怀老一代革命者，并不是也不可能教条式地照搬过往的具体实践和经验。我们需要做的是与时俱进传承红色金融基因，汲取红色金融的内在精髓，在实现"中国梦"的征途上铸就红色金融更加辉煌的明天。

新一轮腾飞的历史机遇

"虎踞龙盘今胜昔，天翻地覆慨而慷。"过去，中国经济的增长神话堪称荡气回肠；现在，世界格局的潮流变化可谓浩浩荡荡；未来，中华民族的伟大复兴让人慨当以慷。

从新中国成立、改革开放，走向社会主义新时代，中国经济过去的高速增长主要是靠要素驱动，靠资源、资本和劳动力的充分供给。地大物博保证了资源供给，人口红利保证了劳动力供给。但是作为发展中国家，资本供给的严重不足，成为中国经济增长的核心瓶颈。而打破这一瓶颈的关键，恰恰在于这些年来中国坚定不移完成了第一次金融改革的历史性突破。

以十九大为标志，中国特色社会主义进入新时代，经济从高速增长阶段转向高质量发展阶段，从要素驱动转向创新驱动。这一转变的核心是要从单纯依赖要素投入扩大的、不可持续的旧动力源，转变为主要依靠全要素生产率的可持续的新动力源。新时代中国经济的历史性转型，要求以服务实体经济为宗旨的金融改革先行一步，发挥引领作用。因此，红色金融亟须进行第二次突破，深化改革的重点是从突破总量瓶颈转向突破结构障碍，配置范围从资本要素拓展至全要素，从而为高质量发展奠定坚实基础，加快构建以国内大循环为主体、国内国际双循环相互促进的新发展格局。核心目标是加快走向共同富裕。"治国之道，富民为始。"一方面，通过优化要素空间配置、修正要素的价格扭曲、加快"知识红利"释放进一步解放生产力；另一方面，运用丰富多元的金融工具完善社会的第三次分配，促进社会公平正义，促进人的全面发展。在实现共同富裕的道路上，金融是"术"，更是"道"。

在高质量发展的新时代，必须统筹好发展和安全这两件大事。国家安全是安邦定国的重要基石，是民族复兴的重要条件，而金融和国家安全休戚相关，保障国家安全需要从金融着手。能否用好、用活、用对金融手段，是一国能否在利益博弈中占得先机、实现可持续发展和总体国家安全的关键。"金融搞好了，一着棋活，全盘皆活。"在这个时代，中国面临的金融安全问题前所未有,需要解决的矛盾前所未有,胜败的结局反差前所未有。金融是国之重器,对国家安全的重要性超越了金融自身安全。

走向全球治理新格局

当今世界,国家利益是最现实的普世价值,金融则是左右利益分配之重器。大国运数、民族浮沉、社稷安危、人民福祉,很大程度上取决于金融实力之强弱和金融较量之结果。金融如何服务中华民族伟大复兴的中国梦?这是近几年来我们始终在思考并讨论的核心问题。

中国金融市场发展的实践证明,坚定不移地推进改革开放,是实现中国金融市场发展市场化、法治化、国际化目标的强大推动力和重要保障,是进一步提升中国金融市场服务实体经济能力和国际竞争力的关键之举。然而,立足于金融本身,聚焦金融的价值观,中国金融既需要夯实市场基础,也需要体现国家意志。习近平总书记说过,惟改革者进,惟创新者强,惟改革创新者胜。唯有突破中国金融既有的格局,用治国理政之大局观来统筹中国金融的改革开放,才能守住底线、全面发展。

立足于全球治理,内外兼修、标本兼治的变革良方,离不开金融这味"药引",以金融行动助力全球治理新变革是新形势下的必然选择。同时,更要将金融工作与今天的改革开放进程相结合,保持住中国金融讲政治、顾大局、为人民服务、促进经济发展的宗旨，不断夯实金融底线、保障整体安全，为中国金融引领全球经济治理变革奠定坚实基础。

当今世界，经济格局正在发生深刻变革，疫情发展还充满不确定性，主要发达经济体实施大规模财政刺激和宽松货币政策，一定程度上稳定了市场信心，扭转了经济下滑颓势，但也带来了流动性泛滥、资产价格大幅波动、国际金融市场脆弱性上升，以及贸易保护主义抬头、全球产业链供应链受到冲击等问题。

我们正处在百年未有之大变局，变局中危和机同生并存。面对波谲云诡的国际形势、复杂敏感的周边环境、艰巨繁重的改革发展稳定任务，站在世界重构的历史关口，中国金融应为国家安全和战略意图服务，金融更应成为中国参与全球治理的重要抓手。随着全球价值链体系不断完善，特别是发展中国家在全球经济中的重要性日益提升，世界多极化趋势已不可逆转。在求和平、谋发展、促合作成为时代潮流的国际环境下，中国金融更需要积极防御、有所作为，在全球经济秩序重建和国际货币体系改革的大浪潮中找到并确定中国的核心位置。秉承中华传统智慧，中国金融将借由多种路径创造互利共赢的局面，在全球范围内构建中国朋友圈，打造利益共同体，共建命运共同体，实现中国圆梦与全球发展的和谐统一。

2021年是中国共产党建党100周年。党的领导是红色金融的本质特征。时代主题在变，但不变的是流淌在中国金融人血液中的红色基因。在中国改革发展和对外开放的新时代，中国金融人要紧密团结在以习近平同志为核心的党中央周围，以习近平新时代中国特色社会主义思想为指导,秉承舍我其谁的责任感和时不我待的紧迫感,坚持为人民服务的初心,坚定服务实体经济、防控金融风险的信心,立足新发展阶段、贯彻新发展理念、构建新发展格局,让金融为经济的高质量发展贡献力量,为实现两个一百年奋斗目标、实现中华民族伟大复兴的中国梦交上一份满意的答卷。

附录 A　人民币国际化大事记

2009

7月1日　《跨境贸易人民币结算试点管理办法》发布，标志着中国正式启动跨境贸易人民币结算试点。随后，第一批365家企业启动试点。

9月28日　财政部首次在香港发行人民币国债，额度共计60亿元人民币。

2010

3月24日　中国人民银行与白俄罗斯国家银行签署《中白双边本币结算协议》。这是中国与非接壤国家签订的第一个一般贸易本币结算协议。

2011

1月6日　《境外直接投资人民币结算试点管理办法》发布，允许跨境贸易人民币结算试点地区的银行和企业开展境外直接投资人民币结算试点，银行可以按照有关规定向境内机构在境外投资的企业或项目发放人民币贷款。人民币结算试点由单纯贸易领域拓展到投资领域。

6月9日　昆明富滇银行与老挝大众银行共同推出人民币与老挝基普的挂牌汇率，是人民币与周边国家货币直接定价的重要尝试。

7月27日　《关于扩大跨境贸易人民币结算地区的通知》发布，跨境贸易人民币结算境内地域范围扩大至全国。

12月16日　人民币合格境外机构投资者业务推出，初期试点额度约人民币200亿元，境外人民币投资境内证券市场开闸。

6月16日　跨境贸易人民币结算试点范围扩大至北京、天津、内蒙古等20个省（自治区、直辖市），并且不再限制境外地域。

8月16日　中国人民银行发布《关于境外人民币清算行等三类机构运用人民币投资银行间债券市场试点有关事宜的通知》，允许部分境外机构进入中国银行间债券市场投资，标志着中国债券市场正式对外开放。

8月19日　林吉特成为首个在中国银行间外汇市场交易的新兴市场货币。

2012

2月3日　《关于出口货物贸易人民币结算企业管理有关问题的通知》发布，出口货物贸易人民币结算试点推广至所有具有进出口经营资格的企业。

2013

3月1日　中国证券监督管理委员会、中国人民银行、国家外汇管理局联合发布《人民币合格境外机构投资者境内证券投资试点办法》。

3月13日　中国人民银行印发《关于合格境外机构投资者投资银行间债券市场有关事项的通知》，允许符合条件的合格境外机构投资者申请投资银行间债券市场，债券市场进一步开放。

4月25日　中国人民银行发布《关于实施〈人民币合格境外机构投资者境内证券投资试点办法〉有关事项的通知》，QFII和RQFII逐渐成为外资进入国内债券市场的重要渠道。

7月9日　中国人民银行发布《关于简化跨境人民币业务流程和完善有关政策的通知》，进一步简化跨境人民币业务流程，同时规定，境内非金融机构可向境内银行申请办理人民币境外放款结算业务。人民币资本项下出海通道拓宽。

8月31日　中国人民银行与中国台湾地区货币管理机构签署《海峡两岸货币清算合作备忘录》。两岸货币清算机制正式建立。

2014

3月28日　中国人民银行与德意志联邦银行签署在法兰克福建立人民币清算安排的合作备忘录。法兰克福人民币离岸中心起步。

3月31日　中国人民银行与英格兰银行签署在伦敦建立人民币清算安排的合作备忘录。

9月23日　中国人民银行发布《关于境外投资者投资境内金融机构人民币结算有关事项的通知》，允许符合条件的境外投资者使用人民币投资，具体包括新设、增资、并购、参股、股权转让、利润分配、清算、减资、股份减持或先行收回投资等。人民币资金回流通道进一步打开。

9月28日　中国人民银行办公厅发布《关于境外机构在境内发行人民币债务融资工具跨境人民币结算有关事宜的通知》。

11月4日　《关于沪港股票市场交易互联互通机制试点有关问题的通知》发布。11月17日，沪港通试点正式启动，两地投资者可通过当地券商买卖在对方交易所上市的股票。

11月6日　《关于人民币合格境内机构投资者境外证券投资有关事项的通知》印发，人民币合格境内机构投资者可采用人民币的形式投资境外的人民币资本市场。此举拓宽了境内外人民币资金双向流动渠道，便利了人民币合格境内投资者境外证券投资活动。

12月31日　中国人民银行发布《关于调整人民币购售业务管理的通知》，将人民币购售业务由限额管理调整为宏观审慎管理，只需经过真实贸易背景审核，即可按照境外参加行需求办理人民币购售业务。

2015

7月24日 中国人民银行发布公告,明确境内原油期货以人民币为计价货币,引入境外交易者和境外经纪机构参与交易等。

8月11日 中国人民银行发布关于完善人民币兑美元汇率中间价报价的声明。史称"8·11"汇改。人民币汇率由此告别单边贬值或升值,进入双向波动。

9月21日 汇丰银行作为首家外资银行获准在银行间债券市场发行人民币债券。

9月30日 公告开放境外央行(货币当局)和其他官方储备管理机构、国际金融组织、主权财富基金依法合规参与中国银行间外汇市场。

10月20日 中国人民银行在伦敦发行50亿元人民币央行票据,首次在中国以外地区发行以人民币计价的央行票据。

11月18日 中欧国际交易所股份有限公司举行成立仪式,并挂牌首批人民币计价和结算的证券现货产品,旨在在欧洲打造离岸人民币证券交易与定价中心。这是境内资本市场在境外的重要延伸和补充。

11月30日 国际货币基金组织执董会决定将人民币纳入SDR货币篮子,权重为10.92%。

2016

4月29日 中国人民银行印发《关于在全国范围内实施全口径跨境融资宏观审慎管理的通知》,构建基于微观主体资本或净资产的跨境融资宏观审慎约束机制,对本外币跨境融资实行一体化管理。

6月7日 中国人民银行与美国联邦储备委员会签署在美国建立人民币清算安排的合作备忘录,并给予美国2 500亿元人民币合格境外机构投资者额度。

7月11日 人民币跨境支付系统实现国际连接。中国银行(香港)有限公司以直接参与者身份接入人民币跨境支付系统,这是人民币跨境支付系统的首家境外直接参与者;同日,人民币跨境支付系统直接参与者数量增加至27家。

8月10日 欧洲首个主权国家波兰获批进入中国大陆市场发行熊猫债。

10月1日 人民币被正式纳入SDR,货币篮子相应扩大至美元、欧元、人民币、日元、英镑5种货币。

11月4日 中国人民银行、中国证券监督管理委员会联合发布《关于内地与香港股票市场交易互联互通机制有关问题的通知》(银发〔2016〕282号)。12月5日,正式启动深港通。

2017

5月23日 中国人民银行发布《关于印发〈人民币跨境收付信息管理系统管理办法〉的通知》。

2018

1月5日 中国人民银行发文明确,凡依法可使用外汇结算的跨境交易,企业都可以使用人民币结算。

6月1日 中国A股股票正式纳入明晟新兴市场指数(MSCI)和全球基准指数,有利于吸引境外投资者配置人民币股票资产。

2018

6月13日 人民币购售范围从经常项目下的货物贸易、服务贸易扩展至全部经常项目；在直接投资的基础上，进一步扩大至经批准的跨境证券投资。

2019

1月31日 彭博公司正式确认将于2019年4月起将中国债券纳入彭博巴克莱债券指数。

9月10日 国家外汇管理局公告取消合格境外机构投资者和人民币合格境外机构投资者投资额度限制。

2020

2月28日起 中国国债正式纳入摩根大通全球新兴市场政府债券指数。

9月25日 《合格境外机构投资者和人民币合格境外机构投资者境内证券期货投资管理办法》发布。

附录 B　人民币财富管理大事记

| 国债交易放开 |　1988 年 3 月，财政部允许国库券上市流通交易，随后，上海、重庆、武汉、广州、哈尔滨、深圳等城市率先试点开放。

| 沪深股市开市 |　1990 年 12 月，上海证券交易所、深圳证券交易所分别设立并启动交易。

| 黄金交易所设立 |　2002 年 10 月，上海黄金交易所正式运行，实现了中国黄金生产、消费、流通体制的市场化，是中国黄金市场开放的重要标志。2016 年 4 月，其发布全球首个以人民币计价的黄金基准价格"上海金"。

| QFII 登陆中国市场 |　2003 年 7 月，QFII 第一单的指令发出，首单买入的四只股票全部确认成交，备受瞩目的 QFII 正式登上中国证券市场大舞台。

| 外汇理财产品出现 |　2003 年 12 月，中国银行在京、沪、深、苏、浙五地同时间推出"汇聚宝"个人外汇理财产品。

| 第一只人民币理财产品 |　2004 年 2 月，光大银行推出中国银行业第一只外币结构性理财产品——阳光理财 A 计划，正式拉开了商业银行理财业务的大幕；9 月，光大银行又推出国内银行第一只人民币理财产品——阳光理财 B 计划。

| 理财法规发布 |　2005 年，银监会颁布《商业银行个人理财业务管理暂行办法》和《商业银行个人理财业务风险管理指引》，监管层首次通过发布政策对理财业务进行了定义，奠定了法规基础。

| 私人银行元年 |　2007 年 3 月，中国银行在北京成立了第一家私人银行部，开了国内私人银行业务的先河。接下来，招商银行、中信银行等多家银行推出私人银行服务。

| 人民币投资港股的 QDII 产品 |　2007 年 5 月，国内首款直接以人民币投资于香港股市的代客境外理财产品——"东方之珠"推出，投资门槛 30 万元。

| 个人本外币兑换特许业务试点 |　2008 年 8 月，国家外汇管理局分别在京沪两地宣布，批准在北京和上海开展个人本外币兑换特许业务试点，首批两家非金融类商业机构于当日起获准为个人提供本外币兑换服务。

| 银信理财合作业务收紧 |　2009—2011 年，银监会下下发一系列通知，着力于收紧银信理财合作业务，对银信合作业务转标等进行了规范。

| 资产管理市场规模壮大 |　2012 年，《证券投资基金法》的修订，使私募证券投资基金获得了合法参与资产管理市场的地位。从此，由商业银行、证券公司、保险公司、信托公司、基金管理公司、私募基金管理人等机构共同参与的资产管理市场格局形成，共同推动着中国资本市场的成长。

| 新型货币基金余额宝推出 | 2013 年 6 月，一款新型货币基金——余额宝横空出世。全球最大的货币基金也由此诞生。余额宝爆火之后，中国的互联网巨头们相继推出了自己的"宝宝"类金融产品。

| 沪港通开通 | 2014 年 4 月，中国证券监督管理委员会和香港证券及期货事务监察委员会发布《中国证券监督管理委员会 香港证券及期货事务监察委员会 联合公告》，上交所、联交所、中国结算、香港结算开展沪港股票市场交易互联互通机制试点。

| RQDII 机制正式推出 | 2014 年 11 月，中国人民银行发布《关于人民币合格境内机构投资者境外证券投资有关事项的通知》称人民币合格境内机构投资者可采用人民币的形式投资境外的人民币资本市场，RQDII 机制正式推出。

| 深港通联通 | 2016 年 12 月，时任香港特别行政区行政长官梁振英与时任香港交易所主席周松岗在港交所共同为首笔交易鸣锣开市，标志着深港通正式启动，深港两地证券市场成功实现联通。

| 影子银行迎来全面监管时代 | 自 2016 年下半年以来，监管部门对商业银行理财业务、金融机构资产管理业务等影子银行活动的监管在逐渐加强。2017 年开始实施的宏观审慎评估体系 (MPA) 更是将表外理财、同业负债等都纳入了监管范围。随着这一系列监管新规的出台，影子银行体系进入全面监管时代。

| 债券通"北向通"开通 | 债券通是内地与香港债券市场互联互通的创新合作机制，境内外投资者可通过内地与香港债券市场基础设施机构连接，买卖内地与香港债券市场交易流通债券。"北向通"于 2017 年 7 月开通，为国际投资者参与中国银行间债券市场提供便捷通道。"南向通"在推进中。

| 资管新规出台 | 2018 年 4 月，"一行两会一局"联合发布了针对整个资管市场的纲领性文件，对资管市场产品多层嵌套、刚性兑付、监管套利等问题提出了规范性要求，塑造了新的大资管领域跨行业统一监管标准，财富管理市场步入 2.0 时代。

| 公募理财产品的销售起点降至 1 万元 | 2018 年 7 月，银保监会就《商业银行理财业务监督管理办法（征求意见稿）》公开征求意见，实行分类管理，区分公募和私募理财产品，并将单只公募理财产品的销售起点由此前的 5 万元降至 1 万元。

| 银行理财子公司开设 | 2019 年 5 月，中国第一家银行理财子公司——建信理财正式成立，开启了理财子公司新时代。截至 2021 年 6 月 25 日，中国获批筹建的银行理财子公司总数达到 27 家，其中包括 3 家中外合资机构。

| 强化合格投资者规范 | 2019 年 11 月，最高人民法院对外正式发布了《全国法院民商事审判工作会议纪要》，明确卖方机构在向金融消费者推介、销售高风险等级金融产品，以及提供服务的过程中，必须履行了解客户、了解产品、将适当的产品（或者服务）销售（或者提供）给适合的金融消费者等义务。

| 取消 QFII / QDII 额度 | 2020 年 5 月，中国人民银行、国家外汇管理局发布《境外机构投资者境内证券期货投资资金管理规定》，正式取消合格境外机构投资者和人民币合格境外机构投资者境内证券期货投资额度管理要求，对合格投资者跨境资金汇出、汇入和兑换实行登记管理等。

| 整治 P2P 乱象 | 2021 年 4 月，中国人民银行称，在营 P2P 网贷机构全部停业，互联网资产管理、股权众筹等领域整治工作基本完成，已转入常态化监管。

| 整顿理财产品代销业务 | 2021 年 5 月，银保监会正式发布《理财公司理财产品销售管理暂行办法》，明确理财产品的代销业务持牌原则，并提出规范销售行为的具体指标。

| 规范现金管理类理财产品 | 2021 年 5 月，银保监会、中国人民银行发布《关于规范现金管理类理财产品管理有关事项的通知》。新规通过约束现金管理类理财产品的投资范围和集中度、调整资产久期、限制赎回规模、变更估值核算方法等方式，在拉平与货币基金的监管标准的同时，也对现金管理类理财产品收益率和规模增速带来约束。

附录 C 十问人民币

1. 中国共发行了几套人民币？每套人民币的设计主题是什么？

从 1948 年 12 月 1 日第一套人民币发行以来，中国已发行五套人民币。

第一套人民币于 1948 年 12 月至 1953 年 12 月发行，1955 年 5 月 10 日停止流通。票面主景选取与经济建设和新社会的人们的生活有关的图案，比如农耕、纺织、交通、运输、工厂和矿山等图景。

第二套人民币于 1955 年 3 月 1 日开始发行，2007 年 4 月 1 日纸币分币停止流通。票面主景图案内容体现了新中国社会主义建设的风貌，表现了中国共产党革命的战斗历程和各族人民大团结的主题思想。

第三套人民币于 1962 年 4 月 20 日开始发行，2000 年 7 月 1 日停止流通，历时 38 年。相比第二套人民币，第三套人民币设计主题更加鲜明，票面设计图案比较集中地反映了当时中国国民经济以农业为基础，以工业为主导，工农轻重并举的方针。具体票面主景包括女拖拉机手图、车床工人图、炼钢工人图、人民代表步出大会堂图等。

第四套人民币于1987年4月27日开始发行，2018年5月1日部分币种停止流通。第四套人民币设计主题是：全国各族人民在中国共产党的领导下，意气风发，团结一致，建设有中国特色的社会主义。其中，100元券主景首次采用了四位领袖毛泽东、周恩来、刘少奇、朱德的侧面浮雕像。

第五套人民币于1999年10月1日发行，时值中华人民共和国成立50周年。第五套人民币各面额正面均采用毛泽东同志在新中国初期的头像，底衬采用了中国著名花卉图案，背面主景图案分别选用了人民大会堂、布达拉宫、桂林山水、长江三峡、泰山、杭州西湖。

2. 人民币最大面额是多少？

1948年12月1日，中国人民银行在石家庄成立，同日开始发行第一套人民币。截至1953年12月，第一套人民币共发行了12种面额62种版别，其中面额最小的是1元，最大的是50 000元。

在所有曾经发行的人民币中，最大面额就是50 000元。最小面额是第二套人民币中的1分。

3. 第一套人民币发行为什么早于新中国成立？

第一套人民币是典型的战时货币。1947年夏，人民解放战争进入战略进攻阶段,各分散的解放区逐渐连成一片。此前各解放区独立发行的货币阻碍了解放区之间的经济交流,建立统一的货币金融体系被提上日程。

人民币发行初期,主要在华北、华东、西北三区流通。随着人民解放战争的快速推进,人民币流通范围迅速扩大,人民币发行也遍布多地,当时共有20多个印刷厂参与了第一套人民币的印制。由于印刷条件还比较差,仅印钞纸就有钞票纸、模造纸、道林纸(胶版印刷纸)、麻纸;油墨牌子和颜色也不统一;编号则有6位和8位的;印刷机有石印机、胶印机、凸印机、凹版机;等等。

第一套人民币设计主景反映了当时解放区工农业生产的情景,题材多样、种类多、版面杂、面额差别大,带有明显的战时特征和时代过渡性。由于发行时战事仍然没有结束,以及后来一些资本家倒卖银圆和生活用品等原因,第一套人民币通胀情况比较严重,从1948年12月到1950年1月,仅仅过了一年零两个月的时间,最大面额就从50元猛涨到10 000元,之后在1953年底又发行了50 000元券。

1955年5月10日,第一套人民币停止流通。

4. "叁圆"纸币里为什么印有龙源口大捷桥的图像?

第二套人民币发行过一种面额为3元的纸币。纸币主色为深绿色,长16厘米,宽7.2厘米,比流通的1元人民币稍微大一些,正面的两端各有繁体"叁圆"字样,下面标着

"一九五三年"，正上方为"中国人民银行"六个字，中间主图是永新县龙源口大捷桥主景。

该桥位于江西省永新县南部、七溪岭脚下，距县城20公里，地处井冈山革命根据地的正北方向。1928年5月，驻江西省国民党军欲趁朱毛会师后立足未稳之际，联合国民党湖南驻军，对井冈山革命根据地发动第一次"会剿"。红四军在毛泽东、朱德等领导人的指挥下，运用机动灵活的战略战术坚持在龙源口大桥附近的新、老七溪岭阻击国民党军，然后相机转入反攻，并直插龙源口，切断国民党军的退路，最终将其主力全歼，取得了龙源口战斗的胜利。从此，湘赣边界斗争进入全盛时期。为了纪念伟大的革命征程，第二套人民币发行时，3元纸币选取了龙源口大捷桥作为主景。

值得注意的是，当时新中国成立不久，纸币印制技术较为落后，第二套人民币1953年版的3元、5元券，以及1957年版的10元券由苏联代印。后中苏关系恶化，为防止苏方利用手中的印版印制"真版伪钞"，扰乱国内金融秩序，中国人民银行于1964年4月15日起在一个月内限期收回苏联代印的3元、5元、10元券。

5. 第二套人民币5分纸币上为什么印有"海辽号"轮起义事件？

第二套人民币1953年版的5分纸币上，印着一艘名为"海辽号"的巨轮。

1949年1月下旬，平津战役取得最后胜利。人民解放军乘胜前进,解放了长江中下游以北的广大地区。国民党反动派统治的政治、经济中心南京,以及上海等沿江大城市,已处于人民解放军的直接威胁之下。蒋介石为了保存实力,卷土重来,令国民党招商局一分为三,一部分船只留在上海,大部分船只开始向台湾、香港撤退。"海辽号"是国民党招商局的一艘大海轮,执行上海至厦门的客货航班。

1949年9月18日,"海辽号"接到台北招商局电令,令其与其他在港船只于20日晨起航,去汕头运兵,驰援舟山。起航后不久,船长方枕流召集船员,宣布就地起义,掉转船头开往解放区。25日,报务员收听到受命驰援"海辽号"的"海鄂号"发给台北招商局的电报:"'海鄂'轮已到同安湾,未发现'海辽'轮。"方枕流判断,台北方面已经怀疑"海辽号"的行踪了。正在这时,香港海岸电台发布台风警报,说近期将有一股强台风在港汕一带登陆。方枕流大喜,下令加强收听,不再与任何电台联系。

1949年9月28日凌晨,一艘漆有"安东尼"标志的海轮突然出现在大连湾,拉响了破晓的汽笛。经过八天九夜的航程,经过伪装的"海辽号"成功抵达大连港。10月1日,中华人民共和国宣告成立。停泊在大连港的"海辽号"上升起了五星红旗。

"海辽号"海轮是国民党统治区起义的第一艘海轮,也是中华人民共和国第一艘挂起五星红旗的海轮。在"海辽号"起义的带动下,"中央航空"和"中国航空公司"的12架飞机、国民党招商局香港船务局13艘海轮相继起义。

6. 第四套人民币是怎样发行的？

1987年4月27日，第四套人民币开始发行。这套纸币的发行是在改革开放的初期，在设计思想、设计水平、印钞技术、防伪水平等方面均较前三套人民币明显上了一个台阶。

第四套人民币的设计，是从1967年"文化大革命"初期开始，直到1985年定案，历时18年。"文化大革命"期间，由于极左错误的干扰，历经三次报批方案。粉碎"四人帮"后，在邓小平"解放思想、实事求是"的思想路线指引下，钞券设计总结历史经验，从"左"的思想束缚下解放出来。新版人民币的设计提高到了历史的新高度、新水平，可以说，第四套人民币是解放思想、实事求是的产物。

第四套人民币正面主景全部采用人物头像，背面主景分别采用长城、南海南天一柱、长江巫峡、珠穆朗玛峰、黄河壶口瀑布、井冈山主峰等名胜古迹图景，票面的纹饰全部采用仙鹤松树等富有民族特点的图案，体现我国悠久的历史、灿烂的文化和鲜明的民族风格。

在人物形象上，第四套人民币采用了各族人民的形象，象征着各民族大团结和祖国日益兴旺发达。其中，100元券正面人像首次采用毛泽东、周恩来、刘少奇、朱德四位领袖的侧面浮雕头像，既反映广大人民群众对伟大领袖的热爱和敬仰，又反映党中央作为领导核心的内涵。

7. 哪套人民币防伪能力最强?

第五套人民币应用了多项成熟的、具有国际先进水平的防伪技术,是防伪技术应用最多的一套人民币。中国印钞造币总公司技术总监邵国伟在接受《金融时报》专访时曾介绍,第五套人民币的设计理念是以防伪性、民族性和艺术性为主次顺序,把防伪作为重要方面。

具体而言,除了常见的水印、安全线、光变数字,第五套人民币还应用了胶印对印图案、凹版印刷、胶印微缩文字等数十种防伪技术。与第四套人民币相比,第五套人民币在防伪技术上一项重要突破就是增加了机读技术,便于现代化机具清分处理。

8. 当前流通的只有第五套人民币吗?

中国人民银行公告称,自 2018 年 5 月 1 日起停止第四套人民币 100 元、50 元、10 元、5 元、2 元、1 元、2 角纸币和 1 角硬币在市场上流通。但第四套人民币还发行了 5 角和 1 角纸币,中国人民银行并未宣布停止这两种面额纸币的流通,而第五套人民币也并未发行 5 角和 1 角纸币,因此第四套人民币中的 5 角和 1 角纸币仍可正常使用。

也就是说,当前实际上仍有两套人民币同时流通。

9. 人民币纸币的主要材质是什么?

人民币纸币的原材料是钞票纸,名虽为"纸",却与普通的纸张不同。人民币钞票纸是一种主要由棉花与木浆混合而成的特殊材料。这种特殊的纸张使人民币具有耐磨、耐折、耐酸、耐碱、耐泡等特性。

值得注意的是，人民币的水印并非后期印制，而是在钞票纸生产过程中形成的，伪钞几乎不可能做出相同的水印。因此，钞票纸本身也是人民币防伪技术的重要一环。

10. 人民币纸币上的汉字是谁写的？

第一套人民币上的"中国人民银行"由时任华北人民政府主席董必武所书。从第二套人民币开始，人民币上的"中国人民银行"和"壹、贰、叁、伍、拾、圆、角、分"等汉字均由马文蔚（yù）书写。

马文蔚，字嚼若（1904年12月28日—1988年3月29日），出生于山西太原阳曲县，是中国人民银行早期工作人员。从20世纪50年代以来，他书写的"中国人民银行"六个字，不仅用在第二套人民币及以后的各版人民币上，而且广泛用于中国人民银行各级机构的门牌。